개정판

소비 트렌드 분석

서정희 지음

UUP

소비트렌드 분석(개정판)

■

- 2017년 8월 07일 **초판 발행**
- 2020년 1월 20일 개정판 **발행**
- **지은이 서정희**
- **펴낸이** 오연천
- **펴낸곳 UUP**(울산대학교출판부) 680-749 울산광역시 남구 대학로 93(무거동) 울산대학교 출판부
- 전화 (052)259-2488 팩스 (052)277-3011 ▪ **홈페이지** http://uup.ulsan.ac.kr
- **출판등록** 제370-1996-000001호(1996.3.13)
- ₩ 15,000

■

이 도서의 국립중앙도서관 출판예정도서목록(CIP)은 서지정보유통지원시스템 홈페이지(http://seoji.nl.go.kr)와 국가자료종합목록 구축시스템(http://kolis-net.nl.go.kr)에서 이용하실 수 있습니다.(CIP제어번호:CIP2020001693)

ISBN 978.89.7868.783.6 (93300)

머리말

어지러울 정도로 변화속도가 빠르고, 다양한 방향으로 변하고 있는 현대 사회에서 소비자학 전공자들이 미래역량을 키우기 위해서는 소비트렌드를 분석할 수 있는 능력을 개발하는 것이 무엇보다 중요하다. 소비트렌드를 조금이라도 빨리 그리고 정확하게 예측할수록 보다 더 효율적이고 빨리 미래를 준비할 수 있고, 미래의 불확실성에 대처할 수 있다. 소비트렌드 분석은 현재 나타나는 작은 변화의 징후를 감지하여 미래에 나타날 소비문화의 동향을 보다 정확하게 예측하고 미래의 변화가 어떠한 방향으로 진행될 것인가를 분석하기 때문이다.

특히 빠르게 변화하고 있는 네트워크 사회에서 과거에 많이 이용하였던 설문조사 방법으로는 소비자의 마음을 정확하게 읽는 것이 어렵게 되었다. 생산과 소비의 경계가 무너지고 있고, 제조업과 서비스업의 경계도 무너지면서 경험이 중요한 경제적 가치를 창출하는 경험경제로 발전하면서 소비자의 욕구는 더 변화무쌍하고 다양해지고 있다. 더 이상 소비자는 수동적이지 않으며 획일화된 제품과 서비스에는 관심도 가지지 않는다. 생활양식과 소비욕구의 변화 등 사회문화적 요인과 이를 효과적으로 충족시키는 새로운 기술이나 사업모델 등이 결합하여 형성되는 트렌드는 경제 일반은 물론이고 기업 경영에 상당한 변화를 초래한다.

이 책은 모두 11장으로 구성되어 있다. 1장에서는 소비트렌드의 기초가 되는 변화의 차원과 구조를 이해하고, 다양한 트렌드의 개념과 특성을 설명하였다. 2장에서는 미래연대표, 트렌드와 역트렌드의 변증법, 소비트렌드를 활용하기 위한 다양한 방법을 제시하였다. 3장에서는 2010 메가트렌드, 2030 메가트렌드, 2045 메가트렌드를 간단하게 제시하였고, 유엔미래보고서 2045와 2050을 소개하였다. 4장에서는 서울대학교 생활과학연구소 소비트렌드분석센터에서 2007년부터 해마다 발표하고 있는 한국의 소비트렌드를 간단하게 소개하였다. 5장부터 7장에서는 현재 소비트렌드를 분석하기 위하여 많이 사용되고 있는 방법인 외삽법, 생활교차분석, 거리문화 접근법을 설명하였다. 각각의 트렌드 분석 방법의 대표가 될 수 있는 사례를 선정하여 트렌드를 분석하는 과정과 절차를 상세하게 예를 들어서 설명하였다.

8장에서는 현재 트렌드를 분석하기 위하여 새로운 기법으로 떠오르고 있는 빅데이터 분석을 다루었다. 무수한 데이터 간 연관성을 분석하는 빅데이터 기술을 통해 복잡한 현상을 이해하고, 주어진 이론과 공식 없이도 새로운 사실을 발견하고 문제를 해결할 수 있으며, 미래의 발생 가능한 사건까지 예측할 수 있기 때문이다. 9장에서는 트렌드 정보의 분류, 소셜미디어 데이터, 트렌드 정보 수집의 원칙을 다루었다. 10장에서는 트렌드 분석가의 기본능력과 기본지식, 자세 등을 기술하였다. 마지막으로 11장에서는 소비트렌드 분석의 실제 예로 신조어를 활용, 히트상품 분석, 서울대 트렌드 분석 센터의 트렌드 키워드 추출과정을 설명하였다.

이 책은 소비트렌드 분석가를 양성하는 대학과 기업의 교육기관, 소비트렌드를 전문적으로 연구하거나 분석하는 전문가들이 참고자료로 활용할 수 있다. 또한 소비트렌드를 전문적으로 분석하지 않는 일반인들에게도 소비자트렌드를 활용해서 미래에 대처하기 위한 각종 전략을 효율적으로 수립하는데 중요한 지침을 제공할 수 있다.

2005년에 소비트렌드 예측의 이론과 방법을 집필해서 2006년도 대한민국학술원 우수학술도서로 선정되었다. 12년의 세월이 흐르는 동안 개정판을 내야겠다는 생각은 여러 번 하였으나, 실행으로 옮기지 못해 아쉬움이 많았다. 정년을 3년 앞둔 이번에 새로운 책을 출간하게 되었고, 출간한지 2년 만에 아주 소폭이기는 하지만 개정판을 내면서 내용을 바꿀 수 있어 개인적으로 큰 보람이라고 생각한다.

마지막으로 이 책이 나오기까지 애써 주신 울산대학교 출판부의 모든 분께 진심으로 고마움을 전한다.

2017년 8월

목차

1장

트렌드의 개념과 특성

어지러울 정도로 변화속도가 빠르고, 다양한 방향으로 변화가 이루어지는 현대 사회에서 소비자학 전공자들이 미래역량을 키우기 위해서는 소비트렌드를 분석할 수 있는 능력을 개발하는 것이 무엇보다 중요하다. 즉 소비트렌드가 어떻게 어떤 속도로 진행되는지를 파악할 수 있어야 한다. 소비트렌드를 조금이라도 빨리 그리고 정확하게 예측할수록 보다 더 효율적이고 빨리 미래를 준비할 수 있고, 미래의 불확실성에 대처할 수 있기 때문이다. 소비트렌드를 분석하기 위해서는 미래는 점쟁이가 알려주는 것이 아니라 우리가 직접 분석하고 이끌어내는 것이라는 인식이 필요하다.

소비자들은 점점 더 까다로워지고 있고, 알 수 없는 존재가 되고 있다. 소비자들이 표현한 니즈는 고작 5%뿐이라고 한다. 소비자들이 무엇을 어떻게 생각하고 있는지를 심층적으로 이해할 수 있어야 소비자들이 표현하고 기대한 것을 넘어서 창조적인 방법으로 신제품을 개발하거나 의사소통을 할 수 있다.

1. 변화의 차원과 구조

우리가 살고 있는 세상은 여러 층으로 구성되어 있고, 각 층은 상호연결되어 있다. 그러므로 소비트렌드를 분석하기 위해서는 먼저 소비자가 살고 있는 세계가 얼마나 빨리 어떠한 차원으로 변화가 진행되어 왔는지를 이해해야 한다.

다음은 변화의 층별로 주기를 설명하고자 한다(이온화 역, Horx 저, 2004 : 77-86).

1) 자연

자연은 소비자가 살고 있는 생활세계에서 변화가 가장 느린 층이다. 자연에도 홍수, 지진과 같은 돌발적이고 파괴적인 현상과 더불어 우리가 쉽게 느끼지는 못하고 있는 점진적이고 느린 변화가 있었고 이러한 변화는 미래에도 계속될 것이다. 그러나 자연에서 나타나고 있는 진화는 강한 연속성을 가지고 있다. 생물종의 출현과 멸종, 자연환경의 발전, 생물체 특정 기관의 진화와 퇴화 과정 등과 같은 자연의 모든 변화는 조용하고 영속적으로 이루어진다. 이러한 점에서 자연의 리듬을 영겁[1], 혹은 10만~1,000만 년의 흐름으로 나타낸다. [그림 1-1]에는 자연의 변화주기가 제시되어 있다.

[그림 1-1] 자연의 변화주기

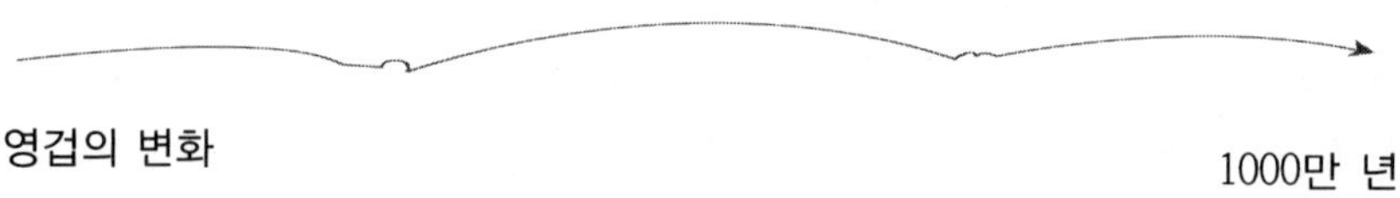

2) 문명

지금까지 지구상에 존재했던 모든 문명은 출현과 멸망의 단계를 거쳤다는 점에

1) 불교용어인 겁은 천지가 한번 개벽한 뒤부터 다음 개벽할 때까지의 시간을 의미한다. 보통 '겁'을 설명하는 데는 개자(芥子) 즉 겨자씨와 불석(佛石) 즉 바위의 두 가지 비유를 들고 있다. '개자겁'이란 '둘레 사십 리 되는 성 중에 겨자씨를 가득 채워놓고 천인이 3년마다 한 알씩 가지고 가서 모두 없어질 때'까지를 '1겁'이라고 말한다. 그리고, '불석겁'이란 '둘레 사십 리 되는 바위를 천인이 무게 3수(銖)되는 천의(天衣), 즉 잠자리 날개보다 더 얇은 깃털로서 3년마다 한 번씩 스쳐 돌이 닳아 없어질 때까지의 기간'을 이르는 말이다. 그러니까 영겁은 헤아릴 수 없이 아주 긴긴 시간을 말한다(네이버 지식백과, 어원을 찾아 떠나는 세계문화여행(아시아편), 2009. 9. 16., 박문사).

서 문명도 변화하고 있다. 문명의 변화주기는 자연의 변화주기보다 짧다. 예를 들면 로마제국의 역사는 약 1,000년이었고, 진나라가 중국을 통일한 후 가장 오래 지속된 한나라도 400년이 약간 넘었고, 우리나라의 조선왕국은 약 500년간 지속되었다.

현대문명의 전개과정은 점점 더 복잡해지고 있다. 장기적인 문명의 기본 물결은 근본적으로 핵심자원과 기술 그리고 그것을 기반으로 하는 사회조직의 형태와 관련이 있다. [그림 1-2]에서 볼 수 있는 것처럼 인류 문명의 역사는 다음과 같이 4가지 문명 유형으로 구분할 수 있다.

① 사냥꾼과 채집가(부족국가) : B.C. 100,000년 ~ 약 5,000년
② 농업문명(봉건제도) : B.C. 5,000년 ~ 1,800년
③ 산업문명(민주주의) : 1,800년 ~ 약 2,000년
④ 지식경제(네트워크 사회) : 2,000년

문명 유형들 간의 경계는 뚜렷하지 않고, 겹치는 부분도 있고, 나라마다 드러나는 양상도 조금씩 다르다. 농업문명과 산업문명 사이에는 여러 가지 다양한 혼합형태들이 존재한다. 예를 들면 아랍국가의 경우, 겉으로 드러나는 형태는 현대사회이지만 내부적으로는 여전히 부족사회의 유형이 존재하고 이러한 유형들 사이의 과도기는 아주 길다.

[그림 1-2] 문명의 변화주기

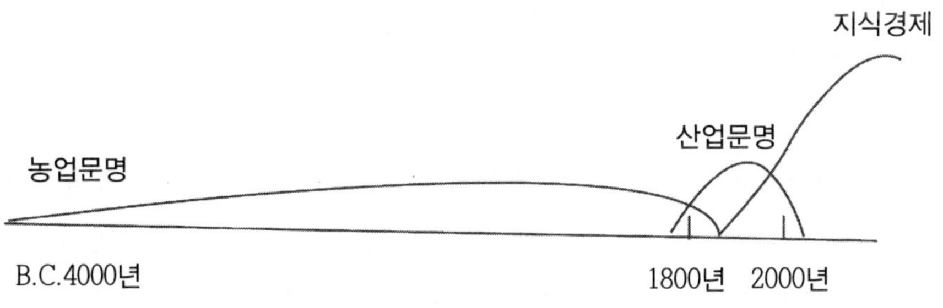

[그림 1-3] 산업혁명의 역사

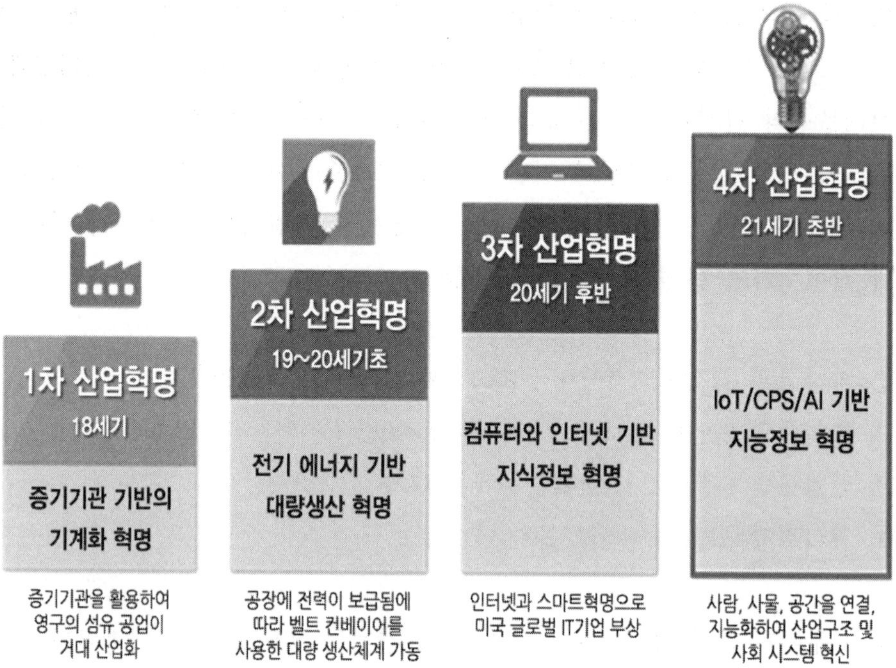

출처 : 미래창조과학부(2016).

[그림 1-3]은 1차부터 4차에 이르는 산업혁명의 흐름이다. 18세기의 1차 산업혁명은 증기기관이 발명되면서 기계를 통한 생산이 시작된 것을 의미하고, 19세기부터 20세기 초반의 2차 산업혁명은 생산현장에서 전기에너지를 이용하고 컨베이어 벨트를 도입해서 대량생산을 가능하게 했다. 20세기 후반의 3차 산업혁명은 컴퓨터와 인터넷 기반의 지식정보 혁명을 의미한다. 현재 진행되기 시작한 4차 산업혁명은 사물인터넷, 인공지능, 클라우드 컴퓨터, 빅데이터 분석, 3D 프린터 등의 기술융합을 통하여 이루어지고 있다.

지능화의 의존도에 따라 3차의 지식정보 혁명과 4차의 지능혁명을 구분할 수 있다. 3차 산업혁명은 인간이 구상한 절차에 의해 생산, 유통, 판매 절차를 자동화하는 수준이나 4차 산업혁명의 구성체들은 서로 연결된 자원으로부터 수집된 데이터를 분석하여 스스로 의사결정을 할 수 있는 지능을 갖는다. 예를 들면, 3차 산업혁명 단계에서는 로봇에 문제가 생길 경우 로봇은 하던 일을 멈추고 엔지니어의 손길을 기다릴 수밖에 없지만 4차 산업혁명 단계의 로봇은 더 이상 기다리지 않는다. 무엇이 문제인지, 어떻게 해결해야 하는지 스스로 판단해 직접 해결하거나, 부품 교체가 필요할 경우 엔지니어에게 무엇을 바꿔야 하는지 알려주기 때문이다. 사물인터넷 기술로 연결된 객체로부터 축적된 대용량의 데이터와 이를 정확하게 분석할 수 있는 데이터 사이언스의 접점에서 4차 산업혁명이 촉발되고 있다(김성범, 강성현, 2016).

1차, 2차, 3차 산업혁명은 손과 발을 기계가 대체하여 자동화를 이루고, 연결성을 강화하는 과정인데 반하여 4차 산업혁명은 인공지능의 출현으로 사람의 두뇌를 대체하는 과정이라는 점에서 경제적·사회적으로 심각한 변화를 가져올 것이다(장필성, 2016). 제4차 산업혁명은 인공지능을 중심으로 자동화와 연결성을 더욱 극대화할 것이다. 핵심기술인 인공지능이 데이터 수집, 저장, 분석을 통해 내가 원하는 검색결과를 압축적으로 제공, 선택비용을 줄여주며 개인의 취향을 저격한 최적화된 가치를 제공한다.

제4차 산업혁명은 생산과 소비가 결합되며 공급이 수요를 창출하는 경험경제, 즉 정신 소비 혁명으로 발전 중이다. 더 이상 소비자가 수동적이지 않으며 획일화된 제품과 서비스에는 흥미를 느끼지 않는다. 소비자가 직접 자신이 구매할 제품 생산과 판매에 관여하는 '프로슈머(prosumer)', 소비자가 주어진 틀에서 벗어나 자신만의 생산방법을 공유해서 기업에 영향을 미치는 '모디슈머(modisumer)'[2], 산업현장에서 필요에 따라 사람을 구해 임시로 계약을 맺고 일을 맡기는 형태의 '긱 경제(gig economy)[3], 필요한 물건을 직접 만드는 D.I.Y(Do it Yourself), 넷플릭스 추천서비스[4] 등이 새로운 소비 방식을 대표한다(안상희, 이민화, 2016).

---

2) 짜파구리(짜파게티+너구리), 소맥(소주+맥주), 예거밤(예거마이스터+에너지드링크), 자이언트 떡볶이, 스파게티, 소시지, 뿌려먹는 치즈의 푸짐하고 알찬 조합으로 편의점 레시피의 끝판왕이라는 평가를 받고 있는 마크정식 등을 예로 들 수 있다. 편의점 CU는 개그맨 김준현과 손잡고 자사 상품을 더욱 맛있게 즐길 수 있는 '먹설팅'을 제공하고 있다. 이 가운데 '만떡이'는 '자이언트 떡볶이'에 만두와 견과류를 뿌린 메뉴다.

3) 'Gig'은 재즈에서 특정 부분만을 연주하는 연주자를 가리키는 말이다. 2015년 9월 미국 공화당 대선후보인 Jeb Bush가 우버를 이용한 후 혁신 사례로 언급하자 민주당 대선 후보인 Hillary Rodham Clinton이 '긱 이코노미'가 이상적인 노동시장 형태인가에 대한 문제를 제기하면서 용어가 더욱 활발히 쓰였다. 전문적인 능력을 가진 프리랜서들이 특정 집단에 소속된 직업을 대신한다는 논리다.

3) 기술

러시아의 경제학자 니콜라이 콘드라티에프는 자본주의의 성장과 쇠퇴가 하나의 사이클로 순환되고 있으며, 그 주기는 50-60년의 주기로 나타나는데 이전과 완전히 다른 형태로 산업지형을 바꾸게 된다고 말했다. 슘페터는 콘드라티에프의 파동이 혁신에 의해 주도되었다고 하였고, 혁신이 새로운 물결을 만들어낸다는 혁신이론을 주장했다.

① 제1의 물결

제1의 물결은 1780년 산업혁명의 시대를 지칭한다. 이 시기에 방적기계의 혁신이 산업혁명을 만들어내지만 이러한 방적기계가 만들어질 수 있도록 한 배경에는 선철을 강철로 만드는 제련산업의 혁신이 있었기 때문에 가능했다는 것이다.

② 제2의 물결

제2의 물결을 이끈 혁신은 증기력이다. 이 증기력으로 인해 만들어진 철도시대가 세상의 물리적 거리를 좁혀 새로운 변화를 만들어내게 된다.

③ 제3의 물결

제3의 물결은 전기의 발견과 중공업, 강철의 대량생산이 이끌었다.

④ 제4의 물결

제4의 물결은 자동차가 이끌었다. 자동차로 인해 개인이 세상과 좁혀지게 되고 이러한 자동차산업을 이끌었던 배경은 석유산업의 혁신이 뒷받침하고 있다.

---

4) 인터넷으로 영화나 드라마를 볼 수 있는 미국의 회원제 주문형 비디오 웹사이트인 넷플릭스는 2013년 3월 소셜 기능을 추가해 이용자들 자신이 시청한 영화나 TV쇼 목록을 페이스북 친구들과 공유할 수 있도록 했다. '친구들이 좋아하는 영상(Friends' Favorites)'은 자신의 페이스북 친구들이 가장 많이 시청한 영화나 TV쇼를 등급별로 보여주고 '친구들이 시청한 영상(Watched by Your Friends)'은 페이스북 친구별로 시청한 동영상 목록을 나열해주고 있다.

⑤ 제5의 물결

제5의 물결은 현재 우리가 살고 있는 정보통신의 시대이다. 우리 시대의 가장 큰 기업이라 할 수 있는 마이크로 소프트, 구글, 페이스북 등은 이전에 볼 수 없던 기업의 형태이며 현재 모든 기업 뿐 만이 아니라 사회의 변화를 이끌고 있다. 이러한 세계의 변화의 물결 때문에 많은 이전의 기업들이 사라지고 변화하고 있다.

⑥ 제6의 물결

제임스 브래드필드 무디와 비앙카 노그래디(노태돈 역, 2013)는 제6의 물결은 자원 소비의 효율성, 나아가 자원을 소비하지 않는 방식을 중심에 두게 될 것이라고 말한다. 서비스에 초점을 맞춤으로써 제품 기반 세계에서는 얻을 수 없었던 많은 기회가 창출되고, 제품과 서비스의 경계가 흐려지고 있다. 제6의 물결 말기가 되면, 디지털 세계와 자연 세계가 거대한 규모로 통합되어 자연 세계의 모든 것에 대응되는 디지털화된 실체가 존재하게 될 것이다. 예를 들면 인간은 자신의 아바타로 웹상에서 돌아다닐 수 있고, 사람과 장소에 관한 정보는 실제 세계뿐 아니라 증강현실을 통해서도 얻을 수 있을 것이다. 어디서 하나가 끝나고 다른 하나가 시작되는지 구별하기가 어려울 것이며, 자연 세계의 많은 것이 이미 그러하듯이, 디지털 세계의 많은 것은 인간에게는 보이지 않을 것이다.

2015년에 완성된 기술 중에서 세상을 바꿀 큰 기술 10가지로 다음과 같은 것들이 거론되고 있다(박영숙, 제롬 글렌, 2016).

① 글로벌 인터넷과 정보지식의 증가

저렴한 스마트폰의 등장으로 개발도상국으로 퍼져나가는 인터넷을 통하여 지식과 정보의 공유가 일어나고, 소셜미디어는 경험과 지식을 가진 사람들이 다른 사람들을 도울 수 있는 판을 짜주었기 때문에 스마트폰을 바탕으로 언제 어디서든 경제발전이 가능해질 것이다.

② 주머니 속으로 들어간 의사들

2015년 의료기기는 스마트폰과 연결되어 새로운 기술의 탄생을 예고했다. 마이크로소프트, IBM, 삼성, 구글 스타트업은 의료기기와 모바일 앱을 연동해서 의사가 하던 일을 스마트폰이 할 수 있는 인공지능 기반 기술을 발전시키고 있다. 환자의 진술에만 의존해온 진료환경이 스마트폰과 스마트워치에 탑재된 앱에 등록된 빅데이터를 바탕으로 더 정확한 분석과 진단이 가능해졌다.

③ 정부를 대신할 기술 블록체인

공공 거래 장부라고도 부르며 가상 화폐로 거래할 때 발생할 수 있는 해킹을 막는 기술이다. 기존 금융 회사의 경우 중앙 집중형 서버에 거래 기록을 보관하는 반면, 블록체인은 거래에 참여하는 모든 사용자에게 거래 내역을 보내 주며 거래 때마다 이를 대조해 데이터 위조를 막는 방식을 사용한다. 블록체인은 대표적인 온라인 가상 화폐인 비트코인에 적용되어 있다. 비트코인은 누구나 열람할 수 있는 장부에 거래 내역을 투명하게 기록하며, 비트코인을 사용하는 여러 컴퓨터가 10분에 한 번씩 이 기록을 검증하여 해킹을 막는다(시사상식사전, 박문각). 모든 기업과 조직이 블록체인에 기반한 스마트계약 프로그램을 작동하여 가난한 사람들도 자료와 정보에 접근할 수 있는 평등한 권리를 가지게 된다.

④ 유전자 편집과 신인류의 탄생

과학학술지 사이언스는 2015년의 가장 혁신적인 기술로 크리스퍼 유전자 가위 기술을 선정했다. 유전자 가위는 원하는 부위의 DNA를 정교하게 잘라내는 기술이기 때문에 유전자를 원하는 대로 편집할 수 있어서 인간유전자 편집을 어디까지 허용할 것인가에 대한 윤리적 면에서의 논란도 커지고 있다.

⑤ 드론의 시대, 무인기가 생활을 바꾼다.

드론을 이용한 택배, 촬영, 범인이나 실종자 추적, 교통정보 수집, 오지에 구호품 전달, 야생동식물이나 생태관리 등이 활성화될 것이다. 미래에는 자동차처럼 1인 1드론 시대가 열릴 것이다.

⑥ 석유시대의 종말과 태양광 에너지의 본격 성장

태양광 에너지와 풍력에너지 시설의 설치비용이 감소해서 2030년에는 태양광에너지가 현재 에너지 소비량을 모두 감당할 수 있게 되고, 2035년에는 에너지 비용 자체가 무료화 할 것으로 예측된다.

⑦ 새로운 블루오션, 에너지 저장장치

스타트업 기업인 프리에토 배터리는 현재의 리튬이온 배터리보다 5배 이상 많은 에너지를 저장할 수 있는 기술을 개발했다. 이 기술은 제조원가가 싸고 부피는 최소화할 수 있어 친환경적이고 형태변경도 자유롭다.

⑧ 슈퍼박테리아를 무찌를 슈퍼 항생제, 테익소박틴

2015년 과학자들은 30년 만에 처음으로 새로운 항생물질을 발견했다. '테익소박틴(teixobactin)'으로 명명된 이 물질은 메티실린 내성황색포도상구균(MRSA) 등 다수의 다제내성균에 효과가 있다.

⑨ 임무 마치고 귀환한 팰컨 9, 로켓 재활용 시대를 열다.

민간 우주선 개발업체 스페이스X가 발사한 재활용로켓 팰컨 9는 기후변화를 정밀분석하는 위성 제이슨 3호를 무사히 우주 궤도에 올려 놓는데는 성공했다. 그러나 임무를 마치고 귀환하던 1단계 추진로켓은 태평양에 떠있는 플랫폼 도크 위로 내려앉았으나 갑자기 균형을 잃고 옆으로 쓰러지며 폭발했다. 비록 절반만 성공하기는 했으나, 로켓재활용 기술은 우주개발에 지각변동을 가져올 수 있고, 민간인이 우주여행을 떠날 날도 얼마 남지 않았다.

⑩ 레이 커즈와일의 30년 후 미래

2015년 커즈와일은 우리가 인류 역사상 가장 흥미로운 시간대에 살고 있다며 미래를 예측했다. 2020년에는 대부분의 질병이 소멸한다고 내다봤다. 나노봇의 발전이 현재의 의료기술을 넘어서서 혈관이나 신체 내부에 나노봇을 투입해 질병이 발병하기 전에 파악해 고치기 때문이다. 실제로 인공지능을 가담하는 기준인 튜링테스트에서 이미 인간의 지능을 따라잡았다. 곧 무인자동차가 도로를 정복하고 고속도로에서 인간의 운전이 금지될 것이다.

커즈와일은 2030년대에는 가상현실이 마치 진짜로 느껴질 만큼 기술이 발달하며, 자신의 감정이나 의식을 소프트웨어처럼 업로드 할 수 있다고 예측했다. 2040년대에는 인공지능이 생체지능을 수십억 배 능가하며, 나노봇이 모여 인조식품을 경작하고, 인간은 이를 먹으며 생활할 것이라 내다봤다. 2045년에는 인간이 대뇌신피질을 클라우드에있는 합성신피질과 무선으로 연결해 자신의 지능을 높일 것이라 말했다. 인공지능과 인간의 융합이 자연스러운 현상이 되는 것이다.

4) 경기

[그림 1-4] 우리나라의 경기순환주기

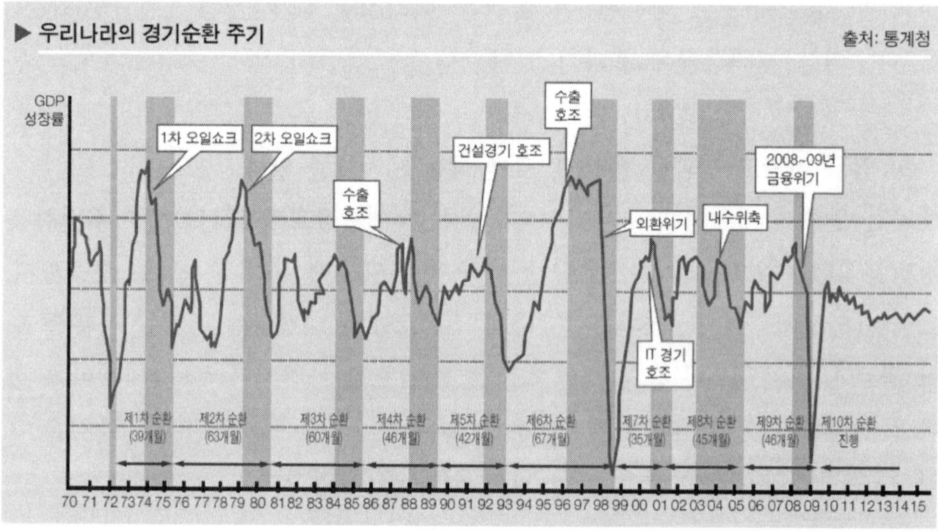

최근에는 국내의 경기 주기가 아니라, 세계의 투자 주기가 경제 리듬을 결정한다. 글로벌 자본이 자본시장을 통해 자본을 증식시켜나가고 국가 간의 상호 의존성이 점점 높아지면서 위기 주기와 호황 주기가 더욱 심화될 것이다. 저개발국가와 개발도상국들은 빠른 속도로 성장하는 반면, 후기 산업사회에 진입한

국가들의 경제 성장률은 낮은 수준에서 정체될 것이다. 현재 브라질, 러시아, 인도 및 중국이 높은 경제성장률을 보이고 있다.

[그림 1-4]에는 우리나라의 경기순환주기가 제시되어 있다. 통계청의 발표에 의하면 우리나라의 경기순환주기는 약 50개월인데, 이중에서 확장기는 31개월, 수축기는 19개월로 나타났다. 1970년대 이후 상승국면이 가장 길었던 순환주기는 약 61개월로 1975년 7월부터 1980년 9월까지 제2순환주기였다.

5) 소비문화

소비자의 욕망을 반영하는 거울이라고 볼 수 있는 베스트셀러를 1945년부터 2016년 현재까지 70년간을 분석해 본 결과 대체로 10년을 주기로 새로운 트렌드가 나타났다. 1950년의 한국전쟁, 1960년의 4·19혁명, 1972년의 10월유신, 1980년의 5·18민주화운동, 1989년의 현실사회주의의 몰락, 1997년의 외환위기, 2008년의 글로벌 금융위기 등이 변화를 하게 하는 요인으로 작용했고, 각 시기를 대표하는 키워드와 베스트셀러의 목록은 다음과 같다(한기호, 2016).

① 해방 ~ 1949년 : 민족문화 재건

광복을 맞이하긴 했지만 남북은 다시 38선을 경계로 갈라졌으나, 일제의 치욕을 겪었던 국민들은 해방 직후 우리의 역사와 글, 문학에 대한 뜨거운 욕구를 분출했다. 국민들의 민족문화를 재건하고자 하는 열망은 출판사의 급증을 통하여 입증할 수 있다. 일제 총독부의 검열과 통제의 그물망에서 벗어나자마자 45개사에 불과하던 출판사는 1946년에 150개사로 급증하였고, 1947년에는 581개사로, 1948년에는 792개사로 가파르게 상승하였다.

출판사만 급증한 것이 아니라 출판된 책은 무조건 잘 팔려나갔다. 특히 우리 글과 우리 역사에 대한 갈증이 심했다. 한글학회가 1947년 펴낸 우리말 큰사전, 조선어학회가 1946년 펴낸 조선어표준말모음, 백철의 조선신문학사조사를 비롯해 가톨릭 순교자들을 다룬 아드리앵 로네의 한국 79위 순교복자전, 석탑을 통해 미학적으로 한국미를 탐색하는 고유섭의 조선 탑파의 연구, 전통 설화를 체계적으로 분석한 손진태의 조선민족설화의 연구 등 사전류나 전문학술서도 베스트셀러에 올랐다. 초판을 5만부나 발행했지만 바로 완판 된 김성칠의 조선역사는 해방 후 최초의 베스트셀러가 되었다.

이 시대를 대표하는 베스트셀러로는 1946년 '문학'지에 발표한 단편소설인 이태준의 해방 전후, 후지하라 데이의 내가 넘은 삼팔선, 크리미센코의 나는 자유를 선택하였다, 윤동주의 하늘과 바람과 별과 시, 1948년 '개벽'지에 발표한 소설가 황순원의 단편소설 목넘이 마을의 개, 시인 모윤숙의 장편산문집 렌의 애가, 조지훈, 박두진, 박목월의 공동 시집으로 이들 시인을 청록파라 부르게 된 계기를 만든 청록집 등이 있다.

② 1950년대 : 전후 허무주의

한국전쟁의 후유증으로 심각한 결핍 속에서도 생존에 대한 본능적인 욕구와 더불어 도시민들의 소비에 대한 욕망도 넘쳐났다. 이때 뜬 캐릭터가 아프레걸 오선영이었다. 아프레걸은 전후를 뜻하는 프랑스어 아프레 게르(apres guerre)와 소녀를 뜻하는 영어 단어 걸(girl)을 합성한 조어다. 향락과 사치와 퇴폐를 상징하는 아프레걸 오선영은 정비석의 소설 자유부인의 주인공이다. 자유부인은 정숙한 가정주부였던 대학교수 부인 오선영이 남편의 제자인 신춘호와 춤바람이 나면서 가정이 파탄난다는 내용을 담고 있다. 당시 서울대 법대 교수이던 황산덕은 자유부인을 "중공군 50만명에 해당하는 조국의 적"이라고 공격하기도 했다.

명랑소설의 효시인 조운파의 얄개전은 허무한 마음의 대중을 위로했다. 여러 남자와 아슬아슬한 키스와 애무를 하는 또 다른 아프레걸 제니가 등장하는 최희숙의 슬픔은 강물처럼, 동서고금의 명언들을 모은 최요안의 마음의 샘터, 김래성의 애정소설 청춘극장, 기생들에게도 인기가 높았다고 전해지는 조병화의 로맨스 시집 사랑이 가기 전에 등이 큰 인기를 끈 베스트셀러들이다.

③ 1960년대 : 이데올로기

이승만의 오랜 독재의 마침표를 찍은 4·19혁명으로 1960년대의 문이 열리면서 대학생들이 현실 권력의 한 축이 되었다. 이듬해에 5·16쿠데타가 일어나면서 1960년대 내내 4·19와 5·16 세력, 즉 학생과 군부세력 간의 투쟁이 벌어졌다. 하지만 대중은 마음을 둘 데가 없었다. 최인훈의 걸작 광장의 주인공 이명준은 북으로 올라가 북한의 정치 체제에 가담해보지만 남의 '밀실'과 북의 '광장' 어디에서도 소속감을 느끼지 못한다. 방황을 하던 그는 결국 남한도 북한도 아닌 제3국행을 택하지만 끝내 스스로 목숨을 끊어 생을 마감한다. 이명준은 4·19의 빛나는 성과를 5·16 세력에 빼앗겨 좌절하던 당시 지식인들에게 깊은 허무감을 안겼다.

이 시기에는 자궁암으로 죽어가는 32세 여인의 회고담 형식을 띤 박계형의 연애소설 머무르고 싶었던 순간들, 초등학교 5학년생 이윤복의 일기인 저 하늘에도 슬픔이, 자기구원이라는 새 여성상을 제시한 정연희의 애정소설 석녀, 우리 문학사상 최초의 대하역사소설로 자리매김할 수 있는 유주현의 조선총독부 등이 베스트셀러에 올랐다.

④ 1970년대 : 산업화

노동자 전태일의 분신과 김지하의 오적으로 시작된 1970년대는 18년 독재자 박정희 대통령의 죽음으로 결국 막을 내렸다. 박정희 정권은 국가 위기라는 명목으로 향토예비군을 창설하고 대학까지 병영화했지만, 학생들은 국가 위기가 아니라 정권 위기라며 반박하였다. 본격적으로 산업사회로 접어드는 이 시기에 통기타와 청바지, 생맥주로 대표되는 청년문화가 등장했다. 부랑 노동자의 삶을 담아낸 황석영의 객지, 도시 빈민 가족의 일상적 삶과 부조리적 사회상을 그린 조세희의 난장이가 쏘아올린 작은 공, 곡마단의 비애를 그린 한수산의 부초 등이 사람들로부터 많은 공감을 얻었다. 이들 작품은 급격한 고도성장의 이면에 숨어 있는 한국 사회의 그늘을 제대로 보여줬다는 평가를 받았다.

먹고 살기 위해 고향을 떠나 도시로 몰려드는 여공, 식모, 버스 차장 등이 넘쳐났는데도 불구하고 최인호의 별들의 고향, 조선작의 영자의 전성시대, 조해일의 겨울여자 등의 주인공들이 인기를 끌었다. 여성 상품화 현상을 호스티스라는 사회적 존재에 초점을 맞춘 이들 소설을 대학생들은 창녀라는 군상을 중심으로 한 사회학적 고발로 여겼다.

⑤ 1980년대 : 역사성

1980년 5.18 광주의거와 현대판 홍길동인 장총찬이 온갖 사회악에 대항하며 악의 무리에 맞서는 김홍신의 소설 인간시장으로 1980년대는 시작되었다. 1980년대는 이념의 시대이자 불의 시대라 할 수 있다. 출판문화사적으로는 대하소설의 시대이자 시의 시대이기도 했다. 제5공화국 정권은 스포츠, 스크린, 섹스라는 이른바 '3S 정책'으로 국민을 호도하려 했지만 대중은 인문사회과학 서적을 통해 세상을 제대로 읽고자 노력했다. 사회 변혁에 대한 철학적 논리화를 시도한 조성오의 철학에세이는 인문서 최초로 밀리언셀러가 되었다.

조정래의 태백산맥, 황석영의 장길산, 홍명희의 임꺽정, 박경리의 토지 등과 같은 대하소설들은 소설을 넘어 대중에게 정치적 각성을 하게 만든 역사교과서 역할을 했다. 정치사회적 부조리를 신랄하게 비판하는 시들부터 감성을 자극하는 서정시까지 다양한 시들이 베스트셀러가 되었다. 이념시나 민중시로는 박노해의 노동의 새벽과 김지하의 타는 목마름으로 등이 베스트셀러가 되었고, 서정윤의 홀로서기, 도종환의 접시꽃 당신, 이해인 수녀의 오늘은 내가 반달로 떠도 등의 서정시도 베스트셀러가 되었다.

⑥ 1990년대 : 대중 출판

1990년대 베스트셀러의 키워드는 대중출판이다. 독일의 베를린 장벽이 무너지자마자 시작된 1990년대가 만들어낸 최고의 상품은 '개인'이었다. 1990년대의 문을 연 대우그룹 김우중 회장의 (나에게) 세계는 넓고 할 일은 많다부터 1999년 최고의 화제가 된 탤런트 서갑숙의 나도 때론 포르노그라피의 주인공이고 싶다까지 책 제목에 '나'가 넘쳤다. 이 시대는 개인으로서의 자신을 드러내고자 하는 욕망이 점점 더 고조된 때였다.

이은성의 소설 동의보감, 이재운의 소설 토정비결, 황인경의 소설 목민심서 등과 같이 자기계발서와 같은 역사 인물 소설이 1990년대 대중출판의 문을 활짝 열었다. 그러나 1995년에 아마존닷컴이 문을 열고, 윈도95가 출시되며, 세계무역기구(WTO)에 가입하는 등 세계화와 정보화가 동시에 진행되면서 출판문화의 상황은 많이 달라졌다. 임채성 외의 컴퓨터 길라잡이, 한호림의 꼬리에 꼬리를 무는 영어, 스티븐 코비의 성공하는 사람들의 7가지 습관 등과 같은 실용서와 자기계발서가 크게 인기를 끌었다.

이러한 세계화 열풍에 대한 반발 심리가 작용해 국내 답사문화사에 한 획을 그은 유홍준의 나의 문화유산답사기, 김진명의 무궁화꽃이 피었습니다, 전여옥의 일본은 없다, 박영규의 한권으로 읽는 조선왕조실록 등처럼 민족주의를 자극하는 책들도 인기를 끌었다.

여성들이 사랑이나 결혼보다는 일을 더 중요하게 생각하게 되면서 여성의 홀로서기, 주체성 등을 강조하는 책들도 큰 호응을 얻었다. 박완서의 그대 아직도 꿈꾸고 있는가, 공지영의 무소의 뿔처럼 혼자서 가라, 이경자의 혼자 눈뜨는 아침, 양귀자의 나는 소망한다, 내게 금지된 것을 등이 대표적인 작품이다. 이 시대 또 다른 베스트셀러들로는 한국형 판타지의 문을 열었다는 평가를 받는 이우혁의 퇴마록과 이영도의 드래곤 라자, 석용산의 여보게 저승 갈 때 뭘 가지고 가지, 잭 캔필드 외의 마음을 열어주는 101가지 이야기, 오토다케 히로타다의 오체불만족 등이 있다.

⑦ 2000년대 : 글로벌 출판의 시대

역사적으로 유례가 없는 외환위기로 인한 상처가 아물기도 전에 한국인들은 2003년의 카드대란과 2008년의 글로벌 금융위기라는 대형 위기를 다시 겪어야 했다. 거대한 경제위기가 일상적 삶의 세세한 부분까지 침투하면서 개인의 고독감도 깊어만 갔다. 벤처 열풍이 불던 2000년 초반에는 자기계발서를 읽어 부족한 역량만 갖추면 누구나 성공할 수 있을 것이라는 기대감으로 분위기가 그렇게 나쁘지는 않았다. 로버트 기요사키 외의 부자 아빠 가난한 아빠, 스펜서 존슨의 누가 내 치즈를 옮겼을까?, 틱낫한의 화, 로버트 치알디니의 설득의 심리학, 켄 블래차드 외의 칭찬은 고래도 춤추게 한다, 사이쇼 히로시의 아침형 인간, 조엘 오스틴의 긍정의 힘 등과 같은 자기계발서들의 인기가 폭발했다.

그러나 그것도 잠시였다. 호아킴 데 포사다 외의 마시멜로 이야기, 한상복의 배려 등과 같은 성공우화가 인기를 끈 2006년 이후 독자들은 성공에서 행복으로 말을 갈아탔다. 탄 쥐잉의 살아 있는 동안 꼭 해야 할 49가지와 공지영의 우리들의 행복한 시간은 제한된 여건 속에서의 만족만을 추구하는 행복이었다. 조창인의 가시고기, 김하인의 국화꽃 향기, 신경숙의 엄마를 부탁해 등도 극도로 축소된 인간관계만을 다루며 개인의 안위에만 관심을 두었다.

⑧ 2010년대 : 하이브리드 출판의 시대

부도덕한 이명박 정권에 대한 기대감이 무너지기 시작하던 2010년 정권의 도덕성을 묻는 마이클 샌델의 정의란 무엇인가는 매우 어려운 책임에도 불구하고 화려하게 베스트셀러로 등장했다. 끝을 모르는 경제위기로 말미암아 대중들은 셀프 힐링의 깊은 늪으로 더욱 빠져들었다. 서울대학교 교수인 김난도의 아프니까 청춘이다, 혜민 스님의 멈추면, 비로소 보이는 것들 등의 멘토가 어깨를 두드리며 던져주는 한 줄의 위로에 사람들은 공감했다.

끝 모르는 위기감 속에 젊은이들이 가장 힘들어했다. 기시미 이치로 외의 미움 받을 용기, 윤홍균의 자존감 수업 등은 더 이상 포기할 것이 없는 'N포세대'가 이제 욕먹을 각오를 하거나 자존감을 지키는 것에서 겨우 삶의 희망을 이어가고 있다는 점을 보여준다. 이제 젊은 세대는 웹툰이나 웹소설로 몰려가고 있다. 다른 미디어와 결합된 연계형 책들이 지금 베스트셀러 목록의 60% 이상을 차지하면서 바야흐로 '새로운 책'의 시대로 진입하고 있다.

6) 유행과 제품

유행과 제품은 소비트렌드의 표면에 나타나는 현상으로 수명이 매우 짧다. 그러나 유행 시스템은 20세기 중반 이전까지만 해도 비교적 안정된 규칙에 따라 작동했다. 당시 유행은 생산의 기능성과 대체로 변화가 적은 신분의 발달에 따라 전개되었다. 유행은 관습 시스템이자 신분의 표현이었기 때문에 예측이 어느 정도 가능했다. 예를 들어 1970년대까지는 실제로 경기가 좋을수록 여성의 치마 길이는 짧아진다는 '미니스커트 규칙'이 존재했었다. 호황기에 여자들은 돈 잘 버는 남자를 파트너로 삼기 위하여 미니스커트를 입는 다는 것이다. 그러나 소비시장의 발달과 섹스 혁명 그리고 디자이너들의 독자적 세력화가 진행되면서 유행 시스템에 '카오스 요인'이 증가하게 되었고 그 결과 유행을 예측하기가 어렵게 되었다.

미국의 경우 1991~2000년대 대부분의 히트상품이 장난감류이었으나, 2001년부터 2010년까지는 아이패드 등과 같은 전자기기였다. 획일적인 디자인과 표현력을 가진 상품에서 사용자의 구미와 표현하려는 방식을 제공하는 맞춤형 제품이 시장의 환영을 받았고, 감성에 호소한 제품과 이용을 통한 즐거움, 자기만족, 그리고 새로운 세계를 경험할 수 있는 기회를 제공하는 제품들이 인기를 끌었다. 특히 인터넷을 통해 다른 사용자와 게임과 정보 공유를 통하여 온라인 네트워크를 제공하는 제품의 수요가 증가했다. 히트상품의 가격대 상승은 주요 구매층이 어린이 층에서 성인 남성으로 변화됐다는 것을 시사하고 있다(황선창, 2010).

유행하는 제품은 소비문화의 표층에서 관찰할 수 있는 현상들이다. 그러나 이러한 현상 자체가 소비트렌드는 아니다. 트렌드분석가는 이런 표층적 현상들을 의미 있게 배열하고 평가할 수 있어야 한다. 그럼에도 불구하고 '유행 제품'과 그 아래에 놓여 있는 트렌드 물결 사이에는 상관관계가 있다.

[표 1-1]에는 2019년 10대 트렌드 상품이 제시되어 있다. 10대 트렌드 상품을 통하여 2019년에 우리사회를 관통할 수 있는 다음과 같이 몇 가지 흐름을 발견할 수 있다(김난도 외, 2019:24-27).

첫째, 소비자가 상품과 서비스를 평가하는 기준이 변화하고 있다. 맛으로 간식을 선택하기 보다는 SNS에 인증할 만한 콘텐츠로 '괴식 및 이색식품'이 인기를 끌었고 소비자가 제품과 서비스를 선택하는 중요한 기준의 하나로 기업의 친환경 실천 정도가 부상하면서 다양한 '친환경 아이템'이 시장에 등장했다.

둘째, 자신만의 라이프스타일이나 가치관을 구매로 실천하는 소비자들의 행보가 관찰되었다. 가족과 함께 아웃도어 액티비티를 즐기는 40대 소비자가 증가하면서 대형 SUV의 판매량이 증가했고, 거창한 목표보다 현재의 행복과 휴식을 중요하게 여기는 가치관이 확산되면서 여행지의 라이프스타일을 깊게 경험해보는 '한 달 살기'가 인기를 끌었다.

셋째, 일상에서 작은 재미를 추구하는 현상이 두드러졌다. 과거의 추억을 소환하고 소비자들의 호기심을 자극하는 '재출시 상품'이 다양한 업종에서 나타났다. 일상의 모습을 공유하고 소통하면서 소비자와 신뢰를 쌓은 인플루언서들이 새로운 유통채널로 등장했다. 주말을 이용해 단기로 '호캉스'를 즐기는 소비자도 증가하면서 호캉스 시장이 여가활동의 한 축으로 자리잡았다.

[표 1-1] 트렌드코리아 선정 2019년 10대 트렌드 상품

상품	요인
괴식 및 이색식품	- 인스타그래머블한 비주얼 - 자극적인 경험을 인증하고 공유하는 문화
대형 SUV	- 가족중심적 여가를 즐기는 40대 소비자 부상 - 아웃도어 액티비티의 증가
배송 서비스	- 온라인을 통한 신선식품 주문 증가 - 배송 기반 효율화 - 수요를 예측하는 기술 수준의 향상
에어프라이어, 삼신가전	- 가사 노동에 드는 시간과 노력을 최소화하고 싶은 니즈 - 나에게 집중하는 시간을 확보하려는 밀레니얼 가치관의 확산
인플루언서	- SNS를 중심으로 재편되는 미디어 환경의 변화 - 친근함을 바탕으로 한 신뢰성 확보
재출시 상품	- 기성세대와 Z세대를 아우르는 매력 - 과거의 모델이나 콘텐츠를 이용함으로써 비용 절감
지역 기반 플랫폼	- 신뢰성을 기반으로 한 거래 - 오프라인 경험에 대한 니즈 - 지역경제 활성화를 위한 정책적 노력
친환경 아이템	- 필환경 트렌드 확산 - 자신의 신념을 소비로 드러내는 미닝아웃 세대의 등장
한 달 살기	- 행복을 중시하는 가치관의 확산 - 관련 인프라의 증가
호캉스	- 근무 제도의 유연화 - 휴식에 집중하는 단기여행 선호

출처 : 김난도 외(2019).

마지막으로 시간과 노력을 아낄 수 있도록 지원하는 기술과 서비스가 증가했다. '에어프라이어와 삼신가전[5]'은 반복되는 집안일에서 벗어나 나를 위한 시간을 확보하려는 소비자들의 욕구를 충족시키면서 판매량이 크게 증가했다. 또한 배송관련 기반이 지속적으로 확충되고 수요를 예측하기 위한 기술이 발달한 공급 측면과 시간을 절약하고 싶은 소비자의 욕구와 맞물리면서 '배송서비스' 시장이 크게 성정했다. 바쁜 현대인을 지원하는 기술과 서비스는 앞으로도 시장을 견인하는 중요한 포인트가 될 것이다.

[그림 1-5]는 다양한 층들의 변화속도를 함께 제시한 것이다.

[그림 1–5] 다양한 층의 변화 속도

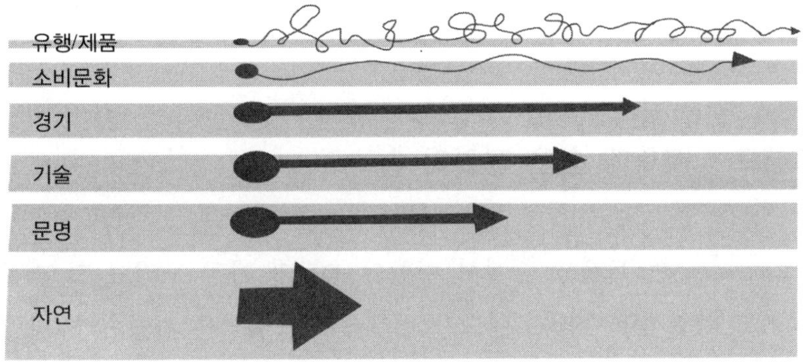

2. 트렌드의 정의

트렌드는 가까운 미래에 일어날 사회 각 분야의 움직임을 보여주는 징후이자 현실 동향이라고 정의할 수 있다. 또한 트렌드는 운동성과 지속성을 가지는 일련의 사건으로 유행, 예측 및 예언이 아니라 점진적 연속성을 가지는 안정된

5) 건조기와 무선청소기 또는 로봇청소기, 식기세척기가 '삼신 가전'으로 가전 시장에서 각광받고 있다. 삼신에는 중의적 의미가 있다. 새롭게 등장한 필수 가전이라는 의미에서 '삼신'(三新)으로 부르기도, 가사 부담을 줄여 주는 것이 마치 신이 내린 선물과도 같다는 의미에서 '삼신'(三神)이라 부르기도 한다.

운동이다. 가까운 미래에 발생해서 상당기간 지속되는, 그러면서도 과거와는 다른 경향과 방향성을 지닌, 사회 각 분야의 움직임을 나타내는 징후이며 현실적 동향이다. 그러므로 트렌드는 새로운 이론이나 현상이 사회 전반적으로 반영되어 시대를 대표하는 현상으로 나타난다.

트렌드는 현재의 사회를 만들어 내고 있으면서 앞으로도 우리의 미래를 만들어 갈 항상 존재하는 힘이다. 그러므로 트렌드라는 용어 속에는 과거, 현재, 그리고 미래라는 세 가지가 복합적으로 포함되어 있다. 과거의 경향과 현재의 징후를 세심하게 관찰함으로써 트렌드를 파악하고 이러한 트렌드를 확인하고 분석함으로써 미래를 예측할 수 있다.

트렌드를 정확하게 정의하고 예측하기 위해서는 다음과 같은 다양한 트렌드의 개념과 범주를 이해하고, 각 개념간의 관계를 파악할 수 있어야 한다(이온화 역, Horx 저, 2004).

1) 메타트렌드 : 배후에 숨은 진화의 힘

메타트렌드(metatrend)는 트렌드 중에서 변화의 속도가 가장 느리고 그 과정이 가장 장기적이고 복잡하다. 메타트렌드가 이루어지는 영역은 자연이다. 자연에는 우주를 시계의 원리에 따라 단순하게 돌아가는 암석 파편들의 황무지 이상의 존재로 만들려고 하는 추진력이 있다. 이 추진력을 우리는 진화라고 부른다. 진화는 단순한 것에서 복잡한 것을 만들어내는 시도이다. 생물체와 그 생물체의 생활권 그리고 동식물의 개별적인 소생활권은 수백만년을 거치면서 세분화되었고, 이렇게 세분화되는 과정에서 다양성, 독립성 및 차별성은 점점 증가하였다.

2) 메가트렌드 : 트렌드 세계의 블록버스터

Naisbitt(1982)는 메가트렌드(megatrend)라는 용어를 처음으로 사용하면서 메가트렌드는 우리 삶의 모습을 바꾸고, 새로운 사회를 구현할 수 있는 내재적 힘이라고 정의하였다. 메가트렌드는 사회, 정치, 경제 및 기술의 변화에 영향을 주며, 구체화되는 속도는 느리지만 일단 정착되면 7년 내지 10년 정도 우리 삶에 전반적으로 영향을 미치는 특성을 가지고 있다. 예를 들면 메가트렌드는 경력이나 직업, 여행, 사업, 투자, 거주지, 자녀교육 등 일상생활의 요소에도 큰 영향을 미친다.

1980년대는 세계화와 대중매체의 발달로 인하여 처음으로 발전이 특정지역에만 제한적으로 일어나는 것이 아니라 글로벌한 현상이라는 것을 깨닫게 된 시기이다. 사람들은 지구촌 어느 곳에서든 뉴욕과 상하이의 경제와 문화 그리고 일상에서 일어나는 변화들을 생생하게 이야기할 수 있게 되었다. 이러한 보편성이 메가트렌드의 본질이고, 다른 트렌드 범주와 구별되는 중요한 특성이다. 메가트렌드는 기술, 문화, 인간 상호간의 관계, 노동, 소비생활영역을 비롯하여 인간의 모든 생활영역에 영향을 미치기 때문에 경제영역은 물론 정신이나 인문영역에서도 찾아볼 수 있다는 면을 고려하면 메가트렌드는 통합학문적이라고 볼 수 있다.

마티아스 호르크스(배진아 역, 2014)는 트렌드 과잉의 현대사회에서, 메가트렌드가 되기 위해선 장기적인 지속가능성이 중요하다고 했다. 예를 들어 인구통계학적인 변화를 장기간에 결쳐 추적해 고령화라는 메가트렌드를 실제 통계학적으로 표현할 수 있는 것처럼 말이다. 메가트렌드가 다른 개별적 트렌드와 구별되는 요소 7가지는 다음과 같다.

① 장기성

제대로 된 메가트렌드는 어느 날 갑자기 기습적으로 들이닥치지 않는다. 수십 년간 이어지는 '잠복기'를 거치면서 영향력을 키워나가, 활동기에 이르면 대부분 한 세기 이상 지속된다.

② 깊은 뿌리

메가트렌드는 깊은 역사적 뿌리를 가지고 있다. 때로는 그 뿌리가 인류 역사의 기원으로 거슬러 올라가기도 한다. 이런 태곳적 힘이 오늘날의 상황과 환경에 의해 활성화되고 강화된다.

③ 편재성과 복합성

메가트렌드는 결코 어떤 부분적 영역이나 부분적 업종 또는 특수 영역에서만 가시화되지 않는다. 인간과 관련된 모든 영역에서 지표식물과 같은 역할을 함으로써 생활환경, 경제, 소비, 정치 등과 같은 모든 영역에서 변화를 불러일으킨다. 또한 가치, 내적인 방향 설정 등과 같은 정신적인 영역에도 영향을 미친다. 메가트렌드는 사회, 정치, 경제의 다양한 부문을 새로운 방식으로 결합한다.

④ 세계성

메가트렌드는 언제나 전 세계적인 경향을 띤다. 그러나 전 세계에서 동시다발적으로 모든 메가트렌드의 발전이 이루어지는 것은 아니다. 예를 들면 여성화 또는 도시화와 같은 메가트렌드는 다양한 지역에서 각기 다른 양상으로 나타나게 된다. 그럼에도 불구하고 그 역동성만큼은 어디에서나 찾아볼 수 있다. 그렇다면 과연 아프가니스탄에서도 여성화라는 메가트렌드가 역사적인 파급효과를 발휘하고 있는가? 서구 선진국과 비교하면 논란의 여지는 다분하지만 분명한 사실은 그곳에서도 역시 여성들의 역할이 과거에 비하여 눈에 띄게 그리고 지속적으로 강화되고 다양하게 변하고 있다는 점이다.

⑤ 견고함

메가트렌드는 결코 위기나 타격으로 말미암아 궤도에서 벗어나는 법이 없다. 가끔 속도가 정체되거나 심지어는 반대 방향으로 돌진하는 것처럼 보일 때도 있지만, 그러한 경우는 일시적인 현상에 불과하다. 핵심적인 노선은 전혀 훼손되지 않고 온전하게 유지된다.

⑥ 느린 속도

때때로 메가트렌드가 강한 추진력을 발휘하는 시기도 있기는 하지만, 장기적인 추세로 보면 점진성의 법칙이 더 우세하다고 볼 수 있다. 메가트렌드의 표준 속도는 연간 1퍼센트다.

⑦ 역설적인 특징

메가트렌드는 은연중에 뭔가 분명한 것, 직선적인 것, 반박할 수 없는 것, 일률적인 의미가 내포되어 있는 경우가 많다. 그러나 실제로 메가트렌드는 독특한 만곡선의 형태로 움직이고, 이런 점 때문에 우리는 메가트렌드에 흥분하고 관심을 기울인다. 언제나 하나 이상의 복고 트렌드, 즉 반동이나 대조적인 경향을 만들어내기 때문이다. 이런 복고 트렌드가 주류 트렌드와 소통하는 가운데 '기이한 고리'가 생성된다. 비직선적이라는 점은 메가트렌드의 고유한 특징이자 심오한 본질이다.

3) 트렌드 : 일상적 변화의 교집합

트렌드는 과거에 이미 일어난 일이 아니라 미래에 일어날 특정한 일을 예측하는 것으로 평균적인 사람들이 이를 받아들일 때 트렌드가 될 수 있다(Vejlgaard, 2008). 트렌드는 변화하고 움직이는 일종의 경향성이라고 볼 수 있는데, 이러한 움직임과 변화는 사회, 문화, 비즈니스, 소비생활 등에 영향력을 미친다(Raymond, 2010). 트렌드는 적어도 5-10년에 걸쳐 지속되면서 사회 전반에 영향을 미치는 변화의 흐림인데 반하여, 일시적 유행인 패드는 화려하지만 일시적이고 사라진다는 점에서 차이가 있다(Popcorn, 1999).

4) 유행(Fad)

트렌드와 일시적 유행을 동일한 의미로 사용하는 경우도 있으나, 트렌드와 일시적 유행은 다음과 같은 차이가 있다(허민구, 2004; Horx 저, 이온화 역 2004, 김영신 · 조은정(역). 페이스 팝콘·리스 마리골드(저), 1999; 김경훈 · 김정홍 · 이우형, 2004; 제럴드 셀런트 · 톰 빌튼 저, 우경하 역, 1994).

① 트렌드는 시장이 변화하는 일반적인 방향, 즉 개개의 단편적인 현상이야 어떻든, 전체로서 대세를 의미하는 것으로 인구통계적 변화, 대중의 가치관이나 태도, 생활양식 또는 기술의 변화에 의하여 시장 전반에 점진적이면서도 광

범위한 변화를 가져온다. 특히 생활양식과 소비욕구의 변화 등 사회문화적 요인과 이를 효과적으로 충족시키는 새로운 기술이나 사업모델 등이 결합하여 형성되는 트렌드는 경제 일반은 물론이고 기업 경영에 상당한 변화를 초래한다. 이와는 달리 일시적 유행은 시류를 좇는 대중문화나 대중매체가 선도하기 때문에 비교적 짧은 기간에 폭발적으로 성장했다가 사그라지는 현상이다.

② 일시적 유행은 제품 자체에 적용되는 말이나 트렌드는 소비자들이 물건을 사도록 만드는 원동력에 관한 것이다. 사람들의 마음속에 확실한 심리적 동기가 있어야 트렌드가 될 수 있다. 즉 남이 하니까 그저 따라 하려는 것은 일시적인 유행 심리에 불과하나, 성공의 욕망이든, 본능이든 강력한 심리적 동기가 내재되어 있다면 트렌드가 될 수 있다.

③ 트렌드는 사회적 토대가 마련되어 있기 때문에 평균 5-10년 이상 지속된다. 트렌드는 에너지 부족이나 자연 재해, 또는 전쟁 등과 같은 위기로 약간 변화되거나 달라질 수는 있으나, 그러한 뜻밖의 상황조차도 트렌드를 완전하게 뒤바꾸지는 못한다. 트렌드는 바위처럼 꿋꿋하다. 일시적 유행은 시작은 화려하나 곧 스러져 버리는 것이다. 일시적으로 유행한다고 해도 사회적 토대가 무르익어가지 않으면 지지할 바닥이 없는 공중누각이 되기 때문이다.

④ 일시적인 유행은 대대적으로 나타난다고 해도, 예측이 불가능하고 생명력이 짧으며 사회, 경제, 정치적 의미가 없다는 점에서 트렌드와 구분된다. 일시적 유행은 트렌드가 가지고 있는 지속적인 힘이나 영향력을 행사하지 못한다. 다마구치, 텔레토비 등이 일시적 유행의 예가 될 수 있다. 유행에 편승해서 장사를 잘 하는 것으로 알려 진 장난감 회사인 Coleco는 일시적으로 지나가는 유행인 양배추 인형에 사운을 걸었는데, 유행이 지나가자 회사는 파산하였다.

⑤ 유행하는 제품과 유행하는 제품의 기초가 되는 트렌드 사이에는 상관관계가 있다. 예를 들면 소형스쿠터는 잠은 위성도시에서 자고 일은 도심에서 하

는 도시인들의 모바일 트렌드의 한 부분으로 나타난 현상이다. 문신은 유색인종의 반문화와 불량취미(bad taste) 트렌드가 반영된 것이다.

5) 마이크로 트렌드

마이크로 트렌드는 유행보다 더 적은 수의 사람들이 짧은 기간 동안만 향유하는 미시적인 트렌드 유형이다. 기업이나 마케터 또는 정책 입안자 등과 같이 주류사회의 행동방식에 영향을 끼치려는 현재의 무리들이 충족시켜주지 못하는 니즈와 욕구를 가지고 성장해 나가고 있는 열정적인 주체성 집단을 의미한다. 이 집단은 서로 엇갈린 방향으로 빠르고 격렬하게 나아가며 성장하고 있다는 점에서 단기간동안 소수의 소비자가 동조하는 작은 변화를 마이크로 트렌드라고 정의할 수 있다. 마크 펜은 오늘날 세계에서 일어나는 변화가 레이더에는 포착되지 않는 작은 힘들에 의해 움직이고 있으며, 예기치 못한 상태에서 우리에게 다가오고 있음을 일깨우고 있다. 메가트렌드 시대가 대량생산과 제한된 선택으로 포드경제를 내세웠다면, 지금의 세계는 까다롭고 개별화된 소비자들에게 수백 가지의 조합을 제공할 수 있는 마이크로트렌드가 세상의 룰을 바꾸는 1%의 법칙이라고 하였다.

현재 스마트폰을 비롯한 다양한 의사소통 양식과 수단은 우리 사회를 강력하게 변형시키는 새로운 의미의 개인주의를 창출하고 있다. 세계화가 많이 진전되고 있지만 세상은 여전히 무리를 따를 의무까지는 없는 60억개의 작지만 주류와 다른 생각과 라이프스타일을 가진 집단들이 있다. 누군가가 아무리 엉뚱하고 색다른 선택을 내린다고 해도 10만명 정도의 동조자 내지는 같은 취향을 가진 공유자를 찾을 수 있는 세상이 되었다.

어떤 트렌드가 1%의 인구에 영향을 미칠 때가 되면 히트영화나 베스트셀러 도서, 새로운 정치운동 등이 태동할 준비가 갖춰지는 것이다. 개인선택의 힘이 갈수록 정치, 종교, 연예, 오락, 심지어 전쟁에도 영향을 미치고 있다. 특정 사안과 관련해 주류의 선택과 대립되는 선택에 헌신하는 사람들이 단 1%만 있어도 세상을 변혁시키는 운동을 만들어낼 수 있다.

스타벅스는 사람들에게 커피, 밀크, 설탕을 취향대로 선택할 수 있는 선택권이 있고, 사람들이 더 많은 선택권을 가지면 가질수록 더 만족할 수 있다는 전제로 운영해서 성공을 거두었다. 이렇게 선택사항이 단순함에도 불구하고 소비자들은 예측이 불가능하게 움직인다. 어떤 소비자는 카페인이나, 밀크, 설탕 중에서 한 가지 또는 두 가지를 선택하지 않는가 하면 어떤 소비자는 세 가지 모두를 기꺼이 선택하기도 한다. 스타벅스는 이처럼 모든 사람들의 취향을 맞출 수 있고, 특정 유형의 선택을 상대적으로 중시하거나 경시하지 않아서 성공했다.

마크 펜은 "당신이 보지 못하는 곳에서, 이미 새로운 세상이 시작되고 있다. Think Small··· '작은 것'을 볼 줄 알아야 '큰 것'을 얻는다!"고 작은 변화의 중요성을 강조하면서 몇 개의 거대한 힘이 세상을 움직이는 메가트렌드의 시대는 끝났다고 하였다(안진환, 왕수민역, 마크 펜, 키니 젤리슨, 저, 2008).

아주 작은 변화라 하더라도 그 변화를 일으키는데 필요한 사회적·심리적·경제적 조건이 무르익어야 한다는 점을 고려한다면 작은 변화의 중요성을 간과해서는 안될 것이다. 마이크로 트렌드는 개인적이고 소소한 변화에 주목하여 틈새시장을 개척하려고 하는 사람들에게 매우 유용하다(김난도·권혜진·김희정, 2008).

3. 트렌드의 확산

[그림 1-6]에는 다양한 트렌드의 지속시간과 양적 측면을 나타낸 것이다. 마이크로 트렌드는 가장 적은 수의 사람들이 가장 짧은 기간 동안 향유하는 미시적인 트렌드이고, 그 다음은 패션 영역에서 중요하게 다루어지는 패드이고, 그 다음은 패드 보다 상대적으로 좀 더 지속적이고 광범위하게 영향을 미치는 트렌드이고, 메가트렌드는 확산 양이 가장 많고 지속시간도 가장 길다.

[그림 1-6] 트렌드 유형과 라이프 사이클

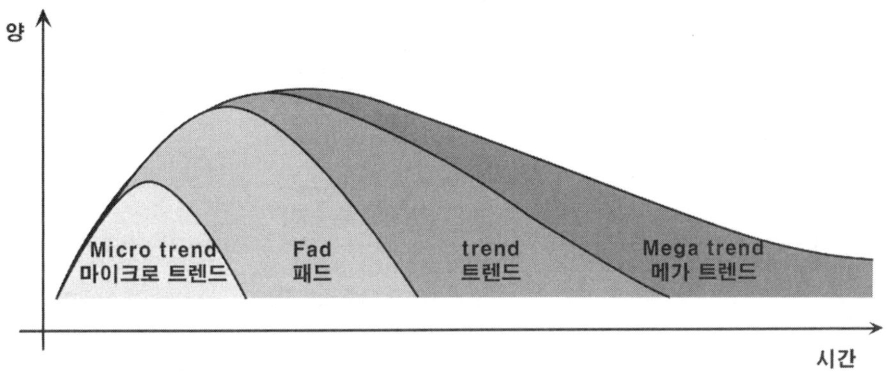

출처: Patrick Juselius(2012).

마이크로 트렌드에서 패드, 트렌드, 메가트렌드로 순차적으로 발전하고 진화하는 것을 분석하고 예측하는 작업은 트렌드연구에서 매우 중요한 과제의 하나라고 볼 수 있다. Vejlaard(2008)은 Rogers(2003)의 혁신확산모형을 응용하여 [그림 1-7]과 같이 트렌드가 확산되는 과정을 설명하기 위한 Top-down모형을 제시했다. 트렌드는 트렌드 창조자에서 시작해서 트렌드 세터, 트렌드 추종자, 일반 대중으로 확산된다. 트렌드 창조자는 1% 이내이고, 트렌드 세터는 5%, 트렌드 추종자는 10%, 조기대중 소비자는 20% 정도를 차지한다. 대중 소비자는 40%, 후기 대중 소비자는 15%, 보수주의자는 10%, 반 혁신자는 1% 이내이다(이준형, 이제성, 2016).

[그림 1-7] Top-down 모형

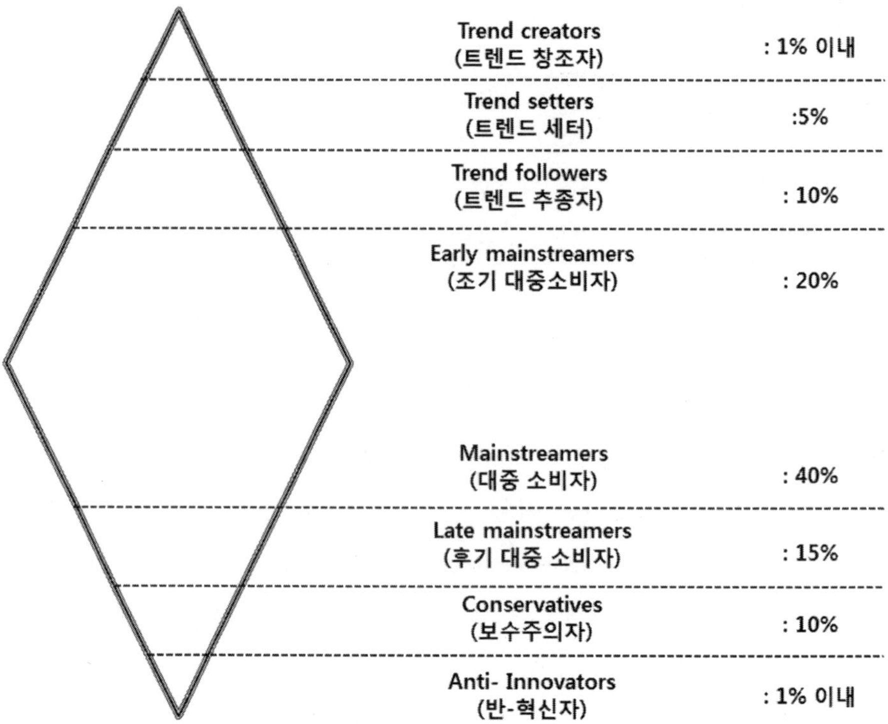

출처: Vejlgaard(2008).

2장

소비트렌드의 활용

소비트렌드는 새로운 소비문화로 나타난다. 새로운 소비문화는 처음에는 작은 점으로 출현했다가 몇 개의 점으로 확대된다. 그리하여 새로운 소비문화의 조류는 선으로 확장되고 급기야 면으로까지 넓어진다. 얼마간 시간이 지나면 이 넓이가 확장되어 많은 사람들이 새로운 소비문화를 인지하기에 이른다.

중요한 것은 이런 소비트렌드가 미래가 아니라 우리들이 생활하고 있는 '현재'의 소비문화 세계 안에서 처음에는 작은 점으로 나타난다는 사실이다. 따라서 점차 넓어지는 트렌드의 작은 징후를 포착하면 미래의 소비문화 트렌드를 예측할 수 있고, 그러한 예측을 바탕으로 하여 미래를 보다 빨리 보다 실현가능성이 높은 방향으로 준비할 수 있다.

1. 미래연대표

2014년 1월에 출간된 유엔 미래보고서 2045(박영숙, 제롬 글렌, 2014)는 미래예측기관과 학자들의 예측을 종합해서 2014년부터 2130년까지의 미래연대표를 발표했고, 유엔미래포럼 미래학자 수백명은 수시로 미래타임라인을 업데이트하고 있다. 미래연대표를 통하여 세상이 어떻게 변화할지 흐름을 읽을 수 있고 대비할 수 있기 때문이다.

2014년

- 기후변화심각성 인지
- TV뉴스를 인터넷뉴스가 추월
- 구글안경으로 세상 바뀌는 해
- 애플의 iwatch 나오는 해
- 점원소멸 무인 슈퍼마켓

2015년

- 소련권 국가들의 협력 증진을 위한 유라시아 연합 출범
- 파푸아뉴기니의 카터렛 제도가 수몰되면서 진정한 최초의 기후난민 발생
- 유럽에서 트럭에 충돌제어 시스템 장착 의무화

2016년

- 인도가 정지궤도위성 발사체 마크III로 최초의 유인 우주비행 성공
- 러시아 기업 우주호텔 완성
- 영국에서 반려견에 마이크로칩 이식 의무화

2017년

- 사물인터넷 시장 50억 달러 규모로 성장
- 에이즈백신 개발로 완치 길 열림
- 비디오칩이 대중화되어 실시간 건강 모니터링 가능

2018년

- 석유기업과 농업을 위한 도로 및 댐 건설 등의 개발로 생물다양성 보고인 나이지리아 열대우림 소멸
- 현재 슈퍼컴퓨터보다 1,000배 빠른 엑사플롭 급 컴퓨터 등장
- 소아마비 지구상에서 사라짐

2019년

- 미국의 GPS에 대항하는 유럽 위성항법장치 수색과 구조기능을 제공하는 갈릴레오 완성
- 1960년대 소련의 관개 프로젝트, 2005년의 댐 프로젝트로 점점 줄어들고 있는 아랄해 소멸
- 인공위성의 대안으로 무인 항공기와 위성의 기능을 가진 스트라토부스가 제작되어 성층권에 띄워짐
- 모든 국가 차량에 자동 충돌제어 시스템 사용

2020년

- 유가가 배럴당 200달러로 상승해 전 세계가 경제적 타격
- 차세대 에너지로 각광받는 핵융합 에너지 실험 실현
- 가상 망막 디스플레이 기술이 완성돼 눈앞에 실재하는 것 같은 가상현실 볼 수 있음
- 줄기세포 이용한 장기나 뼈 성장시키는 것 가능
- 생각만으로 문자메시지 보낼 수 있음
- 프린트 된 후 특정 상황에서 스스로 형태를 바꾸는 4D 프린팅 기술 등장

2021년

- 지구 평균 기온이 60년전 보다 섭씨 1도 상승, 북극 기온이 가장 많이 상승, 아프리카의 킬리만자로의 얼음이 모두 녹고, 동남아는 홍수가 심해지고, 미국은 건조지대가 늘어 먹지폭풍에 의한 도시 오염 심각해짐
- 전력을 무선송신하는 기술이 실현되어 전기자동차 시장 활성화되고 더 발전하면 우주태양광 에너지 실현

2022년

- 독일에서 원자력 발전소 사라짐

- 중국 최초로 우주인 3명이 장기 거주할 수 있는 우주정거장 건설
- 미국의 10%가 신재생 에너지가 기존 에너지 가격과 같아지는 시점인 태양광 그리드 패리티 도달

2023년

- 알츠하이머를 치료하는 방법으로 잃어버린 기억을 복원해주는 뇌 신경보철 이식 실현
- 세계에서 생물다양성 지수가 가장 높은 곳 가운데 하나인 보르네오의 열대우림이 소멸하면서 오랑우탄을 포함한 많은 생물종 멸종

2024년

- 시속 1,2220km의 초고속 자기부상열차 기술 완성
- 미국 전역에서 동성결혼 합법화

2025년

- 석유 생산량이 정점에 오르는 피크오일 도달
- 장기를 포함해 인간 신체의 78개 부분을 3D 프린터로 프린트할 수 있음
- 무료 인터넷 보급으로 한반도 통일 가능

2026년

- 기후 변화로 해수면 상승해 몰디브 수몰

2027년

- 절단된 사지를 재생하는 기술 완성

2029년

- 무제한으로 기계와 인간이 얼마나 비슷하게 대화하는가를 판별하는 튜링

테스트를 통과하는 인공지능 등장

2030년

- 인도 인구가 15억명으로 세계 최대가 됨
- 복제기술이 발달해 매머드 부활로 멸종동물과 공룡도 되살릴 수 있게 됨
- 한국에서도 동성결혼이 합법화 됨

2031년

- 죽은 사람의 모습을 홀로그램으로 재현하고 두뇌 시뮬레이션의 발달로 죽은 사람들의 성품과 감정을 분석해 살아있는 것처럼 표현
- 납 고갈

2032년

- 1억년 이상 생존해온 장수거북이 멸종 위기에 처함
- 사우디아라비아가 전력의 1/3을 태양광에서 얻음

2033년

- 핵융합 발전의 원료인 헬륨3을 달에서 채취하기 시작하고 다양한 자원을 가진 달을 선점하기 위해 각국이 뛰어 듦

2034년

- 스위스에서 원자력 발전소 사라짐

2035년

- 피크오일 이후 10년, 중동경제 붕괴 시작
- 달에 인류 최초의 기지 건설해 사람이 거주 가능
- 전 세계적으로 온라인 강좌가 활성화되면서 한국 대학의 절반이 사라짐

2036년

- 생체공학적 인공 안구가 인간의 시각 능가
- 축산농가가 차지하는 1%의 땅에서 현재 육류 생산량을 채울 수 있는 배양육 보편화

2037년

- 유럽에 수몰되는 지역이 많아져 남유럽과 북유럽에 분할되고, 최종적으로는 유럽연합 붕괴
- 기존 컴퓨터보다 수조 배 빠른 실행력과 안전성이 보장되는 양자컴퓨터 보편화

2038년

- 2015년 양자의 순간 이동이 가능해진 이래 DNA, 단백질 등 복잡한 유기분자의 순간이동 성공
- 온난화로 인해 시베리아의 동토가 녹으면서 러시아가 식량강국으로 부상

2039년

- 로봇, 자동화, 3D 프린터가 대중화되어 서구에서 제조업 소멸
- 협업으로 무궁무진한 일을 해내는 나노미터 규모의 스윔로봇 보편화

2040년

- 물질을 자유자재로 구성하는 나노기술인 클레이트로닉스 등장
- 에너지, 물, 식량이 부족해지면서 사람들은 자급자족이 가능한 에너지 섬으로 모여들어 마이크로 국가를 만들어 살게 됨.
- 인도의 경제성장률이 미국과 중국을 따라잡아 세계 최대 강국으로 부상
- 한국의 해수면 상승으로 새만금, 서해안, 제주도에 수몰지역 등장

2041년

- 지구 평균 온도 섭씨 2도 상승해 그린란드가 용융의 티핑포인트에 도달하고 전 세계가 사막화, 홍수, 태풍으로 몸살. 아프리카는 인구의 3/4이 기아 상태
- 나노기술 발달로 우주태양광 문제가 해결되면서 에너지 시장의 판도가 바뀜

2042년

- 세계 인구가 90억명 초과
- 미국에서 백인이 최대 인구 자리를 내줌

2043년

- 트랜스 글로벌 고속도로와 철도네트워크 계획이 완료되어 세계를 연결하는 도로망 완성
- 멕시코 만의 슈퍼 태풍으로 휴스턴 뉴올리언스 등이 영구적으로 폐쇄

2045년

- 인공지능이 인간의 지능을 능가는 시점이 옴
- 75년간 궤도를 표류하던 아폴로 12호의 잔해 지구로 귀환

2048년

- 남극의 환경보호를 위한 남극조약이 만료되어 남극을 둘러싼 세계의 이권 다툼 발생

2049년

- 가정과 각종 산업에 로봇 보편화
- 후쿠시마 원자력 발전소 사고 피해 지역의 복구 완료
- 더위가 심각해져 인간의 노동 잠재력이 평소의 80%로 감소

2050년

- 시속 6,000km에 달하는 ET3 자기부상열차 등장
- 아마존 열대우림의 절반 소멸해 30억톤 이상의 탄소가 대기에 배출되어 온난화 더욱 심각
- 에너지부터 식량까지 자급자족할 수 있는 지능형 건물이 등장해 도시 풍경을 바꿈
- 기후변화로 물고기의 크기가 24% 감소

2053년

- DNA를 조작해 성별부터, 신장, 피부, 머리카락과 눈동자의 색 등 수백가지 특성을 부모가 결정하는 완벽한 아기인 디자이너 베이비 등장

2054년

- 세계 인구가 100억 명으로 정점을 찍음
- 강우 강도가 20% 증가해 땅의 표면이 깎이고 표피가 유출되어 물살을 더 세게 만들어 피해 가중

2056년

- 지구 평균 기온 섭씨 3도 상승해, 북극의 동토층이 완전히 목아 이산화가스보다 약 70배 강력한 온실가스인 메탄가스가 대량으로 배출되어 온난화의 악순환은 인간의 통제 불가능
- 단일 유기체로 합성할 수 있는 세포의 수가 100조개에 도달해 인체 전체의 세포수와 동일해지고, 이는 유전자 합성인간 탄생의 상징이 됨

2059년

- 석유 생산비용이 다른 에너지를 생산하는 비용보다 높아져 석유시대 종말
- 핵 펄스 엔진의 개발로 화성까지 가는 시간이 6개월 이내로 줄어들어 화성

에 사람 거주

2060년

- 냉동인간 되살리는 냉동보존술 완성
- 육지로 둘러싸인 덕분에 기후변화의 재난을 피해온 지중해가 열대성 저기압으로 허리케인 분지로 변화

2065년

- 모든 국가에서 남성과 여성의 임금이 동일해 짐
- 투명 망토 등장

2070년

- 지구 평균 기온이 인간이 적응할 수 있는 한계를 넘어서는 섭씨 4도 상승함
- 인간은 나노기술과 줄기세포 기술의 발달로 살아남을 방법 모색

2083년

- 영국의 헝클리 포인트C 발전소를 마지막으로 지구에서 원자력 발전소 사라짐

2085년

- 디지털 통화의 형태로 한 세계 단일 통화 등장

2090년

- 일부 유럽 국가에서 종교가 없는 사람이 90% 넘음

2095년

- 20세기 후반 전 세계에 약 7,000종이 존재했던 언어의 절반 이상이 소멸

2099년

- 아마존 열대우림의 80% 소멸
- 인간의 평균노동시간이 주당 20시간 미만으로 감소

2100년

- 인공지능을 이식하는 등 기계와 인간이 융합하는 트렌스 휴먼이 보편화
- 수몰과 기후 재난 등을 피해 인류는 해상국가로 이동하거나 초대형 생태건축물로 이주해 살게 된다. 이들 해상국가의 생태건축물은 단위 하나가 도시만큼 큼

2120년

- 인간의 두뇌나 마음을 사이보그 등으로 옮기는 기술이 완성되면 인간과 기계의 경계가 모호해짐

2130년

- 인간과 구별할 수 있는 휴머노이드 등장
- 인간 수명 200세

2. 트렌드와 역트렌드의 변증법

우주에서 일어나고 있는 모든 움직임은 작용과 반작용이 존재한다. 이 법칙은 트렌드의 세계에서도 그대로 적용된다. 즉 새로운 트렌드가 형성되어서 세력을 얻기 시작하면 이 트렌드와 정반대의 상충되는 역트렌드가 만들어진다. 현재 우리가 분석해야 할 시대는 역설과 모순의 시대이며, 명제와 반명제가 융합되어 사상 유례가 없을 정도로 강력한 사회적 변화의 엔진을 만들어내는 시대이다. 그러므로 서로 상충하는 트렌드가 동시에 빠른 속도로 여러 방향으로 변화시키고 있다.

가속화 트렌드와 슬로우 트렌드가 하나의 예가 될 수 있다. 정보화는 새롭고 획

기적인 것을 향하여, 옛 것을 단절하고 극복하기 위하여 속도를 내는 가속화 트렌드를 만들어 냈다. 이 시기에는 사회계층의 제일 상층부에는 핸드폰과 노트북으로 무장한 사람들이 앉아 있었다. 그러나 일상생활의 가속화는 저항력을 강화했다. 즉 패스트푸드 대신에 슬로우푸드를 찾는 사람들이 생겨나기 시작하였다. 이러한 생활의 속도 늦추기를 의미하는 슬로우 트렌드는 생활의 모든 영역에서 새로운 트렌드로 자리를 잡아가고 있다. 숲속의 흙집, 알려지지 않은 그리스의 섬, 스코틀랜드의 고지대에 있는 오두막이 정서적으로 불안한 도시인들에게 비싼 값에 팔렸다.

슬로우시티운동은 공해 없는 자연 속에서 그 지역에서 나는 음식을 먹고, 그 지역의 문화를 공유하며, 자유로운 옛날의 농경시대로 돌아가자는 느림의 삶을 추구하는 국제운동이다. 1986년 패스트푸드에 반대해 시작된 슬로우푸드 운동의 정신을 확대하면서 만들어진 개념이다. 2002년 7월 이탈리아의 작은 도시 그레베의 시장으로 재직 중이던 파울로 사투르니니씨가 마을 사람들과 세계를 향해 '느리게 살자'고 호소하면서부터 유럽 곳곳에 확산되기 시작했다.

우리나라는 슬로우시티 국제연맹에 2007년 12월1일 전남의 3곳(완도청 산도, 신안 증도 ,담양 창평면)이 필두로 가입됐고, 2009년 하동 악양에 이어 예산군 대흥·응봉, 남양주시 조안, 전주시 한옥마을, 상주시 함창 · 이안 · 공검, 청송군 부동·파천, 영월군 김삿갓면, 제천시 수산 · 박달재 11개 지역이 가입됐다. 세계적으로는 2019년 5월 기준 30개국 252개 도시가 등록된 것으로 알려졌다. 국제슬로우시티연맹의 평가요건은 에너지 및 환경정책, 인프라 정책, 도시 삶의 질 정책, 농업, 관광 및 전통예술 보호정책, 방문객 환대, 지역주민 마인드와 교육, 사회적 연대, 파트너십 등이다.

트렌드와 역트렌드가 일정기간 동안 서로 공존한 후에 상충되는 자극들이 변증법적으로 종합되면서 제 3의 새로운 종합트렌드가 형성된다. 이 종합트렌드를 퓨전트렌드라고 부른다. 예를 들면 테크노는 히피를 사랑하는 감정과 컴퓨터 중심의 라이프스타일의 퓨전이다. 퓨전이 21C의 트렌드가 된지는 오래다. 퓨전음악에서부터 퓨전요리, 퓨전한복, 퓨전소설, 퓨전만화, 퓨전한류까지 다양한 분야에서 퓨전현상을 볼 수 있고 큰 거부감 없이 받아들이는 추세다. 퓨전현상의 핵심은 창조성이기 때문에 창조성이 결여된 물리적 변형이나 융·복합 과정은 퓨전이라기보다는 단순 개량이나 베끼기 식의 짝퉁의 의미가 더 강하다.

넓게 보면 퓨전현상은 인류역사 속에 늘 있어왔다. 인류문화는 이종간의 합리적 합의과정을 거쳐 개선 발전해 왔기 때문이다. 유전공학, 사이버네틱스에 의한 인간과 기계, 빅데이터를 활용한 금융백화점, 도농협력에 의한 6차 산업도 퓨전현상으로 볼 수 있으며 대립과 갈등마저도 퓨전현상의 한 과정으로 이해할 수 있다(나기황, 2016).

종합트렌드가 형성되는 과정을 식으로 표시하면 다음과 같다.

중요 트렌드 = 트렌드 + 역트렌드 = 종합트렌드

지방화와 세계화로부터 세방화라는 종합트렌드가 탄생했다. 오늘날 소비자들은 자신을 한 지역의 주민인 동시에 세계시민으로 생각하고 있다. 코카콜라와 월마트와 같은 글로벌 브랜드들은 상당한 대가를 치르고 나서야 각 나라의 소비자들이 서로 다른 취향과 욕구를 가지고 있다는 것을 알게 되었다. 이제 글로벌 브랜드들은 글로벌 브랜드의 강점이 지역성과 조화를 이룰 수 있는 세방화전략을 연구하고 있다(Horx 저, 이온화 역, 2004).

세계적인 기업 맥도날드는 전 세계 118개국에 진출해서 표준화된 매뉴얼을 시스템화하여 누가 만들어도 똑같은 햄버거를 전 세계에서 맛볼 수 있도록 하였다. 맥도날드는 음식 만드는 과정을 자동차 만드는 과정처럼 공정화하여 전 세계에 보급하였다. 맥도날드는 동일한 품질과 전 세계적 확산 때문에 맥도날드의 빅맥은 각국의 물가수준을 비교하기 위한 물가지수로 사용되고 있다. 이 지수를 빅맥지수라고 부른다. 이러한 이유로 맥도날드는 대표적인 세계화의 상징이 되어 반세계화의 시위에서 공격목표가 되기도 하였다. 그러나 1996년 맥도날드의 부회장이었던 Jack Greenberg는 "Think globally, act locally"라는 세방화전략을 함께 사용했다.

예를 들면 소를 신성시하는 인도에서는 소고기를 사용할 수 없기 때문에 양고기를 사용하는 마하라자 맥과 채식주의자가 많은 시장의 특성을 감안하여 채소버거를 출시했다. 저칼로리 식품에 신경을 쓰는 유럽에서는 샐러드를 출시했고, 이슬람국가인 말레이시아에서는 할랄방식으로 도축된 고기를 사용했고,

필리핀에서는 맥스파게티, 남녀구분이 확실한 사우디아라비아에서는 남녀의 의자를 분리해 소비자의 호응을 얻었다. 한국에서는 한국 소비자의 기호에 맞추어 불고기 버거를 출시했다. 불고기 버거는 당시 매출액의 35%를 차지할 정도로 크게 성공했다(안상욱, 2009).

문화체육관광부는 방한 외래관광객의 지역 분산과 다양한 방한수요 충족을 위한 세방화 관광 상품으로 5개 지역의 대표 관광콘텐츠를 최종적으로 선정했다. 부산의 아름다움과 건강을 찾아 떠나는 부산 서면 메디컬스트리트 메디뷰티 힐링여행은 부산 서면 메디컬스트리트를 중심으로 국가별·연령별로 선호하는 의료(메디) · 미용(뷰티)상품을 부산의 다양한 관광자원과 쇼핑, 먹거리와 연계했다. 강원의 헬로우(Hello) 2018 평창은 미리 가보는 동계올림픽 개최지라는 콘셉트로 평창 알펜시아 스키점프대 등 동계올림픽 주요시설과 강릉, 정선의 자연 경관을 연계해 체험활동을 할 수 있도록 구성했다. 경남의 사랑의 설렘, 한류 웨딩 · 커플 여행은 한류드라마 별에서 온 그대의 프러포즈 장면으로 알려져 많은 커플 관광객이 방문하고 있는 장사도를 중심으로 커플여행 코스와 결혼을 앞둔 예비부부가 사진촬영을 할 수 있는 웨딩여행 코스를 제안했다.

전남과 대구는 내국인의 사랑을 받는 '진짜' 한국관광을 제안했다. 전남의 여수 밤바다는 여수 엑스포와 버스커버스커의 노래로 널리 알려진 '여수 밤바다'의 야경과 순천만국가정원, 순천만생태공원의 노을 등을 연계해 사랑하는 사람과 함께 가고 싶은 관광명소라는 이미지를 부각시켰다. 문화관광연구원의 통계에 의하면 여수는 2015년에 방문객이 1358만 5000여명으로 전국 1위인 에버랜드가 있는 경기도 용인(1천399만8000명)을 위협할 만큼 많았다. 대구의 '진짜 즐기는, 진짜 대구여행'은 대구 사람들이 즐기는 관광코스를 재해석해 외래관광객이 생동감 넘치는 지역문화를 체험할 수 있도록 구성했다. 관광객들은 대구근대골목과 김광석 길 등을 걷는 도심체험과 함께 치맥(치킨과 맥주) 등을 맛보는 미식관광, 삼성라이온즈파크에서의 야구경기 관람 등 스포츠관광도 함께 즐길 수 있다(365타임즈, 2016년 4월 17일).

3. 소비트렌드 활용의 분야

1) 소비자의 마음을 읽을 수 있다.

과거의 시장조사는 소비자에게 설문지를 배부하여 소비자의 욕구를 파악하는 것이었다. 그러나 현대사회에서 소비자는 자신이 무엇을 원하는지, 또 자신의 욕구를 기업에서 어떻게 충족시켜줄 수 있는 지를 잘 모르는 경우가 많다. 그러므로 설문조사와 같은 방식으로는 빠르게 변화하고 움직이는 현실을 쫓아갈 수 없을 뿐 아니라 소비자의 마음을 정확하게 읽기가 어려운 경우가 많다.

전 세계적으로 여론조사 결과가 틀려서 곤욕을 치르고 있다. 우리나라에서는 2010년 지방선거에서 당시 한나라당은 주요 광역단체장, 인구 50만 명 이상의 기초단체장 등의 여론조사에서 압도적으로 앞서는 것으로 나왔지만 결과는 야당의 승리였다. 2016년 총선에서도 새누리당이 압도적으로 승리할 것이라던 예측이 빗나가 여론조사 무용론이 대두되었다. '숨은 표'가 반영되지 않았기 때문이다. 1966년 독일의 사회과학자 노엘레 노이만이 주장한 '침묵의 나선 이론'에 의하면 미디어 등이 전파하는 다수 의견과 자신의 의견이 다를 경우 침묵하게 되며 이것이 숨은 표라는 것이다.

미국 선거에서 나타나는 '브래들리 효과'도 있다. 여론조사에서 지지율이 높았던 유색 인종 후보가 실제 선거에서는 낮은 득표율을 얻는 현상이다. 1982년 캘리포니아 주지사 선거에 민주당 후보로 출마한 흑인인 토머스 브래들리가 실제 선거에 패하며 비롯된 말이다. 상당수 백인이 인종적 편견을 숨기려고 거짓 응답을 한 결과다.

2016년 6월 영국의 EU 탈퇴를 결정짓는 브렉시트 국민투표 결과도 숨은 표가 도마에 올랐다. EU 잔류 결과를 예측했던 여론조사는 또 헛다리를 짚었다. 숨어 있는 보수표 이른바 '샤이 토리(Shy Tory : 부끄러워 하는 보수당 지지자들)'의 표심을 내다보지 못한 탓이다. 영국의 '샤이 토리'가 미국 대선에서 '샤이 트럼프'로 재현됐다. 공화당의 트럼프는 자신을 비웃던 여론조사 기관을 비웃고 당선

되었다. '샤이 토리'나 '샤이 트럼프'의 공통점은 부끄러움이다. 자신의 선택이 '정치적 올바름'과는 달라 부끄럽다는 점을 알지만 자기 이익이 우선이라는 표심이다(국제신문 2016년 11월 10일). 이러한 상황에서 소비트렌드를 파악하여 예측하는 과정이 시장조사의 가장 중요한 수단으로 되었다.

2) 트렌드를 알면 성공이 보인다.

소비자의 세계를 이끌어 가는 트렌드를 이해하면 어떤 것이 적중할 것인지, 아니면 망할 것인지를 가늠해 볼 수 있다. 트렌드를 하나의 선별장치로 활용한다면 잘못된 출발이나 엉뚱한 방향으로의 시도, 혹은 여지없는 실패 등을 막을 수 있다. 각각의 트렌드를 잘 연구해 보면 사업이나 사회라는 큰 그림을 구성하고 있는 수많은 특징과 그에 관련된 구체적인 내용에 초점을 맞춰 조준할 수 있게 된다. 이렇게 되면 트렌드를 준거로 하여 아이디어를 평가해 볼 수 있으며 계획을 좀 더 정교하게 다듬거나 확장시킬 수 있다(김영신·조은정(역). 페이스 팝콘·리스 마리골드(저), 1999).

예를 들면 커피문화가 돈을 벌어들이라고는 꿈에도 생각하지 못했던 시기에 스타벅스는 다음과 같이 트렌드를 활용하여 라이프스타일 브랜드인 동시에 글로벌 정서를 대변할 정도로 세계적 프랜차이즈 네트워크 기업으로 성장하였다(Horx 저, 이온화 역 2004).

- 차별성 : 스타벅스는 대량음료인 커피에 원산지의 문화적 깊이를 덧입혔다.
- 새로운 전문성 : 스타벅스는 블루문을 캐러멜 카타르시스와 구별할 수 있는 전문가 그룹을 계속 늘려나갔다.
- 소시오테인먼트(sociotainment) : 스타벅스는 사회적으로 '커뮤니티 만들기' 트렌드에 안착했다. 글로벌 도시문화 속에 사는 소비자들은 동류의식을 지닌 사람들과 함께 있을 수 있는 더 많은 장소를 찾기 때문이다.
- 코쿠닝(cocooning) : 코쿠닝은 자기 집을 아지트로 삼아 보금자리를 틀고, 자기가 좋아하는 것을 하는 트렌드이다. 스타벅스의 실내장식은 매우 포근하

고 분위기가 있다.

- 사내기업 : 스타벅스는 직장에 대한 자긍심, 자기 책임 그리고 즐거움이 있는 새로운 직원문화를 만들어냈다. 이러한 전략은 감정적으로 고객과 가깝다는 의미에서 하이터치 트렌드에 부합된다.

월가의 전설적인 투자자인 피터린치가 13년간 운영한 마젤란펀드는 약 2,700%의 수익률을 올렸다. 이 펀드는 단 한 번도 마이너스 수익률을 기록한 적이 없었고, 주가폭락사건인 블랙먼데이가 있었던 1987년에도 1%의 수익률을 올렸다. 피터린치는 과거의 데이터인 재무제표를 분석해서는 미래가치를 반영하는 주가를 정확하게 예측할 수 없다는 점에서 재무제표를 크게 신뢰하지 않았다. 그는 과학적이고 체계적인 분석 방법 대신에 '생활 속의 발견'이라는 투자법을 사용했다. 던킨도너츠에 투자해서 대박을 터트린 그가 이 회사에 투자를 하게 된 계기는 재무제표 분석이나 미래 기업가치에 대한 과학적 분석이 아니라 본인이 매일 아침 출근하는 길에 도넛을 사 먹으려고 길게 줄은 선 사람들을 본 것이다(김선주, 안현정, 2013).

트위터에 쏟아지는 단문 속에 나타난 집단감성에 따라 주식을 투자하는 '소셜 감성 기반 트레이드' 프로그램도 개발됐다. 즉, 일반인들이 트위터에서 주고받는 '우울해' '짜증나' '행복하다'와 같은 감성 표현을 담은 트윗을 분석해 매수 종목과 매도 종목을 복잡한 과정 없이 고르는 방식이다. 매일 수집한 약 15만개가량 트위터를 '즐거움' '행복' '기쁨' '슬픔' '무서움' '부끄러움' '증오' '싫어함' '분노' 등 총 9가지 감성어로 분류해서 최근 100일 동안 트위터 감성어 데이터와 코스피 200개 종목, 코스닥 10개 종목의 주가 데이터가 어떤 상관관계가 있는지 일일이 추적했다. 통계적으로 유의미한 종목들을 골라 매수·매도 목록을 만들기 위해서였다. 이 프로그램으로 2012년 8월 6일부터 12월 28일까지 약 5개월 동안 실제 주식 매매를 통해 검증한 결과 같은 기간 코스피 등락률보다 3% 가량 높은 수익률을 기록했다(조선비즈, 2013년 4월 25일).

3) 미래시장 선점이 기업의 핵심 경쟁력이다.

글로벌 시대의 경쟁과정에서 기업이 추구해야 할 가장 중요한 시장은 수요가 확실하지만 아무도 선점하지 않은 미래시장이다. 기업환경이 불안할 때 기업이 가장 현실적으로 필요로 하는 능력은 바로 트렌드를 파악할 수 있는 능력이다. 트렌드를 정확히 읽고 소비자들의 라이프스타일을 남다르게 앞서서 파악해 소비인자를 발굴해 내는 능력이야말로 언제든지 기업에서 환영하는 핵심인력이다. 트렌드 자체를 명확하게 분석해 내지 못한다고 할지라도 최소한 경영적인 마인드와 시선의 방향이 같고 뜻이 통하면 기업경영에서는 매우 환영한다.

트렌드분야에 깊이 있는 관심을 가지게 되면 무엇보다 다음과 같은 특징이 생긴다.

첫째, 무척 감각적이고 매력적인 인간이 되어간다. 적극적이게 되고 스스로도 모르게 사람들의 마음에 영향을 주게 된다.

둘째, 말을 체계적으로 조리있게 잘하게 된다. 트렌드에 대해서 설득을 하게 되기 때문에 다양한 표현구사력을 가지게 되며 설득기술이 늘어간다

셋째, 리더쉽마인드가 저절로 갖춰지며 자신감이 늘어간다. 즉 적게 산다. 트렌드는 언제나 즐겁다(서윤아, 2003).

4) 트렌드를 알면 소중한 시간을 절약할 수 있다.

미래는 빨리 움직인다. 어떤 순간에는 비현실적이고 정신 빠진 아이디어처럼 보이는 것도 다음 순간에는 현실이 될 수 있다. 안전벨트를 단단히 매고 내일을 향하여 달려갈 준비를 해야 미래사회에서 우리는 성공할 수 있다. 정보는 우리들의 머리 위로 초고속으로 날아간다. 전염병과도 같은 월드와이드웹의 파워는 전 세계 시장에 새로운 위기감을 조성했다.

미래는 뒷전에 얌전히 앉아서 인내심 있게 우리들이 깨어나서 행동하기를 기다려주지 않는다. 오늘날 어떠한 아이디어를 평가하는 기준은 좋은지 나쁜지를 혹은 새로운지 오래되었는지를 분석하는 것이 아니라 트렌드에 맞는지 혹

은 구식이 될 것인지를 분석하는 것이다. 그러므로 트렌드에 맞춤으로써 쓸데없는 것을 버리고 정말 중요한 것을 향하도록 방향을 돌리고 한정된 자원을 효율적으로 활용하게 함으로써 소중한 시간을 절약할 수 있다.

5) 기획에 연결할 수 있는 다양한 아이디어를 얻을 수 있다.

다음과 같은 아이디어법을 활용해서 효율적인 기획을 할 수 있다(김선주, 안현정, 2013).

① 초점발상법

상품을 구체화하는 단계에서 활용되는 초점발상법은 특정 사물이나 현상에 초점을 맞춰 이를 구성하는 요소를 활용해 아이디어를 얻는다. 초점발상 프로세스는 특정 사물이나 현상을 선정하고, 그 것과 관련된 하부요소를 도출하고, 하부요소를 상품과 연결시키는 순서로 진행하여 아이디어를 도출한다.

혼자 사는 여성을 위한 주거상품을 구체화하기 위한 아이디어를 도출하는 예를 들어 보자. 싱글 여성들이 선호하는 컵케이크를 선정하면, 컵케이크의 하부요소로 토핑, 다양한 맛, 컵케이크만 판매, 모양이 흐트러지지 않는 포장 등을 열거할 수 있다. [표 2-1]에는 하부요소를 주거상품과 연결해서 중간 아이디어와 상품 아이디어를 개발한 예가 제시되어 있다.

[표 2-1] 초점발상법의 예

요소	중간 아이디어	상품 아이디어
토핑	주거를 장식하는 것	외관을 세련되게 함
다양한 맛	주거 형태의 다양화	- 개인의 라이프스타일에 맞는 평면 선택이 가능하도록 함 - 내부 인테리어에 옵션을 다양하게 함
컵케이크만 판매	전용, 전문 주거공간	여성 전용 주거
모양이 흐트러지지 않는 포장	지원하는 툴	- 보완관리 철저히 - 무인택배 시스템 - 유지보수 지원

출처 : 김선주·안현정(2013).

② 아날로지발상법

아날로지발상법은 상식을 부정하는 획기적인 아이디어를 얻으려고 할 때 사용된다. 단순히 상식을 부정하는 것이 아니라 상식을 부정했을 때 발생하는 문제가 무엇이 있을 수 있는지, 그런 문제를 어떻게 해결할 수 있는지를 고민하는 과정에서 실제로 활용할 수 있는 아이디어를 얻게 된다. 진행방법은 6단계로 이루어진다.

첫째, 상식 즉 당연하다고 생각되는 요소를 찾아 열거한다. 예를 들면 건강식품의 경우 '약처럼 약간 쓴 맛이 난다', '맛이 없다' 등이다.

둘째, 이런 상식을 뒤집어 본다. 약간 쓴 맛이 나는 건강식품은 뒤집으면 보통의 맛이 나게 한다고 설정할 수 있다.

셋째, 두 번째 단계에서 문제가 발생하게 되고, 그 문제가 무엇인지를 명확하게 한다. 건강식품은 쓴 맛이 없으면 사람들이 효과가 없는 것처럼 느낄 수 있다는 점이 문제가 될 수 있다.

넷째, 이 문제를 해결할 방법을 찾는다. 먼저 문제해결의 키워드를 명확하게 한다. 예를 들면 쓴 맛이 없으면서도 효과가 클 것 같은 느낌을 주는 관점에서 '원기가 샘솟는 맛'을 키워드로 할 수 있다.

다섯째, 선정한 키워드와 유사한 것이 무엇인지를 생각해 본다. 원기가 샘솟는 맛과 유사한 것이라면 스테이크를 유추할 수 있다.

여섯째, 유추한 것을 응용해 실질적으로 활용할 수 있는 아이디어를 얻는다. 스테이크 맛이 느껴지는 건강식품을 개발한다.

6) 소비트렌드는 바로 생활방식이나 가치관의 트렌드와 연결된다.

소비트렌드를 이용하면 기업에서 좋은 제품과 브랜드로 좋은 고객을 많이 오래도록 확보할 수 있다. 뿐만 아니라 좋은 직원을 뽑고 오래도록 한 직장에서 열심히 일하도록 하는 인사 분야와 같은 곳에서도 큰 도움이 된다. 심지어 부부간, 부모 자녀간의 관계에서 서로를 배려하고 오래도록 신뢰와 사랑을 유지하기 위해서도 소비트렌드는 도움이 된다. 소비트렌드는 생활방식이나 가치관의 트렌드와 연결이 되기 때문이다(조은정, 2002).

7) 트렌드 리더가 미래의 리더다.

트렌드를 예측하는 능력을 키우는 것이 인재의 가장 중요한 조건이 되고 있다. 이 능력은 지위가 올라갈수록 더 중요한 능력이 되고 있다. 지위가 올라갈수록 더 중요한 선택과 의사결정을 해야 하기 때문이다. 리더는 무엇보다 시대의 흐름과 변화의 방향을 읽어내는 트렌드 예측을 통해서 비전을 제시할 수 있어야 한다.

경영자의 자리에 선 지금도 나는 정확한 미래 예측이 리더의 역할이라고 자신한다. 정확한 미래 예측을 통하여 효율적인 투자와 집중이 가능하기 때문이다. 내가 '86년 미국 AT&T Bell 연구소에서 연구활동을 수행하고 있을 무렵, 당시 경영진에서는 연구소의 개발 방향을 그 당시 각광을 받던 광통신에서 생소한 부선통신으로 과감히 전환하였다. 그런 의사결정에 대해 당시에는 무척 의아했으나 시간이 흐른 지금 이동통신의 보편화를 감안하면 정말 성공적인 예측이었다는 생각이 든다. 이렇듯 고객의 트렌드와 기술발전에 대한 정확한 예측은 기업의 생존을 좌우할 수 있다.

– 이용경 한통프리텔 시장의 칼럼 중에서
(매일경제, 2000년 12월 25일)

8) 트렌드 분석가 : 새로운 전문직

변화 속도가 매우 빠르고 모든 것이 불투명한 혼돈의 시대라고 할 수 있는 현대사회에서 소비문화의 미래 동향을 미리 예측하는 트렌드 분석가가 '트렌드 워쳐'(trend watcher), '트렌드 세터(trend setter)', '트렌드 스포터(trend spotter)'로 불리우면서 새로운 전문 직업으로 각광을 받고 있다. 현대사회의 변화속도가 너무 빠르고 또 광범위하게 진행되고 있기 때문에 소비트렌드를 예측하는 작업은 과거 어느 때보다도 중요한 의미를 가진다. 즉 트렌드 예측에 관한 정보는 독립적인 상품가치를 가지고 있기 때문이다.

트렌드 분석가는 마케팅 과정, 곧 리서치, 플래닝, 프로듀싱, 크리에이티브 가운데 가장 기본이 되는 소비문화와 시장의 미래 동향을 전문적으로 예측하는 미래예측 전문가이다. 트렌드 분석가는 마케팅 리서처와는 달리 소비자 행동과 라이프스타일을 사후적으로 조사하고 분석하는 것이 아니라, 미래에 나타날 소비문화의 동향을 정확하게 예측하고, 미래의 향방을 미리 파악하여 이를 기획과 크리에이티브에 응용한다. 이들은 새로운 시장을 창조하고, 또한 사회에 새로운 소비문화의 흐름을 개발하고 정착시키는 역할을 담당한다(이상인, 1994).

우리나라에서도 기업들은 하루가 다르게 바뀌는 소비트렌드를 한발 앞서서 잡아내기 위하여 트렌드 헌터(trend hunter)제도를 이용하고 있다. 트렌드 헌터제도는 엄격하게 선발된 소비자들을 활용하여 소비트렌드를 한발 앞서서 파악하여 이를 제품과 서비스를 개발하는데 반영하는 쌍방향 마케팅 전략이다.

그러나 트렌드 분석가는 예언가가 아니라 사실과 진실을 말하는 사람으로서 다음과 같은 3P에 열광적인 관심을 가지고 있다.

- THE POSSIBLE : 가능한 것(가능성이 비교적 낮은 것)
- THE PROBABLE : 개연적인 것(가능성이 비교적 높은 것)
- THE PREFERABLE : 선호하는 것

미래학자 존 나이스 빗과 애버딘은 1984년에 전설적인 베스트셀러 '메가트렌드'에서 20세기말까지는 다음과 같은 네 가지 트렌드가 중요할 것이라고 주장하였다.

- 미래의 계단에는 여성이 들어 설 것이다.
- 생물학이 학문의 중심이 될 것이다.
- 종교가 다시 번성하게 될 것이다.
- 개인이 승리의 축배를 들 것이다.

현재의 관점에서 보면 이 네 가지 중에서 어느 하나도 특별히 사변적이거나 예언적으로 들리는 것은 없다. 그러나 예측 시점인 1984년의 중요한 문제가 냉전, 군비확장, 환경운동 등이었다는 점을 상기한다면 이 모두는 정곡을 찌르는 내용인 동시에 뛰어난 통찰력을 보여주는 것이다. 그러므로 트렌드 분석가는 과거나 현재가 아닌 미래에 더욱 중요한 사안이 될 핵심을 파악하는 작업이 가장 중요하다는 점을 명심해야 한다(이온화(역). 마티아스 호르크스(저), 2004).

최근에는 빅데이터 분석을 통해 트렌드를 예측하는 경우가 증가하면서 흩어져 있는 데이터에서 어떠한 패턴 혹은 문제점을 찾아내고, 의미있는 정보로 바꿔 미래의 의사결정에까지 도움을 주는 빅데이터 분석가가 중요한 전문직으로 떠오르고 있다. <타임>은 2000년에 이미 정보량이 폭증하면서 이를 분석하고 정부나 기업 등에 의미 있는 자료를 제공하는 직업인 데이터마이너가 25년 후 가장 높은 급여를 받는 직업 중 하나가 될 것이라고 예측했고, <포브스>는 <하버드비즈니스리뷰>를 인용해서 데이터 사이언티스트가 21세기에 가장 주목받는 직업이 될 것이라고 소개했다(송길영, 2012).

4. 소비트렌드 활용의 예

브레인 리저브(Brain Reserve)가 소비트렌드를 활용하여 사업 아이디어를 점검하는 과정을 설명하고자 한다(김영신·조은정(역). 페이스 팝콘·리스 마리골드(저), 1999)

1) 클릭 가능성 심사(Click Screen)

클릭 가능성 심사는 혁신적 제품이나 새로운 서비스, 창업, 마케팅 계획 및 기업인수 등을 할 때 트렌드를 바탕으로 하여 의사결정을 내리는 것을 의미한다. 클릭의 목표는 뭔가 다른 방법으로 생각하고, 새로운 패턴을 찾아내고, 상식적인 것에 의문을 제기하도록 만드는 것이다. 또한 클릭은 고정관념을 깨고, 지금까지 우리의 삶의 지침이었던 낡은 사고와 철학을 탈피하는 것을 의미한다. 아이디어와 직업의 종류가 초고속으로 변하고 있는 시대에서 우리의 인생을 보다 풍요롭게 만들기 위해서는 트렌드에 부합되는 것을 찾는 것이 무엇보다도 중요하다.

Click은 다음과 같은 의미를 가지고 있다.

- 사전적 의미 : 서로 맞아 들어가다. 무언가가 갑자기 분명해지거나 이해되다.
- 일상적 의미 : 성공하다. 히트 치다.

브레인 리저브는 CLICK의 머릿글자를 이용하여 다음과 같이 클릭을 정의했다.

- C = 용기(Courage)
  변화하는 세계를 받아들이고 그 안에서 당신의 자리를 찾을 수 있는 용기

- L = 결행(Letting Go)
  두려움과 불안을 떨쳐버리는 행동

- I = 통찰력(Insight)
  다른 사람과 똑같은 풍경을 보면서 무언가 독창적인 것을 볼 수 있는 능력

- C = 전심전력(Commitment)
  당신만의 약속의 땅을 향해 가도록 해주는 내면의 의지와 능력

- K = 노하우(Know-how)
  평범해서는 살아남을 수 없는 시장에서 당신이 경쟁력을 갖도록 해주는 잘 정비된 기술과 진정으로 깊은 이해력

페이스 팝콘과 함께 '클릭 미래 속으로'라는 소비트렌드 책을 쓴 리스 마리

골드는 원래 법조계에서 일했다. 그녀는 법률적 조사의 탐정 같은 면을 좋아했지만, 결과적으로 뉴욕의 잡지사 기자로서의 삶을 선택했다(Courage : 용기). 그녀는 푸른색의 조그맣고 둥근 볼보자동차를 타고 1년 동안 유럽을 떠돌아다닌 기간을 제외하고는, 주요 여성 잡지의 수석 광고 카피라이터로서 타이프라이터를 두드리며 살았다. 『여성 홈저널』(Ladies' Home Journal)이라는 잡지사에 근무하면서 대체로 만족스런 나날을 보내던 중 운명을 바꿔놓은 날이 왔다. 어느 날, 일꾼한 사람이 그녀의 사무실 유리창을 벽돌로 막기 위해 들어 왔다. 바로 그 앞에다 새 고층 빌딩을 올릴 것이라는 설명이었다. 갑자기 그 벽이 자신이 하고 있는 일을 상징해 주는 것처럼 보였다. 오로지 식품과 패션, 미용 및 인테리어 관련 기사를 쓰는 일에만 매달려 지내는 것이 너무나도 답답하게 느껴졌다. 그녀는 기획 이사로서 브레인리저브 합류를 '결행(Letting Go)' 했다. 비즈니스의 세계로 자신의 영역을 확장시키고, 새로운 마케팅 용어를 배우면서 트렌드를 개발해 나갔다. 그로부터 12년 후, 도중에 유럽으로 이주했지만 끊임없이 새로운 제품을 탐색하는(Insight : 통찰력) 브레인리저브와 인연을 맺고 있던 리스는 이제 우리의 첫 번째 저서 『팝콘 리포트』의 저자로서 우리 곁으로 되돌아왔다. 리스가 요르단에 있는 고대의 붉은 암벽 도시 페트라의 베두인족과 함께 생활하러 갔을 때, 바로 마음을 사로잡는 클릭이 시작되었다. 그녀는 깊은 골짜기 속에 새겨져 있는 고대 나바타이족(Nabateans)의 문자들을 발견하고 사진을 찍었다. 또한 높은 절벽 위에 자그마한 톱니 모양이 줄지어 새겨져 있는 것을 발견하였는데, 그것이 기원전 1세기부터 기원후 2세기 정도에 사용된 게임판이라는 사실을 알게 되었다. 아마 돈 많은 대상(隊商)이나 세리(稅吏)들이 감시초소를 설치해 놓았을 것이고, 그 보초병들이 무료함을 느낄 때면 게임을 즐겼을 것이라고 그녀는 추론했다(김영신·조은정(역). 페이스 팝콘과 리스 마리골드(저), 1999).

2) 평가기준

(1) 트렌드 가치성 : 어떤 아이디어 상품, 혹은 개념이 트렌드에 부합되는가

아니면 일시적 유행인가?

(2) 지속 가능성 : 어떤 아이디어 상품, 혹은 개념이 변화하는 소비자 요구에 발맞춰 장기간 계속될 수 있는가?

(3) 수익 가능성 : 어떤 아이디어 상품, 혹은 개념이 상업적 수익성을 가져다 줄 정도로 충분히 많은 고객에게 어필하는가?

3) 클릭스크린 하는 방법

먼저 빈 종이 한 장을 준비한다. 맨 위에 아이디어를 한 문장으로 써 넣는다. (간단한 것이 분명한 것이라는 점을 명심하라) 그리고 다음과 같은 표를 만든다.

— 아이디어

트렌드	그렇다	아니다	어쩌면 그렇다	바뀔 가능성이 있다.

아이디어가 각 트렌드에 얼마나 맞는가를 스스로에게 물어 본다.

(1) 만일 아이디어가 각 트렌드에 맞는다면 그 맞는 점을 더욱 강화시킬 방법들을 찾아라.

(2) 아이디어를 트렌드에 맞추기가 쉽지 않다면 그 아이디어에 대해서는 다시 생각해 보아라.

(3) 만일 그 아이디어가 트렌드와 완전히 반대라면 그냥 다음 트렌드로 넘어가지 말고, 그것을 트렌드에 조금이라도 맞추기 위하여 개념을 수정할 방법에 대하여 생각해 보라.

성공적인 아이디어는 통상적으로 적어도 4개의 트렌드에 클릭된다. 브레인 리저브에서는 실제로 4개 이상의 트렌드에 클릭함으로써 까다로운 클릭 가능성 심사를 통과하는 아이디어만을 추천한다.

예를 들어 허브재배라는 개념을 트렌드에 맞추어 테스트 해보자.
허브 관련 벤처 사업을 뒷받침하는 트렌드들로는 다음과 같은 것들이 있다.

- 코쿠닝 : 사람들이 집에서 요리를 즐기며 주말 요리사가 된다.
- 환상모험 : 허브로 이국적인 새로운 주말 요리사가 된다.
- 행복찾기 변신 : 복잡한 도시 생활을 탈피하여 전원의 소박한 생활의 즐거움을 맛보고 진정한 인생의 의미를 찾는다.
- 건강장수 : 허브는 건강에 좋다.
- 개성찾기 : 허브로 당신의 입맛에 맞는 음식을 만들 수 있다.
- 여성적 사고 : 여성들은 조리용으로, 방향제로, 치료용으로 언제나 허브를 사용해 왔다.
- 작은 사치 : 약간의 투자로 무언가 기분 좋은 것을 더해 준다.
- S.O.S. : 허브는 환경친화적이다.

이 정도로 트렌드 분석을 해보고 나면 이제 허브 사업은 성공할 것이 분명해진다. 계절별 허브 꽃다발을 식당, 일반 잡화점, 편의점 등에 판매하거나 개인 소비자에게 직접 우편 판매할 수 있다. 허브를 냉동 건조시켜 연중 판매 할 수도 있고 허브 페이퍼, 허브 책, 각종 허브 소품 등을 제작할 수 있다. 예를 들면 Harvey & Strait 사의 Sweet Dream이라고 불린 아름다운 베개는 불면증을 몰아내고 기분을 좋게 해주는 수면 촉진용 허브와 향료를 배합해서 만든 것이다.

허브 아이디어를 더욱 발전시키기 위해서는 전통적인 약초의 새로운 활용법이나 전혀 새로운 방향의 독특한 사업 기회를 탐색하기 위하여 브레인스토밍(아이디어 짜내기) 시간을 마련하는 것이 좋다. 어려운 문제가 있을 때는 혼자서 해결하려고 하는 것보다는 머리가 좋고 창의적인 사람들(Talent Bank)과 브레인잼(브레인스토밍)을 하는 것이 훨씬 더 효과적이다.

3장

메가트렌드

사람들은 흔히 메가트렌드 하면 쓰나미처럼 우리를 집어삼킬 낡은 습관을 무너뜨리고 모든 것을 싹 쓸어가 버리는 막강한 힘을 떠올린다. 그러나 이것은 완전히 잘못된 생각이다. 메가트렌드는 서서히 그리고 점진적으로 영향력을 발휘하고, 세상을 내부로부터 천천히 변화시키기 때문에 보수적인 동시에 진보적이다(마티아스 호르크스 저, 한국경제신문사 펴냄, 2014).

1. 2010 메가트렌드

패트리셔 애버딘은 자신의 저서 메가트렌드 2010(윤여중 역)에서 다음과 같이 7개의 메가트렌드를 제시하였다.

1) 영성의 발견

많은 사람들이 격동의 세기말을 지내면서 영성을 추구하게 되었고, 9.11 테러 이후 미국인들이 영성을 추구하고 있다. 영성에 대한 탐구가 인간의 활동과 우선순위, 소비패턴과 조직의 역량에 영향을 미치고 있다. 재임 기간 동안 기업 가치를

11억 달러에서 600억 달러까지 끌어올린 메드트로닉의 빌 조지의 사례 등을 통해 개인적인 영성의 탐구가 비즈니스에서 어떻게 적용되는지 고스란히 보여준다.

2) 새로운 자본주의의 탄생

이익에 집중한 지금까지의 자본과는 달리 미래의 자본은 주주나 다양한 이해관계자들도 배려하는 깨어있는 자본으로 변화할 것이다. 기업의 사회적 책임을 실천하는 기업은 더 많은 이익을 창출하고 있고, 이를 실천하지 않는 기업은 소비자보이콧의 대상이 되기도 한다.

3) 중간 계층의 부상

지금까지 사회 경제 변화의 핵심 주체는 대체로 CEO라는 것에 별다른 이견이 없었다. 그러나 조직의 변화, 사회, 경제의 변화는 위에서 아래로 변화가 하달되는 하향식으로는 한계가 있을 수밖에 없으며 중간관리자 등 비공식적 리더십 없이는 불가능하다고 단언한다. 즉 CEO가 대략적인 청사진을 제시한다면 그것을 수행하기 위한 실제적인 방법을 모색하는 사람은 관리자나 팀 리더이고 이들에게 당연히 리더십이 필요하다는 것이다. 특히 이런 비공식적 리더십은 가치를 추구하는 중간 관리자들에게 조직의 구성원들이 부여해 주는 리더십으로, 그런 리더십을 얻은 이들이 바로 변화의 핵심으로 등극해 강력한 영향력을 행사하게 될 것이라는 것이다. 그는 이를 시사하는 증거로 CEO의 위상이 어떻게 변화하는지를 밝히고 비공식적인 리더십이 미치는 영향과 이를 얻기 위한 실행 목록 등을 제시한다.

4) 영혼이 있는 기업의 승리

기업에서의 가치 추구가 하나의 흐름이 될 것이라고 주장한다. 이는 기존에는 기업이 어떤 식으로든 수익을 내기만 하면 된다고 강조했던 것에 반해 이제

조직 구성원의 가치 추구와 기업 시민으로서의 역할에 더욱 집중하게 될 것이라는 것이다. 특히 기업이 이윤만을 추구한 결과 도덕성을 상실했고, 그로 인해 더 많은 비용이 소모되면서 많은 이들이 영적 가치의 추구를 통해 기업에 희망을 불어넣고 있다고 밝힌다. 대표적으로 엔론이나 월드콤 등 세기 말 대대적인 기업 회계 부정 사건이 보여준 문제점을 극복하기 위한 대안으로 각 기업들이 자체적인 영성 센터를 세우거나 영적 리더들을 기업 내부에 기용하는 등 다양한 방식이 추구되고 있다. 그는 이 같은 기업의 도덕성, 영성이 강조되고 있는 트렌드가 이제 메가트렌드로 발돋움할 것이라고 분석한다.

5) 가치를 추구하는 소비자

깨어 있는 소비자가 경제를 이끄는 핵심 세력이 될 것이라고 주장한다. 단순히 편리함만 추구해온 지금까지의 소비 풍토가 점차 사회, 환경, 더 나아가 지구촌을 고려하는, 깨어 있는 가치를 추구하는 경제 형태로 바뀔 것이라고 강조하는 것이다. 이를 보여주는 단적인 사례로 유기농 식품, 하이브리드 자동차, 친환경 주택 등 환경 친화적 상품 등의 시장 확대를 명확한 수치를 통해 제시하고 있다. 또한 이런 트렌드에 부합한 기업들은 엄청난 성과를 얻었지만 그를 따르지 못한 기업들은 쇠퇴의 일로를 겪었던 사례를 소개하고 있다. 예를 들어 도요타는 하이브리드 자동차를 통해 미국 내 시장에서 자신들의 입지를 탄탄히 구축한 반면 제너럴 모터스는 부채 규모가 커지고 있다. 유기농 전문 유통점인 홀푸드는 지난 몇 년간 식료품 시장이 성장률 1~2퍼센트를 보인 것에 비해 2004년 매출 증가추세가 전년 대비 23퍼센트에 이르는 기염을 토하기도 했다. 그만큼 깨어 있는 소비자들이 시장을 변화시키고 있다는 것이다.

6) 메가트렌드를 이끄는 테크닉

깨달음을 얻기 위한 다양한 방법이 기업 내부로 들어오고 있음을 제시하고 있다. 요가, 명상, 용서프로젝트, 비전 퀘스트 등 깨어 있는 비즈니스의 선구적 역할을 하는 다양한 테크닉이 거대 흐름으로 자리 잡고 있음을 명확한 사례를 통해 소개하고 있다. 특히 다운사이징의 유행이나 인원 삭감 등으로 인해 조직 내에 불안과 불신이 팽배한 가운데 이런 영적 가치의 추구는 기업에 있어 가장 중요한 요소인 창조성과 성실성을 담보하는 훌륭한 요소로 작용하기 때문에 자연스럽게 메가트렌드로 자리 잡는다는 것이다.

7) 사회책임투자의 시대

얼마나 많은 자금이 깨어 있는 자본으로 유입되고 있는지를 보여주며 다양한 사회책임투자의 물결에 대해 소개하고 있다. 또한 S&P500에 속하는 기업에 비해 사회적 책임을 다하는 기업에 투자하는 펀드가 얼마나 많은 수익을 내고 있는지를 도미니400사회 지수 펀드 등을 통해 밝히고, 앞으로의 투자 방식이 어떻게 변화할지에 대한 혜안을 제시한다. 또한 이런 사회책임투자에 대한 광범위한 지지가 기업의 사회적 공헌을 강제하는 큰 영향력으로 작용해 선순환의 효과를 낸다고 강조한다.

2. 2030 메가트렌드

미국국가정보위원회는 1997년부터 2013년까지 4년 단위로 세계의 미래를 전망하는 글로벌 트렌드 보고서를 발간하고 있다. 글로벌 트렌드 2030: 대안적 세계(이미숙 역, 미국국가정보위원회 저, 2013)는 미래를 조명할 메가트렌드를 제시하고, 어떤 일의 판도를 바꿀 수 있는 중요한 존재인 게임 체인저를 살펴보았다. 그리고 여러 요인의 다양성과 복잡성을 보다 잘 이해함으로써 미래사회에 등장할 수 있는 시나리오 또는 대안적 세계를 제시하였다. 이 보고서에서 제시하고 있는 메가트렌드는 다음과 같다.

1) 개인의 권한 확대

개인의 권한은 세계 경제 확대, 개발도상국의 급속한 성장, 새로운 커뮤니케이션과 제조기술의 폭넓은 이용을 포함한 다른 트렌드의 원인이자 결과라는 점에서 가장 주용한 메가트렌드라고 할 수 있다. 2030년대에는 빈곤감소, 세계 중산층 성장, 교육성과의 증가, 새로운 커뮤니케이션과 제조기술의 활용, 의료서비스의 발달 등으로 새인의 권한이 대폭 확대될 것이다. 세계 인구의 과반수가 가난에서 벗어나고, 중산층이 전 세계 대다수의 국가에서 가장 중요한 사회경제적 집단이 될 것이다. 커뮤니케이션 기술의 발달로 개인이 통치에 영향을 미칠 것이다. 그러나 개인의 권한이 확대되더라도 일자리를 얻기 위한 경쟁은 더욱 치열해 질 것이다. 중산층이 부상하고 경제적 잠재력이 다양해지고 권력이 분산됨에 따라 이데올로기도 더 다양해지고 이데올로기 분쟁도 증가할 것이다.

2) 분산되는 권력

미래에는 국가간의 권력이 분산되고, 국가에서 비공식 네트워크로 권력이 흩어질 것이고 그 결과 1750년대부터 계속된 서구세계의 역사적 상승세가 역전되고 세계경제에 대한 아시아의 중요성이 커지고, 새로운 민주화시대가 이어질 것이다. 중국경제는 2030년이 되기 몇 년 전에 미국을 능가하는 세계 최대 규모로 부상하고, 유럽, 일본, 러시아의 경제는 완만하게 쇠퇴할 것이다. 세계 제1의 경제대국이 된 중국은 계속 인도를 앞설 것이지만, 2030년 무렵에는 격차가 줄어들 것이다. 아프리카에서는 이집트, 에티오피아, 나이지리아가 남아프리카공화국에 근접하거나 능가할 잠재력을 가지고 있고, 동남아시아에서는 베트남이 태국과 비슷해지고, 라틴아메리카에서는 브라질이 남반구의 거인으로 입지를 굳힐 것이다. 2030년이 되면 미국, 중국, 그 밖의 어떤 강대국도 패권주의적 강대국이 될 수 없을 것이다.

3) 변화하는 인구 패턴

① 고령화 확산

OECD 고소득 국가들 뿐 아니라 유럽과 동아시아의 많은 나라들도 고령자의 인구비중이 증가해서 경제성장률이 감소하고 경기가 침체될 가능성이 있다. 미국은 이민자의 유입과 출생률이 인구 감소를 상쇄할 수 있을 정도로 충분히 높아 고령화가 다른 나라들에 비하여 천천히 진행될 것이다. 러시아는 담배와 술 및 관련 사고 때문에 젊은이들의 사망률이 높은데, 특히 남자들이 상대적으로 적은 나이인 50대에 사망해 고령화가 지연되고 있다. 고령국가들은 퇴직과 보건제도를 효율적으로 개혁해야 하고, 가난한 퇴직자들을 지원하기 위한 기금을 마련하고 보다 안정적이고 지속가능한 연금운영시스템을 마련하기 위한 개혁이 필요할 것이다.

② 젊은 국가의 실종

현재 중간 연령이 25세 이하인 나라는 80개국이 넘는다. 젊은 국가는 세계 정세에 막대한 영향을 미친다. 예를 들면 1970년대 이후 일어난 모든 내전과 민족갈등의 80%가 젊은 국가에서 발생했다. 현재 추세로 출생률이 떨어지게 된다면 2030년대 젊은 국가는 약 50개로 감소할 것이다. 이와는 달리 이스라엘의 경우 다양한 초정통파 소수집단의 출생률은 여성 1명당 6명을 초과하고 있다.

③ 새로운 대이주 시대

세계화, 부국과 빈국 간의 상이한 연령 구조, 지역과 국가 간의 소득불평등, 보내고 받아들이는 국가들을 연결하는 이주 네트워크와 같은 국가 간 이주를 촉진하는 요인은 더욱 강화되어 인구의 국가 간 이주는 훨씬 더 빠르게 증가할 것이다. 개발도상국의 급격한 도시화는 국가 안에서 이동을 촉진하고, 농업에 많이 의존하고 있는 아프리카와 아시아에서는 기후변화의 영향으로 이동이 많이 이루어질 것이다.

④ 세계화된 노동자의 흐름

현재 세계 이주자들의 절반 이상을 수용하고 있는 상위 10개국은 비록 경제

성장률이 둔화되겠지만 이주민들이 이들 나라에서 노동력의 갭을 메울 기회는 계속 존재할 것이다. 후진국에서 경제성장으로 더 높은 지식과 재원을 가지게 된 젊은이들은 자국보다 해외에서 더 높은 소득을 얻을 수 있기 때문에 보다 부유한 나라로 이주할 확률이 높다. 세계은행은 2025년에 이주민의 수가 3% 증가하면 세계 소득이 0.6% 증가할 것으로 추정하였다. 이는 3,680억 달러에 이르고 고소득 국가에서 원주민보다 많은 혜택을 받고 있는 개도국 출신 이주자 및 개도국의 소득에 의한 것으로 자유무역의 모든 장벽을 제거했을 때 얻을 수 있는 이득보다 더 크다. 영구이주 뿐 아니라 단기이동도 빈번해 질 것이다.

⑤ 도시화되는 세계

2030년이 되면 거대한 이중 또는 삼중 국적의 대도시 지역이 최소한 40개가 될 것이다. 급속하게 성장하는 도시들은 담수 저수지와 주택용지를 확보하기 위하여 경쟁하고 주변의 농부들에게 더 큰 부를 줄 수 있지만 담수에 대한 권리와 수질, 도시확대 문제 때문에 긴장이 고조될 것이다.

4) 밀접해지는 식량, 물, 에너지의 관계

① 식량, 물, 기후

2030년에 세계 식량수요는 355 이상 증가할 것이나, 생산은 계속 하락할 것이다. 세계의 물 필요량도 계속 증가해서 2030년 연간 필요량은 6조9천억 입방미터에 달하고 이 수치는 현재 유지 가능한 물공급량에서 40%가 초과되는 것이다. 기후변화가 식량과 물의 가용성에 미치는 영향은 지역마다 매우 다양하게 될 것이고, 이 다양성은 2030년 이후에 더욱 확대될 것이다.

② 밝아진 에너지 전망

개발도상국들의 경제성장으로 앞으로 15-20년에 걸쳐 에너지 수요가 약 50% 증가할 것이다. 그러나 미국 에너지정보협회는 석유수출국기구의 증산과 천연가스와 세일오일의 출현으로 2035년까지 세계 에너지 생산은 완만하게 상승할 것이라고 전망했다. 2020년에는 미국의 주요 에너지 수출국으로 부상할 수도 있고, 원유의 추가생산은 미국의 무역수지 적자를 크게 감소시키고 2030년까지 240만~300만개의 일자리를 늘릴 것이다. 이처럼 미국의 에너지 생산량이 극적으로 팽창하면 석유수출국기구가 가격통제력을 잃어 원유가격이 폭락할 수도 있다.

3. 2045 메가트렌드

마티아스 호르크스(배진아 역, 2014)는 다음과 같이 6가지 키워드로 2045년의 메가트렌드를 소개했다. 마티아스 호르크스는 2045년의 인류에겐 종말론에 입각한 세계 멸망 시나리오는 현실화되지 않을 것이라고 말한다. 자원이 고갈되고, 전쟁 등에 의해 지구 곳곳이 초토화되는 전 세계적 위기 시나리오는 일어나지 않는다는 말이다. 다른 한편으론 그때가 되어도 상상을 초월하는 어마어마한 발전 같은 것도 일어나지 않을 것이다. 기술이 비약적으로 발전해 실시간 공간이동을 하게 된다거나 하는 일은 없을 것이다.

인구는 맬서스의 예측과 달리 기하급수적으로 늘어나는 것이 아니라 2045년을 기점으로 정점 직전 상태에 도달할 것이고, 시장은 호황과 위기에 시달리면서도 역설적으로 견고함을 더욱 더 발전시켜나가는 다층적이고 적응력이 뛰어난 형태를 이루고 가난한 사람과 부자 양쪽 모두를 위해 존재할 것이다. 경제는 자연 및 환경 남성성과 여성성이 조화를 이루는 그리노믹스(greenomics), 우머노믹스(womanomics), 인간의 직관, 감정, 유희충동, 인간 자체에 대한 애정 등 '부드러운 기술'을 기반으로 하는 휴머노믹스(humanomics)의 구조로 점차 그 기반을 확립할 것이다. 또한 사회적 시스템에 참여하는 사람들 간의 복합적인 상호관계를 중시하는 공동체적 자본주의, 네트워킹을 통해 정직, 신뢰, 존경할 만한 인물 등의 참여가 거세지는 새로운 시민사회를 통찰력 있게 저자는 예측하고 있다.

1) 새로운 세계화, 글로컬리제이션

글로컬리제이션은 '세계화(globalization)'와 '지역화(localization)'를 합친 말이다. 세계화를 지향하되 현지 풍토를 존중하는 방식을 가리킨다. 보다 복합적이고 다층적인 미래에는 중앙집중식 체제보다는 글로컬하고 분산적인 네트워크 체제가 훨씬 더 안전하고 견고할 것이다. 글로컬리제이션이 이미 반영된 스포츠로 축구를 예로 들 수 있다. 축구는 지역적인 스포츠인 동시에 국경을 초월한 스포츠다. 중국에는 영국 축구팀을 지지하는 대형 팬클럽이 있다. 그런가 하면 전 세계 이주자 수백만명은 자국팀 승리에 환호한다.

2) 또 다른 성의 급부상, 여성화

남녀 성역할이 새 국면을 맞고 있다. 남성들은 자기 내면의 여성적 요소를 발견하고, 여성들은 그 반대다. 나아가 여성들은 자신에게 유리하다고 판단할 경우 여성성을 이용해 한층 더 솔직하고 과감하게 행동한다. 좀더 '여성적인' 세상이 남성적인 세상보다 반드시 더 아름답고, 더 조화롭고, 더 친절하고, 더 평화스러운 것은 아니다. 2011년 초 힐러리 클린턴 미 외무장관은 오바마 대통령을 채근해 리비아 공습을 허가했다. 클린턴 장관의 친구였던 사만다 파워 백악관 안보고문과 수전 라이스 미 UN 대사는 카다피 부대 공습까지도 허용하는 안보리 리비아 결의안을 작성하고 밀어붙인 주역이었다. 그럼에도 여성의 폭력성은 남성과 달리 그 목적이 무언가를 저지하는 데 있다는 점에 주목해야 한다.

3) 타자이자 독립적 존재로서의 개인화

개인화란 스스로 선택하는 문화다. 이를테면 꼭 결혼을 하지 않아도 집을 떠나 독립된 생활을 할 수 있을 때, 거주지나 직업 또는 파트너를 선택할 수 있을 때를 뜻한다. 개인화가 집단을 완전 배제하는 것도 아니다. 진정한 개인화는 어떤 한 가지를 얻기 위해 다른 것을 희생하지 않는 것이다. 즉, 인간이 기본적으로 가지고 있는 두 가지 심리적 욕구인 '소속감'과 '자율성' 모두를 충족해야 한다. 자아가 스스로를 발견하고 선택하기 위해서는 반드시 '우리'가 필요하다.

4) 100세 시대를 맞이하는 새로운 고령화

통계적으로 가장 뚜렷한 메가트렌드는 고령화다. 인간의 기대수명은 해마다 평균 12주씩 늘어나고 있다. 이런 현상은 100년 넘게 이어져 오고 있다. 2011년 기준으로 지구상에 존재하는 194개국 가운데 186개국이 고령화 트렌드를 보이고 있다. 말리, 수단, 에티오피아 같은 가난한 나라도 마찬가지다. 고령화는 지속적인 복지에서 비롯한 결과물이다. 건강에 대한 개인의 태도 변화도 수명 연장에 영향을 주고 있다. 이제 늙어가는 것을 불행해 하면 안 된다. 의학 기술 발달로 노화와 질병으로 고통 받는 시간은 확연히 줄어들었다. 60세가 넘어야 비로소 자신의 인생을 온전히 바라볼 수 있어 행복할 수 있다.

5) 녹색 혁신과 함께하는 대규모 도시화

도시화는 약 20년 전부터 속도가 붙기 시작해 전 세계적 현상으로 발전했다. 2005년 기준으로 도시 거주자가 사상 처음으로 세계 인구의 50%를 넘어섰다. 농촌 탈출 현상은 모든 대륙에서 계속되고 있다. '도시가 곧 환경 대재앙'이라는 공식은 잘못된 것이다. 도시는 낭비, 환경오염, 에너지 과소비의 대명사로 간주돼 왔지만, 도시로의 인구 집적화가 되레 자연환경 부담을 덜어준다. 지구상의 모든 인구 밀집 지역을 공간적으로 당겨놓으면 지구 표면의 3.5%밖에 차지하지 않는다. 결과적으로 도시화는 농업은 물론, 자연보호구역과 생물권 프로젝트를 추진할 수 있는 공간을 확보하게 해준다는 것이다.

6) 모든 것은 연결되어 있다, 네트워크화

네트워크화는 하나의 메가트렌드인 동시에 다른 메가트렌드들을 아우르는 상위 개념이다. 끝없이 진행되는 네트워크화 과정의 결과물이다. 세계화는 경제 분야에서 행해지는 활동들을 전 세계적으로 연결한다. 도시화는 대규모 인간들의 일상생활을 압축된 장소로 집결시킨다. 개인화는 '나'와 '우리'를 새로운 방식으로 연결한다. 여성화를 통해서 우리는 우리 문화의 여성적 요소와 남성적 요소를 보다 효과적으로 결합할 수 있게 된다.

4. 유엔 미래보고서 2045

2014년 1월에 출간된 유엔 미래보고서 2045(박영숙, 제롬 글렌, 2014)는 제목대로 2045년을 주목한다. 기술 발전의 속도가 급속히 변함으로써 인간의 생활이 되돌릴 수 없고, 더 이상 미래를 예측할 수 없는 기점을 '싱귤래리티'(singularity)라고 하는데, 인공지능(AI)이 인간의 지능을 능가하게 되는 2045년이 그 시기라는 것이다.

2045년은 인공지능과 로봇 세상이다. 무인비행기·무인자동차가 상용화 되고, 인간과 다름없는 로봇인 휴머노이들이 가정용 도우미, 의사, 간호사, 제품 제조 및 판매 등 일상생활의 전 영역에 활용된다. 회계나 은행 업무의 많은 부분이 컴퓨터의 몫이 된다. 결국 이런 신기술들은 2040년대 주간 평균 근무시간을 30시간으로 줄이는 역할을 하지만, 결과적으로 인간들의 일자리를 대거 빼앗는 암울한 결과를 초래할 수도 있다. 이 책은 2045년의 메가트렌드를 다음과 같이 10가지로 전망한다.

① 인간 4.0

인간의 기능 향상과 능력의 확대는 지속적으로 가속화한다. 2025년부터 인간은 스스로 신체를 분석해 질병을 파악하고 인간 유전체 지도를 통하여 앓게 될 가능성이 높은 질병에 대비할 수 있다. 2045년이 되면 3D 바이오 프린터를 이용해 낡거나 기능이 떨어진 장기를 바꿀 수 있다. 이에 따라 인간의 기능은 향상되고 비만을 극복하고 분노를 조절할 수 있는 능력이 생기고, 스마트 의수족 등으로 신체적 장애도 극복할 수 있다.

② 국가 해체

하이퍼 네트워크 시대에 경쟁력을 강화하고 힘을 합치기 위하여 유사한 집단이나 국가를 포함한 50여개의 단체가 합병한다. EU와 같은 국가연합이 다양하게 등장한다. 아프리카연맹, 중남미연맹, 아랍연맹, 아시아연합, 기후변화연맹, 연예인연합 등 지역을 넘어 같은 목적으로 가진 단체들이 결집하는 현상도 보편화된다. 똑똑한 개인의 힘이 국가나 정부보다 커져 투표권을 행사하여 그들이 원하는 형태로 지역을 운영하게 된다. 벌써 미국의 트럼프 대통령에 반대하는 캘리포니아주는 분리운동을 벌이고 있다. 이익집단도 합병해서 스페인의 몬드라곤처럼 거대협동조합을 만들거나 국가를 대체하는 조직이나 글로벌 시민연대를 만든다. 세계적 거부들이 투자를 해서 신기술로 무장한 해상국가나 자신들만의 마이크로 국가도 만들 것이다. 시스테딩연구소는 중남미 태풍이 거세지 않은 국가 근처의 공해상에 해상도시를 만드는 계획을 실행중이다. 이런 도시가 발전해서 세금과 부정부패가 없고 국민이 스마트폰이나 체내에 삽입한 바이오컴퓨터를 통해 수시로 의사결정에 의결권을 행사할 수 있는 직접민주주의를 실천하는 해상국가가 될 것이다.

③ 인터넷 대기업

미래에는 대기업의 판도가 바뀌어 인터넷 기업이 주도하는 가운데 500대 기업 중 70%가 신생기업이 될 것이다. 가상공간의 삶이 중요해지고 비중도 증가하고, 1인 기업, 1인 창업이 활성화 될 것이다.

④ 디지털 통화

금융서비스에 디지털 통화 붐이 일어난다. 세계 단일통화가 나오기 전에 먼저 디지털 통화가 세계를 하나로 묶을 것이다. 국가의 경계가 느슨해지기 때문에 내수, 수출, 수입 등의 구분이 사라지고 직구가 더 활성화되고, 비트코인 등이 발전한 디지털 통화가 세계적으로 통용되어 은행, 금융서비스, 주식시장 등이 추락할 것이다.

⑤ 브레인 업로드

인간 두뇌의 정보와 지식을 인터넷 공간에 업로드 해 판매.

2025년부터 인간의 뇌를 매핑해서 뇌 속 정보와 지식을 클라우드 등의 가상공간에 올리는 작업이 시작되고, 가상공간에서 개인의 경험, 지식 정보를 판매하게 된다. 현재 유튜브나 페이스북에 올린 지식은 무료이나 미래에는 저렴한 가격으로 판매할 것이다.

⑥ 몰입 인생

2015년부터 시작된 은둔형 외톨이처럼 가상현실에서 헤어나지 못하는 사람들을 의미하는 몰입인생이 보편화된다. 세컨드라이프에서처럼 가상현실을 만들어 그 안에서 자신이 만들어낸 삶을 살 수도 있다.

⑦ 인공지능 로봇

인공지능 로봇이 제조, 호텔 서비스, 치안, 수술, 간호 등 인간의 모든 삶을 주도하고 대행한다. 인공지능은 인간의 일거수일투족을 관찰하면서 인간의 행동과 선택을 기록하고 분석해서 무엇을 요구할지 미리 알아내어 수행한다. 2030년에는 뉴스의 90%를 인공지능이 쓰고, 인간이 사용하는 모든 기계에 인공지능이 삽입되어 인간을 능가하는 고도의 기능으로 인간을 지원하고 인간은 적응해갈 것이다.

⑧ 사물인터넷

사물인터넷은 모든 사물에 센서, 칩, 인공지능 등이 삽입돼 서로 소통하며 제어함으로써 인터넷을 생명체로 만든다. 모든 사물이 인간이 원하는 것을 제공하고 인간을 지원하기 때문에 집은 단순히 안식처가 아니라 스마트하우스로 인간의 쾌적한 삶을 위해 존재하고 교통수단이나 택배 등 모든 것이 개인의 삶에 맞추어서 제공된다. 사물인터넷은 형사법제도도 바꿀 것이다. 어떤 범행이 발생하면 사물인터넷이 포함된 기기만 수집해도 거의 완벽한 증거가 되어 범인을 특정할 수 있다. 사물인터넷은 모든 것이 감시되는 사회를 상징적으로 보여준다는 점에서 사생활보호와 개인정보를 보호하기 위한 제도도 등장해야 한다.

⑨ 합성생물학

합성생물학은 생물학에 컴퓨터나 전자와 같은 공학적 개념을 적용한 연구 분야로 최소 단위의 기능적 DNA 조각을 이용해 논리 회로를 설계하고 이를 구동, 마치 전자 제품을 만드는 과정과 유사하다. 합성생물학이 화학과 치료분야 등에서 응용되면서 세계시장 규모도 연평균 22.8%로 성장해 2020년 147억달러(약 15조원) 규모가 될 것으로 생명공학정책연구센터는 전망했다.

⑩ 가족 해체

결혼제도가 붕괴돼 1인 가구가 대부분이고, 사랑과 죽음에 대한 생각도 변할 것이다. 사랑은 영원하지 않고 가상현실에서 지국 끝의 존재와 사랑을 나누는 등 그 방식도 다양하게 변화할 것이다. 수명 연장으로 동거하는 파트너는 나이와 상관없이 다양한 관계로 이루어지고 종교가 약화될 것이다.

5. 유엔 미래보고서 2050

2016년 1월에 출간된 유엔 미래보고서 2050(박영숙, 제롬 글렌, 2016)는 2050 메가트렌드를 다음과 같이 예측했다.

① 세계화

세계는 서로 더 많이 연결되면서 상호의존도가 증가하고 권력이 이동하면서 개인에게 새로운 기회와 위험이 닥칠 것이다. 경제적 경쟁이 확산되고 학습과 발견 혁신의 상식이 변화되어 개인의 일상생활과 일자리를 급속하게 변화시킬 것이다. 특히 혁신은 지역과 국가를 초월해 이루어질 것이다. 국경을 없애면 가치가 더해지고 비용이 절감되고 발전이 빨라지고 아이디어를 자극하게 되어 고속으로 성장할 수 있다. 한편 세계화에 대한 반발로 음식, 특히 특산품 등과 같은 지역의 문화적 우선권이 주장되면서 지역적 자부심에 대한 관심이 증가할 것이다.

② 인구통계적 변화

개발도상국, 특히 도시에서 인구가 증가할 것이다. 고령화가 증가하고 여성이 남성보다 더 오래 살기 때문에 고령 여성인구가 증가할 것이다. 선진국에서 고령화는 노동시장 생산성과 사회보장 재원, 공공의료 시스템과 세금 부문에서 문제를 일으킨다. 개발도상국의 여러 나라들이 더 많은 인구를 유입하면서 이민 패턴도 변할 것이다. 도시집중화로 메가시티가 더 많이 등장하고 도시가 국경을 초월해 더 많은 힘을 갖게 될 것이다. 도시의 수입은 증가하고 연구개발 투자, 혁신, 고등교육 분야에서 더 강력한 역할을 할 것이다.

③ 기술변화의 가속

기술변화의 가속은 기기의 수를 증가시키고, 새로운 기술은 새로운 센서와 통신을 통하여 디지털 세계와 물리적 세계 모두에서 연결성을 향상시킨다. 이러한 기술은 빅데이터를 자동으로 취급하고 실시간으로 분석하며, 기계 대 기계 통신을 증가시키고, 디지털 세계가 물리적 세계에 미치는 영향력도 증가시킨다. 디지털 세상에서 개인의 권한은 더 증가하고 인류의 사고방식도 변할 것이다. 칩을 이용해 인공지능이 기억을 백업해주고 학습속도를 높여 주고 인간의 실수를 교정해 주고 행동을 조언할 수 있을 것이다.

4장

한국의 소비트렌드

이 장에서는 서울대학교 생활과학연구소 소비트렌드분석센터에서 2007년부터 해마다 발표하고 있는 한국의 소비트렌드를 간단하게 소개한다. 2007년부터 2020년간의 소비트렌드를 통하여 우리 사회가 어떻게 변화해왔는지를 알아볼 수 있기 때문이다.

1. 2007~2010년 소비트렌드

1) 2007년 소비트렌드 : GOLDEN PIGS

'황금돼지해'로 기대를 모은 정해년은 출발부터 심상치 않았다. 유력 대선주자가 사퇴하고 주가는 큰 폭으로 출렁였다. 2007년 대한민국 10대 소비 트렌드의 첫 글자만 모았더니 'GOLDEN PIGS'가 되었다.

① Global : 소비의 세계화

소비의 세계화는 나라 안과 밖으로 한층 심화되었고, 원화 강세로 소비자 부담이 가벼워지고 해외 휴가 · 여행 · 투자 · 유학 열풍이 거세게 불었다. 소위 미드·일드를 비롯한 해외 문화상품의 마니아층이 두터워졌고, 외국의 라이프스타일과 소비 행태를 추종하는 소비가 증가했다.

② Open to Public : 과시의 시대

싸이월드·블로그·UCC 열풍은 자신을 드러내지 않고는 견디지 못하는 세대가 늘어나고 있음을 단적으로 보여주었다. 2007년에는 과시욕구가 오프라인으로까지 넘쳐 일반인을 대상으로 해 스타를 발굴 프로그램이 인기를 끌었고, 여성들의 섹시한 과시 욕망 등도 주목을 받았다.

③ Lively Moms : 활동적인 엄마들

386세대 엄마들이 자녀교육과 생활에 필요한 소비에 집중했다. 쌍춘년(2006년)과 황금돼지해(2007년)의 영향으로 결혼·출산율이 다소 증가했고, 2000년에 태어난 즈믄둥이들이 초등학교에 입학하면서 전반적인 경기침체와 소비부진에도 불구하고, 교육·육아 관련 소비는 감소하지 않았다.

④ Duality : 두 얼굴의 소비자

100원이라도 저렴한 샴푸를 사기 위해 멀리 대형 할인점까지 가는 것을 마다하지 않지만, 명품 핸드백을 사기 위해서는 100만원도 아끼지 않고 쓰는 양면적인 소비가 늘었다. 구매 품목에 따라 상반된 가치를 적용하는 '두 얼굴의 소비자'가 크게 증가했다. 1000원짜리 김밥을 먹는 젊은 여성소비자가 김밥가격의 몇 배가 되는 커피전문점의 커피를 마시는 경우도 증가했다.

⑤ Empathy : 감성의 재발견

친숙한 것에 대한 감정이입이 화두가 되면서 문화계에서는 리메이크 열풍이 불었다. 문화기획자들은 검증된 원작을 기반으로 '안전한' 투자를 선호했고, 광고에서도 스타 파워가 감소하고, 스타성보다는 광고 자체의 이야기·유머 등에서 오는 공감이 성패를 좌우했다.

⑥ Networked by Mobile : 무선통신의 진화

무선·모바일 기기의 시대가 되면서 DMB, 블루투스, 와이브로 등을 비롯해 특히 HSDPA(고속 하향 패킷 접속) 서비스가 주목을 받았다. 휴대폰이 크게 진화하면서 1997년 TV 토론, 2002년 인터넷에 이어 2007년 대선은 모바일 정국으로 진행되었다.

⑦ Proteurs : 프로추어의 시대

UCC가 PCC(Proteurs Created Contents)로 진화하였다. 프로추어(Proteur)란 전문가(Professional)와 아마추어(Amateurs)의 합성어로 프로급 전문성을 갖춘 아마추어를 말한다.

⑧ Individualization : 나만의 것을 찾아서

개인화된 '맞춤형' 제품과 서비스가 히트 상품을 가르는 시금석이 되었다. 소비물이 개인화될수록 소비자는 '나만의 것'이라는 증거를 남기고 싶어 하면서 소비자의 개별적 수요에 부응하는 노력이 성공 키워드가 되었다.

⑨ Glittering : 블링블링

2007년 디자인의 키워드는 반짝임이다. 여성들의 스타킹이 반짝이기 시작했고, 패션계에서 퓨처리즘이 각광받으면서 메탈릭·실버 등 '광택' 소재가 주목받았다. 자동차, 가전제품, 디지털 기기 등 다양한 장르에 걸쳐 반짝이는 아이템과 디자인이 소비자들의 호응을 얻었다.

⑩ Simple : 단순함을 팔아라.

이것저것 따지지 않고 단지 느낌만으로 구매하는 젊은 소비자들의 소비 성향으로 인해 심플하고 슬림한 것들이 인기를 끌었다. 쉬운 멜로디가 단순 반복되는 후크송, 컬러링에 맞춰 길이가 짧아지는 음악, 핵심 기능만 남긴 사용자 인터페이스와 리모컨 등이 주목을 받았다.

2) 2008년 소비트렌드 : MICKEY MOUSE

2008년 소비 키워드를 한마디로 표현하면 '불확실성에 대한 자기방어'라고 할 수 있다. 금융위기와 경기침체의 여파로 정서적 만족에서 즉각적인 만족으로, 부의 증식보다는 부의 보존으로, 건강 중시에서 자기보호와 같은 자기방어적 형태로 소비트렌드가 옮아갔다. 2008년 소비 트렌드와 특성은 다음과 같다 (김난도 외, 2008).

① Multi : 복합화

제품 하나, 혹은 한 장소에서 다양한 소비 가치를 실현시킬 수 있는 멀티 상품이 각광 받으면서 멀티카페, 파티 장소로 이용 가능한 모텔, 문화체험 갤러리 공간, 원스톱 쇼핑이 가능한 드럭스토어 등 다양한 형태의 복합 공간이 출현하였다.

② Inspired by Reality : 날 것에의 동경

생생한 '날것'에 대한 선호가 증가하면서 미숙하더라도 솔직하고 자연스러운 일상의 가치들이 주목을 받았다. 주변에서 흔히 접할 수 있는 리얼 스토리 광고가 많았고, 영화나 드라마에서도 등장인물의 내면적 갈등과 인간관계에 집중하는 에피소드가 부각되었다.

③ Colorddiction : 색채에 중독되다

경제위기가 닥치면서 더 화려하고 낭만적인 디자인과 화려한 컬러가 인기를 끌었다. 핸드폰 · MP3 등 은회색이 주류를 이루던 하이테크 제품에도 화려한 컬러의 향연이 펼쳐졌다.

④ Kitsch & Retro : 키치적 복고

키치는 촌스럽고 우스꽝스러운 복고적 취향을 말한다. 어른들의 동심을 자극할 제품은 물론이고, 복고적인 영화나 촌스러운 이름은 물론 엽기적이고 장난스러운 키치 아이템으로 꾸민 젊은이들의 과도한 럭셔리 문화도 유행했다.

⑤ Eco - friendly : **환경 지킴이**

환경, 건강, 안전한 삶에 대한 관심이 커지면서 환경지킴이를 자처하는 에코매니아, 도심 속에서 자연을 느끼고자 하는 새로운 소비층인 '그린 노마드족' 등 친환경 소비층이 등장하였다. 에너지 절약형 상품이나 친환경 재료를 사용한 상품에 대한 관심이 커졌다.

⑥ Year of Patriotism : **아, 대한민국**

2008 베이징 올림픽, 월드컵 예선 등 굵직한 스포츠 행사부터 새 정부 출범과 경제 회생에 대한 국민적 기대로 애국심이 고조되었고, 기업들의 애국심 마케팅도 주목을 받았다.

⑦ Mr. & Ms. Consumer : **행동하는 소비자들**

전통적인 소비자운동이 해당 기업에 대한 불매운동의 형태로 표출되었다면, 이제는 사회적 책임을 다하는 기업에 대한 적극적 구매운동(buycott), 여성 소비자들의 활동을 강조하는 여성주의 구매운동(girlcott) 등으로 발전하였다.

⑧ Only for me : **나는 나**

나만을 위한 소비가 확실한 트렌드로 자리 잡으면서 미니 와인이나 작은 햇반, 1인용 소형제품의 매출이 크게 증가하였다. 혼자서도 시간을 보낼 수 있는 닌텐도 게임기, 개인별 맞춤여행이 증가하였다. DIY를 넘어 RIY(Repair It Yourself), MIY(Make It Yourself)로 진화하였다.

⑨ Ultra-mobile : **울트라 모바일**

모바일 기기의 능력이 점점 강해지면서 구글, 야후 등 주요 인터넷 회사들은 통신업체와 업무 제휴를 통해 핸드폰 검색 기능을 강화하고 있다. 콘텐츠 시장에서도 웹툰 · 라이트 노블 · 엄지소설 등 새로운 환경에 맞는 인터페이스로 개발하였다.

⑩ Smart : 알뜰한 소비자들

특별히 중요한 제품은 명품으로 장만하지만, 나머지 제품군에 대해서는 가격 대비 품질에 극도로 민감해지는 가치지향적 소비가 증가했다. 필요한 기능만을 탑재한 MP3, 노트북, 휴대전화, 거품을 빼고 혜택을 앞세운 경차에 이르기 까지 디버전스 제품이 인기를 끌었다.

⑪ Economic Anxiety : 재테크 전쟁

국제적 경기침체, 국제 유가와 농산물 가격이 오르고 주식시장의 변동성도 커지면서, 경제적 불안과 열망이 높아지고 단 1%의 수익을 찾아 돈이 몰려다니는 재테크전쟁의 해가 되었다.

3) 2009년 소비트렌드 : BIG CASH COW

BIG CASH COW는 소띠 해를 의미하는 COW에 세계적인 불황이 엄습 할 것으로 예측된 2009년에는 현금창출 부문이 중요할 것이라는 의미에서 CASH를 더하고 우리 사회의 노력이 큰 결실을 맺어 불황을 성공적으로 탈출하기를 바라는 마음에서 형용사 BIG을 더하여 탄생했다(김난도 외, 2008).

① Better Me : 스펙을 높여라

어린이부터 대기업 CEO에 이르기까지 스펙을 높이기 위해 끊임없이 노력하는 사람들이 많았다. 배움은 불안에 대한 자구책이 되었다.

② I'm So Hot : 난 너무 멋져

제멋으로 살면서 자신의 감정과 일상을 솔직하게 표현하고 전파하는 데 적극적인 소비자가 증가하였고, 소비자의 자기애적인 놀이성향이 강해졌다.

③ Gotta Be Cocooned : 다시 집으로

안전 · 안정 · 재충전 등을 위해 자발적으로 집에서 시간을 보내는 사람들이 증가했다. 이전의 '방콕족'은 혼자만의 세계에 몰두하는 내향적 성향이 강했으나, 2009년의 코쿤족은 집에서도 적극적으로 여가생활을 즐기려는 활동적 성향이 강했다.

④ Cross-Internetization : **생각대로 인터넷**

인터넷으로 하나 되는 세상이 시작되면서 휴대폰 · 전화 · TV · 네비게이션 등과 같은 다양한 생활밀착형 기기를 통해 시간과 장소에 구애받지 않고 남녀노소가 일상적으로 인터넷을 활용하게 되었다. 이러한 효율성 향상의 대가는 정보경쟁 스트레스로 나타났다.

⑤ Alpha-Mom, Beta-Dad : **아빠 같은 엄마, 엄마 같은 아빠**

자녀교육 · 재테크 · 정보수집 등 각종 가정생활 문제해결에 주도적인 역할을 하는 적극적인 엄마와 부드럽고 자상하게 자녀를 돌보고 언제라도 가사 일을 도울 수 있는 따뜻한 아빠, 가정 내의 부부 파트너십과 역할구분이 유연해졌다.

⑥ Simply, Humbly, Happily : **소박한 행복찾기**

거창한 출세나 성취보다는 정서적 · 심리적 · 신체적 불안의 해소와 안전에 초점을 둔, 소박하고 작은 행복을 선호하는 트렌드로 소비가치의 무게중심이 사회적 성취에서 일상의 행복으로 옮겨가고 있다.

⑦ Hobby-Holic : **취미 대한민국**

생활스포츠, 악기연주 등 다양한 체험형 취미활동 인구가 크게 늘었고, 취미열기에 남녀노소가 따로 없었다. 취미생활에서도 전문가 수준의 지식과 실력을 갖추어 무엇이든 수준급으로 즐기고 싶어 하게 되었다.

⑧ Casual Classics : **고급문화, 일상 속으로**

대중의 문화적 취향이 업그레이드되면서 오페라 · 순수미술 · 고전음악 · 발레

· 와인 등 다양한 고급문화가 대중화되고, 고급문화는 젊어지고 친절해지기 시작했다.

⑨ Off-Air Attitude : 무심한 듯 시크하게

실제로는 굉장히 세심하게 연출한 것임에도 불구하고, 얼핏 보기에는 완전히 무심하게 보일 정도로 노력한 티가 전혀 나지 않는 스타일 · 태도 · 분위기 · 자기연출 등이 트렌드가 되었다. 이 트렌드에는 가장 평범한 순간에도 특별하지 않으면 안된다는 고단함이 묻어 있다.

⑩ Wanna-Be-Star, Wanna-Be-Mass : 스타와 대중, 자리 바꾸기

화려한 모습보다는 대중이 동일시할 수 있는 일상적이고 자연스러운 모습을 강조하는 스타와, 스타처럼 치장하고 자기 연출에 열을 올리며 매체에도 대거 등장하는 대중이 증가하였다. 스타와 대중의 경계가 허물어지고, 권력은 스타에서 대중에게 이동되었다.

4) 2010년 소비트렌드 : TIGEROMICS

TIGEROMICS는 경인년 호랑이해를 상징하는 호랑이(tiger)와 경제학(economics)를 합성한 말로 '호랑이처럼 웅비하는 2010년의 대한민국 경제'라는 의미를 담고 있다(김난도 외, 2009).

① Time for Korean chic : 코리안 시크

대한민국의 기술적 · 경제적 · 사회적 · 문화적 수준이 높아지고 세계화되면서, 대중문화 한류와 전통문화 한류에 이어 제3세대 한류가 본격화되었다. 국내외적으로 한국이라는 브랜드가 블루오션을 열기 시작했다.

② Into our neighborhood : **뗬다, 우리 동네**

내가 사는 동네와 지역에 대한 소비자의 자발적 관심이 증가하면서 본격적으로 동네 스펙 높이기가 시작됐다. 도시는 아이덴티티를 가지고, 주거문화에서는 생활가치가 부상했다. 지역사회, 지역주민과 활발히 공조하는 기업과 자치단체만이 지속적인 성장을 구가하게 되었다.

③ Good to be geeks : **딴 짓의 즐거움**

본업 이외에 제2의 딴 짓에 몰입하는 괴짜들이 급증하고, 생뚱맞고 별나더라도 좋아하는 일이라면 열정적으로 실행해보는 사람들이 많아졌다. 딴 짓에는 일과 놀이의 경계가 분명하지 않고, 딴 짓이 늘어갈수록 개인의 정체성이 풍성해지고, 생활문화의 다양성도 증가했다.

④ End of taboos : **금기의 종언**

금기의 벽이 허물어지고, 열등감도 두려움도 없는 솔직함이 인정을 받았다. 스스럼없는 약점 공개, 노골적인 표현, 경쟁 영역 간의 크로스 오버, 기술공개 등 신비주의나 배타성을 박차는 움직임이 가속화되었다. 개방적인 정서 코드와 융화 경영이 새로운 문화 키워드로 부상하였다.

⑤ Ready-made to order-made : **당신의, 당신을 위한, 당신에 의한**

소비자가 주도하는 제품생산 트렌드가 가속화되고, 많은 산업영역에 대량 맞춤 생산, 소비자디자인 제품 및 서비스 등이 확산되었다. 시장에서 프로슈머와 크리슈머가 기회의 원천으로 부상하였다.

⑥ Omni-U solutions : **전지전능 솔루션**

소비자 요구와 종합적 충족능력이 극대화된 전지전능 솔루션은 인간중심적 인터페이스의 구현, 소비자지향적인 제품 기능의 재정의, 사용의 편리성과 단순성의 극대화 등을 구현했다.

⑦ Manner matters : **매너남녀**

인격과 매너가 다른 어떤 스펙보다 중요해지면서 개인과 조직을 불문하고 세련되고 인간적인 매너를 갖추기 위한 노력이 온·오프라인을 가리지 않고 전개되었다.

⑧ It's aqua : **물의 르네상스**

물을 중심으로 도시와 문화와 산업이 재편되면서 수자원관리, 수변도시문화, 수상레저, 워터 테라피, 음료산업 등이 비약적으로 발전했다. 블루골드 물의 가치와 활용이 어느 때보다 중요했다.

⑨ Challenge your age : **나이야 가라!**

고령화 사회로 진입하면서 나이의 장벽이 본격적으로 허물어지고 있다. 젊음에 대한 소비자의 열망이 외모 및 건강관리를 넘어 라이프스타일 자체의 변화로 이어졌다. 젊게 살기 위한 소비뿐만 아니라 새로운 생산적 계층으로 거듭나고 싶어 하는 시니어 시티즌의 욕구가 관심을 끌었다.

⑩ Style republic : **스타일에 물들다**

모든 것의 구성적·형태적 아름다움이 선을 결정하는 잣대가 되면서 디자인의 핵심요소가 아니었던 모든 것이 디자인으로 거듭났다.

2. 2011～2015년 소비트렌드

1) 2011년 소비트렌드 : TWO RABBITS

두 마리 토끼는 일거양득을 의미할 때 주로 쓰는 말이지만 2011년 잡아야 할 두 마리 토끼는 단순한 일석이조를 의미하지 않았다. 두 마리 토끼란 모순된 요구를 동시에 하는 소비자를 의미한다. 소비자는 가격은 저렴해도 품질은 우수해야 하고, 작은 사이즈 안에 수많은 기능이 포함되기를 바라며, 예쁜 디자인 속에 파워풀한 성능이 따라주길 요구하기 때문이다(김난도 외, 2010).

① Tiny-Makes-Big : **작은 차이가 큰 변화를 만든다.**

기술의 전파속도가 빨라지면서 제품 수준이 엇비슷해진다. 치열해진 경쟁 속에서 자사제품의 차별화 요소를 강조하려는 노력이 '디테일 경쟁'으로 진화하고 있다. 소비자들이 그 어느 때보다도 스마트해진 상황에서 제품의 사소한 차이가 큰 매출 차이로 연결된다.

② Weatherever Products : **변화하는 날씨, 변하는 시장**

기상이변이 일상화되며 날씨의 물리적·경제적 파급효과가 커지고 있다. 급격하게 변화하는 날씨에 따라 생산시스템·판매 방식·상품 종류 등이 바뀌고, 보험 상품 · 맞춤형 기상정보 등 기상과 관련된 새로운 분야가 각광받게 되었다.

③ Open and Hide : **개방하되, 감춰라**

모든 것을 개방하고 공유하는 시대가 왔다. 산업적으로는 영역 간 경계가 허물어지면서 컨버전스 현상이 활발히 진행된다. 사회적 네트워크를 통한 소비자 간의 정보 공유가 늘어나면서, 개인정보 누출과 사생활 침해의 이슈 역시 크게 부각되었다.

④ Real Virtuality : **실재 같은 가상, 가상 같은 실재**

일상생활의 매순간 소비자에게 필요한 가상의 이미지와 텍스트가 현실과 결합되면서 소비자는 새로운 방식으로 실재를 인식하게 된다. 온라인과 오프라인의 경계가 희미해지고, 온라인상의 논리와 정체감이 오프라인에 지배적인 영향력을 갖게 된다.

⑤ Ad-hoc Economy : **즉석경제 시대**

경제와 트렌드 변화의 주기가 빨라지고 미래의 예측이 어려워지면서 현재 지향적이고 즉각적인 소비가치가 점점 중요해진다. 소비자는 불투명한 미래보다는 현실에 충실하게 되고, 직관적인 사용자 경험 디자인과 경험 기반의 기술 개발이 가속화될 것이다.

⑥ Busy Break : **바쁜 여가**

주5일제가 정착되고 기업의 후생복지가 증진되면서, 여가활용의 모습이 바뀐다. 단순히 놀고 쉬는 여가가 아니라, 일상의 재충전과 스펙 향상을 위해 생산적인 여가를 보내려는 인구가 크게 늘어난다.

⑦ By Inspert, By Expert : **직접 하거나, 전문가에게 맡기거나**

스스로 만들고 창조하는 능동적인 활동을 하려는 DIY(Do-It-Yourself) 성향과 전문적이고 고급스러운 서비스를 누리려는 DIP(Do-It-Professional) 성향이 동시에 늘어난다. 상반된 열망과 양면적 가치를 드러내는 소비의 양가성은 앞으로도 계속 심화될 것이다.

⑧ Ironic Identity : **내 안엔 내가 너무도 많아**

현대인의 정체성이 모호해지면서 다중인격적 소비가 늘어난다. 이제 소비자들은 자신의 성별 · 나이 · 개성의 한계 안에서 고정된 소비를 하지 않고, 상황별 · 시간대별로 전혀 다른 사람처럼 변모한다. 소비를 할 때 마치 지킬 앤 하이드 같은 다중인격자로 변하는 것이다.

⑨ Tell Me, Celeb : **스타에게 길을 묻다**

연예인의 영향력이 극적으로 커진다. 요즘 소비자들은 패션은 물론이고, 일상생활의 크고 작은 이벤트까지 연예인의 선택을 적극적으로 따라 한다. 스타연예인의 소비스타일이 일반인에게 미치는 영향력이 한층 커지는 한 해가 되었다.

⑩ Searching for Trust : 신뢰를 찾아서

신뢰에 대한 갈증이 커지고 있다. 소셜 미디어의 폭발적인 성장과 함께 정보 전염병이 만연하면서, 오프라인 실생활에서의 신뢰에 대한 요구는 갈수록 커지고 있다. 특히 식품 · 개인 안전 · 위생 · 스트레스 해소 등의 영역에서 소비자의 신뢰를 어떻게 확보하느냐가 관건으로 떠오른다.

2) 2012년 소비트렌드 : DRAGON BALL

세계적 경제 불황에, 대선 · 총선의 정치 지각변동까지 예고되는 격동의 2012년, 60년 만의 흑룡 띠를 맞아 제시한 10대 소비트렌드 키워드는 '드래곤볼(DRAGON BALL)'이다(김난도 외, 2011).

① Deliver true heart : 진정성을 전하라

진심이 아니면 움직이지 않는다. 화려한 메시지보다 진심이 담긴 마음, 상대방의 입장에 서는 공감에 기반한 진정성만이 통한다.

② Rawganic fever : 이제는 로가닉시대

오가닉(유기농)에서 로가닉(천연 성분)으로 구하기 어려운 천연 성분의 원료가 각광받는다. 뼛속까지 깨끗하고 처음부터 좋았던, 순수한 것들이 인정받는다.

③ Attention! Please : 주목경제가 뜬다.

과잉의 시대, 치열한 경쟁이 일상화되면서 웬만해서는 소비자의 주의조차 끌지 못한다. 심지어 물의를 일으켜서라도 어떻게든 주목을 받아보려는 시도가 봇물을 이룬다.

④ Give'em personalities : 인격을 만들어 주세요.

무생물인 제품의 인격화가 시작된다. 기술은 캐릭터를 갖고, 사물은 성격을 갖는다. 따뜻한 감성기술이 일상으로 들어온다. 별명과 성격으로 인격을 갖춘 상품이 소비자의 친구가 된다.

⑤ Over the generation : **세대공감 대한민국**

세대를 아우를 수 있는 상품이 각광받는다. 문화를 향유할 줄 아는 부모세대와 복고를 트렌디하게 받아들이는 자식세대 간 간극이 빠르게 줄어들면서 어머니와 딸이 같은 취향을 공감한다.

⑥ Neo-minorism : **마이너, 세상 밖으로**

신생과 비주류가 뜬다. 기존의 강력했던 메이저들도 이름값만으로는 행세할 수 없는 시대가 됐다. 이제 실력만 갖추면 바로 인정받을 수 있다. 마이너한 감성이 세상 밖으로 나온다.

⑦ Blank of my life : **스위치를 꺼라**

숨 쉴 겨를도 없이 앞만 보고 달려온 소비자들은 '모든 것이 일시정지 되는 상태'를 꿈꾼다. 행복의 패러다임이 변화하면서 천천히 가려는 사람들이 늘어난다.

⑧ All by myself society : **자생, 자발, 자족**

현대의 소비자는 필요한 것이 있으면 아쉬운 소리하지 않고 스스로 해결한다. 시키지 않아도 옳다고 생각하면 과감하게 행동한다. 남들이 좋다고 말하는 것보다 내가 만족할 수 있는 것이 최고다.

⑨ Let's 'plan B' : **차선, 최선이 되다**

차선경제의 시대가 왔다. 불안하고 침체된 경제적 피로 앞에서, 저렴하고 품질 좋은 차선을 선택하는 소비자가 늘어나고 있다. 정치 · 경제 · 사회 등 영역을 막론하고 차선의 대안을 모색하는 경우가 많아질 것이다.

⑩ Lessen your risk : **위기를 관리하라**

위기가 상시화하고 있기 때문에 정확하게는 모르지만 언젠가는 발생하게 될 위기를 관리해야 한다. 경제적 불황과 자연재해의 급습을 대비할 수 있는 시나리오의 필요성이 그 어느 때보다도 커지고 있다.

3) 2013년 소비트렌드 : COBRA TWIST

뱀띠해인 2013년의 주제어는 COBRA TWIST이다. 코브라 트위스트는 격투기에서 사용하는 기술인데 "불확실성 속에서 여느 해보다 치열한 경쟁을 벌여야 하는 소비자들에게 필살기를 전수하고자 하는 소망을 담았다(김난도 외, 2012).

① City of hysterie : 날 선 사람들의 도시

신경질적이고 예민한 기운이 도처에서 감지된다. 사회·경제적 불안은 커지는데 문제해결을 하기 위한 공권력은 무기력해지고 있다. 언제 발생할지 모르는 문제상황에 대비해 끊임없이 주변을 경계하며 스스로를 방어하는 태도가 확산된다. 고슴도치처럼 잔뜩 날 선 사람들은 서로를 자극하지 않기 위해 거리두기를 시도하고, 개별적으로 문제해결을 시도하며, 믿고 싶은 것만 믿는 극도의 편향성을 보인다.

② OTL…Nonsense! : 난센스의 시대

불황과 불안의 시대에 사람들은 논리와 상식을 뛰어넘어 기발한 감성과 상상이 만든 난센스에 열광한다. 모든 것을 뒤집어 역발상하고 새로운 의미를 재구축하는 난센스가 각광받는다. 무의미한 허무개그가 유행하며 아이러니적 '멘붕'의 감성시대가 오고 있다. 상식을 깨고 고정관념을 타파하는 역발상 마케팅 등이 반전을 꿈꾸는 소비자들에게 더욱 강렬한 임팩트를 준다.

③ Bravo Scandimom : 스칸디맘이 몰려온다.

북유럽식 자녀 양육법을 추구하는 '스칸디맘'이 몰려오고 있다. 이들은 고도성장기에 태어나 N세대로 자랐고, 엄마가 되기 시작한 30대 젊은 엄마들이다.

과도하게 경쟁적인 교육보다는 정서적인 교감을 추구하고, 자녀와의 평등한 관계를 지향한다. 스칸디맘의 등장에 따라 심플함, 모던함, 친환경성, 실용성, 평등함, 등 북유럽적 가치가 각광받는다.

④ Redefined ownership : **소유냐 향유냐**

누릴 수만 있다면 더 이상 소유에 집착하지 않는다. 네트워크 기술 발달이 가속화되고, 글로벌 경제위기로 소득이 감소하고 있다. 이제 젊은 소비자들은 굳이 소유하지 않으면서도 해당 상품의 혜택을 향유할 수 있는 방법을 모색 중이다. 빌리고, 함께하고, 나누는 소비가 시장을 바꾸고 있다.

⑤ Alone with lounging : **나홀로 라운징**

혼자 라운지체어에 앉아 여유 있게 라운지 음악을 듣는다. 자아를 찾고 휴식할 수 있는 나만의 공간에서 몰입하기를 원한다. 사람들은 날 서고 소진되어 간다. 이렇게 개인화된 경쟁사회에서 인간관계는 인터넷과 모바일로 대체되고 휴식과 자아찾기에 몰두하는 다양한 형태의 '라운징 소비'가 늘어난다.

⑥ Taste your life out : **미각의 제국**

맛에 대한 사회의 관심이 급격히 높아진다. 관련 TV 프로그램이 급증하고, 디저트와 푸드스타일링이 발달하며, '착한 미각 운동'도 활발해진다. 간편한 '야매요리'든 정식 요리든 취미로 요리를 하고, 맛집을 찾아 먼 길을 떠나는 '미각 노마드(nomad)족'도 늘고 있다. 이는 소비자들이 더 공감각적이고, 체험적이고, 세련되고 즐거운 여가활동을 찾는다는 의미다. 이제 미각이 대한민국의 새로운 '작은 사치'로 자리 잡을 것으로 보인다.

⑦ Whenever U want : **시즌의 상실**

시즌 개념이 무너지면서 어느 시기에는 어떤 활동을 해야 한다는 기준이 사라지고 있다. 패션에서 날씨나 계절 개념이 없어지고, 여름이면 너도나도 떠나던 휴가가 자신의 스케줄을 고려해 아무 때나 떠나는 쪽으로 바뀌고 있다. 소비자들이 관습이나 정해진 틀에 얽매이지 않고 자신만의 소비스타일을 창조해 가는 적극적이고 개성적인 모습을 보이기 때문이다.

⑧ It's detox time : 디톡스(detox)가 필요한 시간

유해물질과 중독 대상으로 가득한 세상에서 디톡스가 간절해진다. 우리를 둘러싼 물질과 환경에서 오는 독성과 중독으로부터 스스로를 정화하고 보호하려는 해독 움직임이 커지고 있다. 가전, 푸드, 화장품, 건축 등 다양한 분야에서 디톡스 관련 상품이 등장하고, 스마트폰 과다사용으로 인한 디지털 중독, 카페인 중독 등 다양한 분야의 디톡스 문제가 화두로 떠오르고 있다.

⑨ Surviving burn-out society : 소진사회

잠들지 않는 대한민국에서 사람들은 모든 것을 하얗게 불사르는 소진사회에 살고 있다. 열정이라는 미명 아래 스스로를 학대하는 소진사회에서 사람들은 오히려 모든 기운이 빠져나간 탈진 상태를 즐기기도 한다. 팍팍한 경제사정 속에서 즉흥적이고 현재지향적 태도가 만연하며 끝장을 보아야 만족하고 방전상태에 길들여진다.

⑩ Trouble is welcomed : 적절한 불편

"모든 불편을 전부 해결해 드린다"는 순정남의 태도는 더 이상 매력이 없다. 소비자들은 이제 직접 참여해서 빈곳을 채우고 재미를 느끼며 추억을 만들 수 있는 즉, '적절한 불편'을 주는 '차도남'을 원한다. 적당한 수준에서 밀고 당겨야 하는 것이다. 이제 사업도 연애처럼 적절한 기술이 필요한 때이다.

4) 2014년 소비트렌드 : DARK HORSES

다크호스는 경마 용어다. 과거 영국에서 경마를 할 때 다양한 색의 말이 출주했는데 사람들은 주로 흰색과 황색말에 베팅을 많이 했으나 종종 검은색 말이 처음에는 앞장서지 못하다가 결승선에 다가갈수록 두각을 나타내 우승을 차지했다고 한다. 그렇게 유래가 되어 다크호스는 '경기나 선거에서 역량은 검증되지 않지만 뜻밖의 결과를 낼지도 모르는 후보자'를 지칭하는 용어로 사용되기 시작했다. '경마주로처럼 날로 치열해지는 사회에서 독자들이 처음에는 주목받고 있지 못하지만 시간이 갈수록 박차를 가해 승리를 이끄는 다크호스가 되었으면 하는 희망을 키워드에 담아냈다(김난도 외, 2013).

① Dear, got swag? : **참을 수 없는 스웨그의 가벼움**

스웨그 신드롬이 온다. 경박한 말과 행동이 넘쳐나고, 말장난과 희화화가 만연하며, 디스전과 섹스코미디가 인기를 얻는, 작금의 우리 사회를 가장 잘 표현하는 말로 '스웨그'만 한 것이 없다. 가벼움, 여유와 멋, 약간의 허세와 치기까지 겸비한 스웨그는 SNS를 통한 자유분방한 소통이 넘치는 시대에, 때로 참기 어렵지만 받아들일 수밖에 없는 사회의 한 흐름이다.

② Answer is in your body : **몸이 답이다**

만지고, 느끼고, 움직이고 싶은 열망이 사회 곳곳에서 감지된다. 현대사회의 육체적 무력감 속에서, 만들고 춤추고 달리는 등 신체의 움직임으로 정신과 육체의 균형을 회복하려는 사람들이 늘고 있다. 무기력한 일상을 스스로 박차고 나와 건강한 노동의 가치를 추구한다. 이제 '몸'이 현대인들의 새로운 치유 키워드로 자리 잡는다.

③ Read between the ultra-niches : **초니치, 틈새의 틈새를 찾아라**

니치에서 초니치로, 틈새시장이 더 세분화된다. 잘 만든 킬러 아이템 하나로 전체 소비자에게 소구하던 시대는 저물었다. 이제 소수의 고객을 존중하며 그들과 관계를 형성해야 한다. 꼭 필요한 것이 아니면 구매하지 않는 소비자의 니즈를 초정밀하게 읽으려는 우리에게, 틈새의 틈새를 찾아내는 작업이 더욱 절실해질 것이다.

④ Kiddie 40s : **'어른아이' 40대**

이전 중년 세대의 라이프스타일과 결별을 선언한 신세대 중년 남성들이 온다. 탈권위적 사회와 해외문화를 경험한 새로운 40대는 소년 같은 감성을 지닌 '어른아이'들이다. 'F세대'라고 칭할 수 있는 이들은 기존에 사회적으로 강제되었던 남성적 이미지에서 벗어나 미용, 여가, 문화 등 다양한 방면에서 소비의 주역으로 자리 잡고 있다. 일보다 가정과 자아를 중요시하는 이들은 시장의 핵심 계층이 되었다.

⑤ Hybrid patchworks : **하이브리드 패치워크**

산업 간의 경계가 허물어지고 있다. 더 새로운 것을 더 빠르게 제공해 주길 원하는 소비자들을 위해 이종 혹은 동종 업체 간의 패치워크는 영리한 전략이 된다. 기존 제품이나 서비스의 배치를 달리하거나, 다양한 산업 분야를 결합하거나, 각 영역의 특성을 교배하는 '하이브리드'적인 조합을 통해, 패치워크는 정체된 시장에 새로운 가치를 창출해 낼 수 있다.

⑥ Organize your platform : **'판'을 펼쳐라**

아이디어, 상품, 기술, 사람이 한데 모여 새로운 비즈니스 모델을 창출해 낸 것이 판 1.0 시대라면, 그 판이 진화하며 최적화된 비즈니스 생태계가 활성화된 것을 판 2.0 시대라고 부를 수 있다. 오프라인과 온라인을 막론하고 위력을 과시하고 있는 판경제는 시장의 새로운 부가가치를 생성하는 원동력으로 자리 잡고 있다.

⑦ Reboot everything : **해석의 재해석**

익숙한 것을 낯설게 하라. 익숙함을 재해석하는 전략은 가장 안전하고도 실패가 적은 '혁신' 방편이 된다. 과거의 것을 현대적으로 해석하는 시간의 재해석, 다른 목적으로 사용하는 용도의 재해석, 역설적 가치가 혼재하는 사고의 재해석은 기업에게 창의적 아이디어를 제공하고 각종 사회문제를 해결하는 데

실마리가 돼 줄 수 있다.

⑧ Surprise me, guys! : 예정된 우연

예측은 불가능하지만 실현은 가능한, 우연인 것 같으나 탄탄한 시나리오가 있는, '예정된 우연'이 소비자들의 마음을 사로잡고 있다. 뻔한 스토리, 흔한 마케팅이 아닌 무작위한 상황과 우연한 즐거움은 소비자에게 짜릿함을 제공한다. 중박 이상의 안전마진이 확보된 스릴은 특별한 경험을 원하는 소비자에게 각광받는 즐거움이 될 수 있다.

⑨ Eyes on you, eyes on me : 관음의 시대, '스몰브라더스'의 역습

빅브라더에서 스몰브라더스까지, 보이지 않는 눈들이 도처에서 서로를 지켜보는 감시의 시대가 도래 하고 있다. 도시문화의 성장과 발전은 관음증적 증상의 토대가 되고, 스크린 문화로 대변되는 현대 대중문화는 이를 촉진시킨다. 생활의 편의를 높이는 현대기술과 '드러냄과 감춤'의 저울질 사이에서 균형을 잡으려는 현대인의 욕망이 어떻게 소통하게 될 것인지를 주목해야 한다.

⑩ Say it straight : 직구로 말해요

변화구보다 직구를 선택하는 움직임이 많아지고 있다. 대놓고 말하고, 쉽게 말하고, 낱낱이 공개하는 직설화법이 각광받는 시대가 온다. 수직적 소통에서 벗어나 수평적 소통을 추구하고자 하는 사람들은 온라인과 오프라인에서 직구를 날리는 데 익숙하다. 돌직구가 난무하는 사회에서 어떻게 하면 솔직하면서도 호감 가는 소통을 할 수 있을지 고민이 필요한 때이다.

5) 2015년 소비트렌드 : COUNT SHEEP

보통 잠이 오지 않을 때 양을 세는 습관에서 유래한 이 키워드는 '양 떼'에서 연상되는 이미지처럼 안온하면서 소소한 소비자들의 일상을 전하려는 것이고,

대한민국 전체에 결정장애로부터 기인한 '썸' 현상이 더욱 대중화될 것이다(김난도 외, 2014).

① Can't make up my mind : **햄릿증후군**

과잉의 시대에 소비자들은 단호한 결정을 내리지 못하고 햄릿처럼 '결정장애'를 앓고 있다. 시장상황이 불확실해지면서, 소비자의 불안수준은 높아지고 자기 결정에 대한 자신감은 떨어진다. 따라서 불확실성과 불안을 줄이기 위해 '베스트셀러 추종형'의 의사결정이 늘어날 것이며, 소비자의 결정을 도와주는 개인 컨설팅 · 큐레이션 서비스가 각광을 받을 전망이다.

② Orchestra of all the senses : **감각의 향연**

2015년에는 보고, 듣고, 맛보고, 냄새 맡고, 감촉하는 감각의 향연이 펼쳐질 것이다. 갈수록 세련되어가는 소비자들은 후각과 촉각처럼 기존에 덜 주목했던 감각을 통해 라이프스타일을 차별화하고 시각 · 미각 · 청각 등 비교적 기존에 익숙했던 감각들은 정교화 · 세밀화 시키며, 다양한 감각의 결합을 가능하게 하는 상품과 서비스에 큰 관심을 보일 것이다.

③ Ultimate 'omni-channel' wars : **옴니채널 전쟁**

온라인과 오프라인, 모바일을 자유롭게 넘나들며 쇼핑을 즐기는 '크로스 쇼퍼'들이 증가하고 있다. 오프라인 · 온라인 · 모바일 · TV홈쇼핑 등 여러 유통채널들이 확장되고 결합되며 '옴니채널'로 진화하고 있다. 오프라인 매장과 모바일 앱 기술의 결합은 소비자에게 끊김 없는 쇼핑 환경을 제공할 것이며, 핀테크 기술은 소비자의 구매행위를 더욱 편리하게 만들 것이다.

④ Now, show me the evidence : **증거중독**

소비자들은 이제 증거를 보여주지 않으면 무엇도 믿지 않는다. 햄릿증후군에 걸린 소비자들에게 결정의 확신을 줄 수 있는 것은 증거들뿐이다. 불신과 음모론이 기승을 부리는 의심사회에서 소비자들은 눈으로 확인할 수 있는 것, 숫자로 보여줄 수 있는 것, 실험으로 증명 가능한 것에 대해서만 안심한다. 이제 이미지가 아니라 증거로 승부하는 증명의 시대가 되었다. 가짜뉴스와 거짓정보가 판을 쥐면서 언론과 뉴스에서는 팩트 체크가 중요한 자리를 차지하고 있다.

⑤ Tail wagging the dog : **꼬리, 몸통을 흔들다**

사은품을 가지려고 본품을 구매하고, 부수적인 서비스라고 생각했던 것들이 제품과 결합해 새로운 제품군을 형성한다. 상품 간의 차별점이 사라지고 품질과 가격 경쟁이 극도로 치달으면서, 있어도 그만 없어도 그만 이었던 '덤'의 지위가 변하고 있다. 꼬리가 몸통을 흔드는 '꼬리경쟁'의 시대에서 승리한 기업이 시장의 몸통을 차지하게 될 것이다.

⑥ Showing off everyday, in a classy : **일상을 자랑질 하다**

소셜미디어의 시대, 자랑이 일상이 되고 일상이 자랑이 된다. '자랑질'을 위해 삶은 연출되고, 매순간은 SNS에 업로드 된다. '리트윗'과 '좋아요'가 자기 존재감의 근거가 되는 '타아도취'의 세상에서, SNS는 자랑하는 방식을 바꾸고, 아울러 소비하는 아이템과 패턴을 바꿔놓고 있다. 이제 소비자들에게 더 멋지게 자랑질 할 수 있는 프레임을 제공해야한다.

⑦ Hit and run : **치고 빠지기**

불투명한 현대사회를 얕고 넓게 간보고 싶어 하는 소비자들이 늘어나고 있다. 상품은 써보고 결정하고, 사람은 깊게 사귀지 않으며, 경험은 짧고 강하게 즐긴다. 책임은 싫고 이득은 달콤한 현대인의 갈대 같은 마음을 어떻게 사로잡기 위해서는 치고 빠지듯 가볍게 즐기고 부담 없이 누릴 수 있어야 소비자의 마음을 사로잡을 수 있다. 선택과 비선택 사이의 회색지대에서 소비자의 눈을 사로잡아야한다.

⑧ End of luxury : Just normal : **럭셔리의 끝, 평범**

'명품'으로 사치하던 시대는 지났다. 이제 진정 럭셔리한 아이템은 유명한 브랜드가 아니라 '여유'다. 여유로운 우아함이란, 최대한 평범하고 심플한 멋이 만들어내는 라이프 스타일에서 나온다. 이제 진정한 럭셔리는 고급스러운 시간과 경험의 가치에서 출발한다. 평범함으로 사치하기, 대한민국 과시 소비의 역사에 또 한 번의 터닝포인트가 찍혔다.

⑨ Elegant urban-granny : **우리 할머니가 달라졌어요.**

베이비붐 세대가 손자를 보기 시작하면서, 희생의 아이콘인 할머니는 사라졌다. 며느리와는 거리를 두고 딸로부터는 독립을 추구하는 이들이 이제 본격적으로 자신의 인생을 즐기겠다고 선언한다. 밝고 유연한 사고로 소통하며 인생을 제대로 즐길 줄 아는 새로운 시니어, 자신만의 멋진 라이프스타일을 추구하는 신세대 할머니인 '어번그래니'가 등장했다.

⑩ Playing in Hidden alleys : **숨은 골목 찾기**

낙후되고 촌스럽던 골목길이 특유의 미학과 여유를 간직하면서 새로운 트렌드를 선도하고 있다. 이제 골목길은 젊은 예술가들의 개성이 다채롭게 구현되는 캔버스이자, 모험적이고 젊은 사업가들이 펼치는 '미니 자본'의 새로운 실험무대가 되었다. 여기에 지도서비스와 네비게이션 등 위치기반서비스가 발달하면서 오랫동안 잠자고 있던 골목길을 깨우고 있다.

3. 2016~2020년 소비트렌드

1) 2016년 소비트렌드 : MONKEY BARS

어린이 놀이터에서 볼 수 있는 구름다리를 뜻하는 '멍키바'라는 키워드를 꼽은 이유는 원숭이가 구름다리를 넘듯이 신속하고 현명하게 무사히 정치, 사회, 경제적 위기의 깊은 골을 건너자는 의미다. 한국 경제가 원숭이의 재치와 날렵

함으로 '나무에서 떨어지는 일 없이' 경기침체의 수렁에서 빠져나오는 한 해가 되기를 바라는 소망도 동시에 담았다(김난도 외, 2015).

① Make a 'Plan Z' : '플랜 Z' 나만의 구명보트 전략

플랜A가 최선, 플랜B가 차선이라면 플랜Z는 최후의 보루다. 최악의 경우를 대비해 구명보트를 준비하듯, 소비자들도 불경기의 파고에 대비하는 소비의 구명보트, 즉 '플랜Z'를 마련한다. 최악의 상황에서도 우아한 소비를 유지하려는 '플랜Z'세대는 B급 제품이라도 살 것은 사고, 각종 앱을 활용해 작은 혜택이라도 긁어모으며, 순간의 행복에 충실한 모습을 보인다. 이들에게서 나타나는 '집의로의 회기'도 눈여겨볼 현상이다.

② Over anxiety Syndrome : 과잉근심사회, 램프증후군

크고 작은 사건사고가 줄을 잇고 경제적, 사회적 불안이 계속 되면서 집단적인 불안장애가 곳곳에서 감지된다. 사회적 분노의 수준은 높아지고 작은 일에도 사과를 요구하는 여론의 쏠림이 강해진다. 예민해진 마음에 호소하는 불안마케팅과 근심해소 상품이 줄을 잇는다. 그러나 불안과 긴장은 더 나은 결과를 가져오고 활동에 신중을 기하게 만드는 순기능도 존재하는 만큼, 긍정적 에너지를 살려내는 방안을 모색해야 한다.

③ Network of Multi-channel Interactive Media : 1인 미디어 전성시대

1인 방송이 메이저 콘텐츠로 급부상하고 있다. 공중파 TV에서도 1인 미디어를 전격적으로 수용한 포맷의 프로그램들이 큰 인기를 끌고 있으며, 브랜드의 제품 기획이나 마케팅에서도 1인 미디어의 활용이 늘고 있다. 대자본을 갖춘 MCN의 지원을 통해 날개를 단 1인 미디어는 극세분화되는 소비시장에서 대중들의 취향에 정확하게 부합하는 다채로운 콘텐츠를 생산하는 데 최적의 미디어가 될 수 있다.

④ Knockdown of Brands, Rise of Value for Money : **브랜드의 몰락, 가성비의 약진**

구매의 나침반이던 브랜드의 역할이 무너지고 있다. 소비자들은 이제 브랜드가 약속하는 환상을 믿지 않으며, 소비자끼리 소통하면서 자신만의 가치를 추구한다. '사치의 시대'는 가고 '가치의 시대'가 오고 있다. 가격과 성능의 대비를 의미하는 가성비가 브랜드의 역할을 대신하면서 노브랜드, 신생브랜드, PB, 무병브랜드 등 절대가치를 추구하는 상품과 서비스들이 각광을 받는다.

⑤ Ethics on the stage : **연극적 개념소비**

개념 있는 사람들의 '착한 소비'가 자신의 가치를 표현하는 과시의 아이템으로 변질되고, 업사이클링 제품이 원래의 취지와 달리 명품화되어 간다. 봉사나 기부가 강요되고 의무화되면서 사회적으로 '기부피로'가 쌓이지만 스마트폰 앱으로 게임하듯이 기부하는 소비자들이 증가하면서 기업은 물론 공공조직 및 공익단체들도 이타적 행동의 본질을 다시 생각해야 하는 새로운 국면을 맞고 있다.

⑥ Year of Sustainable Cultural Ecology : **미래형 자급자족**

환경오염과 사건사고는 심해지고 도시생활의 조건은 열악해지는 가운데, 도래한 100세 시대는 '지속가능한 삶'이라는 새로운 숙제를 던진다. 이에 도시적 라이프스타일은 유지하면서도 인간적인 삶을 누릴 수 있는 수단으로 미래형 자급자족의 삶을 추구하는 사람들이 늘고 있다. '웰에이징'과 더불어 '웰다잉', 에너지를 효율적으로 활용하는 생활, 적정기술의 이용, 더 나아가 생태도시에 대한 관심이 높아졌다.

⑦ Basic Instincts : **원초적 본능**

수년간 지속되는 경기 침체가 소비자 반응의 역치를 끌어올리고 있다. 드라마보다 더 눈물겹고 소설보다 더 소설적인 현실 속에서 이제 웬만한 자극에는 눈도 꿈쩍하지 않는 소비자들을 움직이기 위해 말초적이고 적나라한 자극이 동원된다. 하드코어급의 극단적 콘텐츠, 철저하게 조화되지 않는 것들의 매치가 주목받는다. B급과 비주류, 루저와 질서파괴자가 더 환영받는 시대를 들여다본다.

⑧ A, It's Well That Trends Well : **대충 빠르게, 있어 보이게**

무언가 대단하게 있어 보이도록 만드는 능력, '있어빌리티'가 SNS시대를 살아가는 새로운 역량이 되고 있다. 만인의 만인에 대한 허세의 장인 SNS세계에서, '꿀팁'으로 무장하면 지금 가진 몇가지 만으로도 그럴싸해 '보이는' 무언가를 대충 만들 수 있다. 전국구 리더보다 '작은 유명인'이 새롭게 각광받는 디지털 환경 아래서, 진지하고 어렵게 얻을 수 있는 본질보다, 쉽고 가볍게 얻을 수 있는 임시방편 소비가 차츰 늘어난다.

⑨ Rise of Architec-kids : **아키텍키즈, 체계적 육아법의 등장**

젊은 부모들의 치밀하고 과학적인 체계적 육아에 대한 열기가 심상치 않다. 아키텍키즈는 마치 고층건물을 짓는 설계사가 단계별 공정에 주의를 기울이듯 자녀를 교육하는 엄마들의 아이를 일컫는 말이다. 높은 교육 수준과 사회경력, 첨단지식으로 무장한 신세대 엄마들이 인터넷 커뮤니티와 SNS에서 육아에 대한 정답을 찾기 시작했다. 이는 육아관련 시장의 변화는 물론이고, 엄마들의 새로운 가치관과 라이프스타일을 보여준다.

⑩ Society of the Like-minded : **취향공동체**

대세를 따르기보다는 자기만의 라이프스타일을 추구하는 소비자가 늘고 있다. 고급-저급, 어른-아이, 여성-남성의 이분법적 취향 구분이 무너지면서 이제 소비자 세분화의 기준은 성별, 연령, 소득, 지역 등 인구학적 기준이 아니라 #(해시태그) 취향으로 바뀌고 있다. 명확한 콘셉트와 특화된 전략으로 고객 각자의 취향을 저격할 수 있는 스나이퍼가 필요한 시점이다.

2) 2017년 소비트렌드 : CHICKEN RUN

절체절명의 위기에 처하자 비상의 날개를 펴고 극적으로 울타리를 탈출한 애니메이션 영화 '치킨런'의 주인공들처럼 철조망 울타리에 갇힌 것 같은 대한민국이 2017년에는 새롭게 비상하길 기원한 것이다(김난도 외, 2016).

① C'mon, YOLO : 지금 이순간 '욜로 라이프'

You Only Live Once! 인생은 한 번뿐, 순간에 충실하자! 고도 성장기가 막을 내리고 디플레이션 시대로 이행하면서 현재지향적인 '욜로 라이프'가 빠르게 확산되고 있다. 타임커머스의 등장, 소셜액티비티 플랫폼과 콘텐츠 크리에이터의 성장이 욜로 소비의 사례다. 욜로는 녹록지 않은 현실에 갇혀 미래에 대한 기대를 접은 절망의 외침인 동시에 지금 이 순간을 사랑하려는 긍정적인 에너지를 담은 희망의 주문이기도 하다.

② Heading to B+ Premium : 새로운 B+ 프리미엄

가성비의 시대지만 소비자는 가성비의 핵심을 무조건적인 낮은 가격이 아니라 높은 가치로 인식한다. 기업은 단순히 가격을 낮추기보다 좀 더 프리미엄한 가치를 제공하고 제 가격을 받는 방향을 취한다. B+ 프리미엄은 단순한 고급화 혹은 럭셔리와는 다르다. 럭셔리가 브랜드의 역사성과 희소성에 근거한다면, B+ 프리미엄은 기존의 대중제품에 새로운 가치를 입혀 업그레이드한 것이다.

③ I Am the 'Pick me' Generation : 나는 픽미세대

픽미세대는 스마트폰을 손에 쥐고 자라난 모바일 원주민인 대한민국의 20대다. 뛰어난 역량과 스펙을 갖췄지만 선택(pick me)받기 위해 치열한 경쟁을 뚫어야 하는 고단한 세대이기도 하다. 부족한 주머니 사정에 아끼거나 빌리며 살지만 하루라도 즐거워야 한다는 현재지향적 사고를 지닌, 부모에게 의존하지만 기성세대의 가치관은 단호히 거부하는 역설로 가득하다. 픽미세대를 잡는 자가 2017년의 주인이 될 것이다.

④ 'Calm-Tech', Felt but not Seen : 보이지 않는 배려기술 캄테크

캄테크는 일상생활에 첨단기술을 내장해 사람들이 인지하지 못하는 상태에서 서비스를 제공하는 기술로 평소에는 그 존재를 드러내지 않다가 필요할 때 나타나 혜택을 주는 것을 핵심전략으로 한다. 오늘날 카테크는 인공지능, 센서, 네트워크, IoT, 뇌공학, 인지과학 등 첨단기술 분야에서의 눈부신 진보를 토대로 인간지향적인 형태를 보여준다. 기술과 사람 사이에 인터랙션이 중요하고, 기술은 은밀할수록 편안해진다.

⑤ Key to Success : Sales : 영업의 시대가 온다.

인공지능, 020, 가상현실 등을 활용한 첨단 마케팅의 시대에. 역설적이게도 가장 원초적인 인적 영업이 갈수록 중요해지고 있다. 기술은 발전했지만 소비자의 지갑을 열기에는 더욱 어려워지는 지금 '진실의 순간'을 만드는 건 그래도 오직 사람뿐이다. 인정과 설득에 호소하는 관계의 영업이 아니라 분석을 통한 영업의 과학화가 기업의 핵심역량이다. 기업을 살리는 성과는 유일하게 영업만이 만들어낼 수 있다. 모든 인생은 결국 영업이다.

⑥ Era of 'Aloners' : 내 멋대로 1코노미

개인주의적 사고방식의 확산은 새로운 경제학을 쓰고 있다. 이코노미가 아니라 '일(1)코노미'의 등장이다. 자발적으로 혼자인 소비생활을 즐기는 얼로너가 새로운 시대의 파워 컨슈머의 자리를 차지하고 있다. 1인가구를 넘어 캥거루족, 비혼족, 딩펫족 등 공동체문화를 대체하는 개인주의 시대가 열렸다. 2017년에는 혼자 그러면서도 같이 소비하는 이중성을 지닌 얼로너가 이끄는 변화의 물결에 주목해야 한다.

⑦ No Give Up, No Live Up : 버려야 산다. 바이바이 센세이션

정리하고 버리는 소비자가 늘고 있지만 이는 오히려 새로운 물건을 구매하는 최적의 구실이 되기도 한다. 새로 사고 새로 살기 위해 버리는 이 역설적 현상을 '바이바이 센세이션'이라고 명명한다. 이는 젊은 유목민적 물질주의자들이 필요한 물건을 공유나 대여를 통해 그때그때 꺼내 쓰는 '삶의 클라우드 현상'이자, 인디언 추장의 '과시적 소비'처럼 더 업그레이드된 소비를 추구하는 현대인의 '포틀라치'다.

⑧ Rebuilding Consumertopia : **소비자가 만드는 수요중심세상**

모바일 온디맨드서비스가 공유경제의 매커니즘과 020솔루션과 결합하면서 아무리 작더라도 수요가 존재하면 그것을 맞춰내는 수요중심의 경제가 가능해진 것이다. 이는 궁극적으로 4차 혁명의 원동력이 될 것이라는 기대와 함께 단기노동자와 프리랜서의 증가로 고용시장의 근간을 흔들 수 있다는 우려도 자아낸다.

⑨ User Experience Matters : **경험 is 뭔들**

'물건'을 파는 것에서 '경험'을 파는 것으로 시장의 법칙이 바뀌고 있다. 개개인의 특성에 맞는 제품과 개인의 감성을 자극하는 디자인을 개발하고 기억에 남는 경험을 제공하는 것이 무엇보다 중요해졌다. 유통공간은 테마파크로 변신하고 소규모 매장은 전시장이 되어 고객들을 불러 모은다. 미로에서 탈출하는 새로운 오락공간이 생기고 VR이나 AR을 이용해 경험을 제공한다. '경험'은 이제 현대유통의 핵심적인 화두가 됐다.

⑩ No One Backs You Up : **각자도생의 시대**

지속하는 경기침체, 빈발하는 안전사고, 끊이지 않는 고위층 비리, 무기력한 정치 · 행정으로 희망을 찾지 못한 채 국민들은 제각기 살아나갈 방법을 모색하고 있다. '각자도생'의 엄혹한 시대다. 억울한 감정과 타자에 대한 혐오가 우려할 수준에 이르고 있다. 나라는 문제를 해결하지 못하고, 직장은 생활을 보장하지 않으며, 가족의 유대는 약해지고 있다. 공동체의 비전을 위해 지혜를 모을 수 있을 것인지, 우리는 기로에 섰다.

3) 2018년 소비트렌드 : WAG THE DOGS

일상생활에서 꼬리가 몸통을 흔드는 일이 자주 나타나고 있다. 사은품을 본상품보다, SNS가 대중매체보다, 1인방송이 주류 매체보다, 인디레이블이 대형기획사보다, 인터넷의 마이크로 인플루언서들이 대형스타보다 인기를 끄는 현상이 속출하고 있다(김난도 외, 2017).

① What's Your Small But Certain Happiness : 소확행, 작지만 확실한 행복

행복은 멀리 있지도 않고, 거창하지도 않다. 지금 여기서 소소하게 즐길 수 있는 확실하고 실현가능한 행복, 소확행을 찾는 소비자가 증가한다. 동네에서 구매하여 만족을 찾는 십리경제가 발달하고 좁아도 편안한 집이 만남의 근거지로 자리잡고 있다.

② Added Satisfaction to Value for Money : Placebo Consumption : 가성비에 가심비를 더하다 : 플라시보 소비

가심비는 가성비에 마음의 만족을 반영한 개념이다. 소비자의 주관적 판단은 위약(Placebo)처럼 정확하지도 일관적이지도 않다는 점에서 플라시보 소비라고도 한다.

③ Generation 'Work-Life-Balance' : 워라밸 세대

직장이 나의 전부가 아니라고 외치는 새로운 직딩은 직장과 삶의 균형을 끊임없이 모색하는 세대이다. 나 자신, 여가, 성장을 희생하지 않고 헝그리정신은 없으나 좋아하는 일은 열정적으로 하는 세대이다.

④ Technology of 'Untact' : 언택트 기술

무인(unmanned) 기술이 사람과 사람 사이의 접촉(contact)을 지워버리고 있다. 공항에서든 패스트푸드점에서든 이제 어디를 가나 우리를 맞이하는 것은 모니터 화면이다. 사람과의 접촉이 부담스러운 디지털 원주민들은 언택트 기술을 반기는 반면, 늘 대면 접촉을 하고 살았던 디지털 이주민들은 두려움이 앞선다. 편하고 저렴하고 빠른 언택트 기술은 이제 돌이킬 수 없는 대세다. 하지만 여기서도 '사람이 그 중심에 있어야 한다'는 명제를 잊지 말자.

⑤ Hide Away in Your Querencia : 나만의 케렌시아

스페인어인 '케렌시아(Querencia)'는 나만이 알고 있는 아늑한 휴식 공간을 뜻한다. 하지만 그냥 편하게 쉬기만 하는 곳이 아니다. 원래 케렌시아는 투우장의 소가 투우사와 마지막 결전을 앞두고 잠시 숨을 고르는 곳이다. 뭔가 중대한 일을 앞두고 최대한 에너지를 모으는 곳이란 뜻이다. 바쁜 일상에 지쳐가는 현대인에게 가장 필요한 공간인 케렌시아는 공간 비즈니스와 수면 산업 등 현대인에게 필요한 신산업 분야의 발전을 예고한다.

⑥ Everything-as-a-Service : 만물의 서비스화

아파트를 고를 때 시공사와 인테리어보다 어떤 서비스를 제공하는지가 더 중요해지고 있다. 발레파킹은 기본이고 하우스키핑과 컨시어지 서비스, 호텔급 조식까지. 자동차를 살 때도 앞으로는 자동차 제조업체가 아니라 내부 서비스가 더 고려 대상이 될 전망이다. 자동차가 그저 운송수단이 아니라 달리는 '서비스 단말'이 되고 있기 때문이다. 사물인터넷과 클라우드 기술의 발전은 만물의 서비스화를 더욱 앞당기는 배경이다. 물건을 사면 서비스는 공짜인 시대는 지났다. 이제 서비스는 제품의 선택을 좌우하는 결정 요소로 작용할 것이다.

⑦ Days of 'Cutocracy' : 매력, 자본이 되다

비슷비슷함 속에서 살아남는 그들에겐 치명적인 매력이 있다. 매력의 '매(魅)'는 '도깨비 매'자다. 도깨비처럼 사람을 홀리는 힘에 누군들 끌리지 않을 수 있겠는가? 매력은 이처럼 이성의 힘을 약화시킨다. 상품이 넘쳐나는 시대, '선택장애'에 걸린 소비자들에게 어필하기 위해서는 이 '매력'이 필수다. 그냥 속수무책으로 집어 들게 만드는 라인과 카카오의 캐릭터 상품들을 생각해보라. 저항 불가. "그래, 졌다"라고 말하면서도 소비자는 행복할 뿐이다.

⑧ One's True Colors, 'Meaning Out' : 미닝아웃

함부로 드러내지 않았던 정치사회적 신념을 적극적으로 표현한다. 소셜네트워크의 해시태그는 누구나 자기만의 생각을 세상에 소리칠 수 있게 했다. 그리고 또 같은 생각을 가진 사람들이 쉽게 모일 수 있게 되었다. 바야흐로 '슬로건의 시대'다. 무엇을 걸치고 어떤 가방을 들고 무엇을 먹느냐가 '나'라는 사람을 정의한다. 소비를 통해 부를 과시하던 시대는 저물었고, 이제 소비는 투표와 마찬가지로 신념의 표를 던지는 행위가 되어가고 있다.

⑨ Gig-Relationship, Alt-Family : 이 관계를 다시 써보려 해

관계맺기의 양상이 욕구충족의 기능 중심으로 근본부터 재편된다. 가장 가까운 가족들마저 때로는 짐으로 다가오고, 소셜네트워크의 수많은 지인들은 얼굴도 모르는 경우가 허다하다. 너무나 많은 관계의 압박 속에서 이제 사람들은 소수와 오랫동안 깊게 관계를 맺기보다 다수와 짧게 얕은 관계를 맺는 것을 더 선호한다. 가장 확실한 관계 맺기라고 여겨지는 결혼조차 흔들리고 있다. 이혼은 물론이고 해혼, 졸혼이 유행하고 2040년쯤이면 결혼제도 자체가 소멸될 것이라는 예측도 있다.

⑩ Shouting Out Self-esteem : 세상의 주변에서 나를 외치다

자세히 보라. '중심'이 아니라 '주변'이다. 지금처럼 자존감이 낮은 시대는 일찍이 없었다. 사람들은 저마다 흙수저를 자처하고, 끊어진 계급 사다리 앞에서 절망한다. 무너진 자존감을 세워주는 자기계발서들이 서점의 베스트셀러 자리를 몽땅 차지하고 있다. 낮은 자존감은 어떻게 소비로 발현되는가? 무너진 자존감을 세워주는 기업의 전략이 더한층 필요한 때다.

4) 2019년 소비트렌드 : PIGGY DREAM

2019년 대한민국에서 가장 필요한 것은 행운과 재복을 불러오는 돼지꿈일 것이라는 소망에서 이렇게 설정했다. 원자화·세분화하는 소비자들이 시대적 환경 변화에 적응하며 정체성과 자기 컨셉을 찾아가는 여정이다(김난도 외, 2018).

① Play the Concept : 컨셉을 연출하라

'#한강갬성'을 아는가? 이를 보고 '감성'의 오자라고 생각한다면 트렌드 무지의 소치다. '갬성'은 오늘날 자기 연출에 푹 빠진 소비자들이 가장 사랑하는 단어다. 2019년의 첫 번째 트렌드 키워드가 그냥 '컨셉'이 아니라 '컨셉의 연출'인 것도 바로 이 때문이다. 재미있거나 희귀하거나 공감할 수 있는, '갬성' 터지는 것이라면 무엇이든 컨셉이 될 수 있다. 이미지에 열광하고 변화무쌍함을 원하는 소비자들은 기능이 아니라 컨셉을 소비한다. 구구절절한 설명보다 컨셉이 우선인 '기승전-컨셉'의 시대에 마케팅은 컨셉팅으로 진화한다.

② Invite to the 'Cell Market' : 세포마켓

1인 미디어의 등장은 미디어 판을 뒤집었고, 유통의 판도 흔들리고 있다. SNS를 기반으로 한 개별 크리에이터들은 이제 1인 미디어에서 '1인 마켓'으로 발전한다. 누구나 온라인에서 가게를 열고 물건과 서비스를 팔 수 있는 시대다. 거대 플랫폼과 각종 비대면 결제 서비스의 발달은 이의 기폭제가 되면서 이른바 '셀슈머(sellsumer 혹은 cellsumer)'의 등장을 촉진하면서 유통의 새로운 판이 짜이고 있다.

③ Going New-tro : 요즘옛날, 뉴트로

사람들이 [응답하라] 시리즈에 열광하는 것은 단순히 과거에 대한 향수 때문이 아니다. 1020 세대에게 과거는 이제껏 경험해보지 못한 '새로움'이다. 새로운 것이 넘쳐나는 시대에 소비자들은 익선동 골목길을 찾고 이미 자취를 감춘 LP판을 꺼내 들며 추억의 전자오락실 게임에 열중한다. '레트로'가 과거의 재현이라면 새로운 과거, '뉴트로'는 과거의 새로운 해석이다. 브랜드 헤리티지와 아카이빙(archiving)이 점점 중요해지고 있다.

④ Green Survival : 필환경시대

당신이 4년 동안 버린 쓰레기의 양은 얼마나 될까? 미국의 한 환경운동가는 그것을 1리터도 안 되는 작은 병에 담았다. 이제 목표는 아예 쓰레기 배출량을 '제로'로 만드는 것이다. 가능하게 만드는 것이 아니라, 반드시 가능해야 하는 것이 '필환경'이다. 선택의 문제가 아니라 생존의 문제이기 때문이다. 먹고, 입고, 쓰는 모든 것에 들어가는 환경 부담을 제로로 만드는 것이 우리와 같이 살아가는 지구의 전 생명체를 위한 것이기도 하다. 억지로 하는 것이 아닌 즐겁고 유쾌한 '필환경'의 실천이 중요하다.

⑤ You Are My Proxy Emotion. : 감정대리인, 내 마음을 부탁해

예능 프로그램을 통해서 아기를 키우고, 연애를 하고, 반려견을 입양하고, 이 모든 것을 한 번에 경험할 수 있다. 즐거운 것만 보고 좋은 감정만 느끼려고 한다. 직접 말하는 것이 불편해 내 감정을 대신하는 이모티콘을 날린다. 대신 화내주고, 대신 욕해주고, 대신 슬퍼해주는 서비스가 등장하고 있다. 이른바 '감정의 외주화'다. '감정의 맥도날드화'는 지금 무슨 현상을 낳고 있는가?

⑥ Data Intelligence : 데이터 인텔리전스

오늘 뭐 입을까? 내일 데이트 어디로 갈까? 점심은 뭘로 하지? 어디 입맛에 맞는 커피 없을까? 이에 대한 답은 이제 '데이터'가 알려준다. 인공지능을 넘어 데이터지능의 시대로 오면서 데이터는 정보로, 정보는 지식으로, 지식은 지혜로 한 단계씩 업그레이드된다. 데이터에 의한 결정 포인트가 가까워오고 있다.

⑦ Rebirth of Space : 공간의 재탄생, 카멜레존

은행과 카페, 호텔과 도서관, 자동차 전시장과 레스토랑, 공간의 협업이 즐거움을 준다. 주변환경에 따라 피부색을 바꾸는 카멜레온처럼, 공간의 화려한 변신이 사람들을 모으고 있다. '카멜레존'으로 이름 붙일 수 있는 명소들이 속속 생겨나는 중이다. 쇼핑몰은 물론이고 전시장과 공연장, 플래그십 스토어 등이 기존의 틀에서 벗어나 색다른 변신을 시도하고 있다. 온라인에 밀리는 오프라인에게 카멜레존은 생존을 위한 필수 전략이 될 것이다.

⑧ Emerging 'Millennial Family' : 밀레니얼 가족

3신가전은 엄마에게 꼭 필요한, 로봇청소기, 식기세척기 그리고 빨래건조기를 말한다. 이제 집안일은 이들에게 맡기고 엄마들은 자신을 가꾸는 데 시간을 투자한다. 햇반을 비롯한 가정간편식의 주 구매층도 1인 가구에서 다인 가구로 빠르게 이동 중이다. 밀레니얼 세대에게도 가족은 소중지만 먼저 '내'가 있고 그리고 '가족'이 있다. 이들에게 집은 '적정 행복'의 장소일 뿐이다.

⑨ As Being Myself : 그곳만이 내 세상, 나나랜드

라라랜드가 꿈꾸는 이들의 도시라면 '나나랜드'는 궁극의 자기애로 무장한 사람들의 땅이다. 나나랜더에게 타인의 시선은 중요하지 않고 오로지 나의 기준이 모든 것의 중심이다. 탈 규범화에 익숙한 이들은 기존 세대가 중요하게 여겼던 가치관에 반기를 든다. 넉넉한 체형의 플러스 사이즈 모델이 최고의 모델로 등극하고 40대 여성이 아이돌 팬으로 '입덕'하는 것이 이상하지 않은 곳, 바로 나나랜드다.

⑩ Manners Maketh the Consumer. : 매너 소비자

예약하고 나타나지 않는 '노쇼'로 인한 사회적 피해비용이 연간 8조 원에 이르고, 소비자의 악의적인 갑질에 고통 받는 근로자들도 너무 많다. 유교적 전통에 기반한 뿌리 깊은 위계질서 문화가 갑질의 원인으로 지목되기도 한다. 사회적 제도와 소비자의 인식 전환이 무엇보다 필요하다. 워라밸에 이어 근로자와 소비자 사이의 매너 균형을 도모하는 '워커밸(worker-customer-balance)'의 지향이 중요하다. 이를 통해 신세대 직원들의 이직을 막을 수 있기 때문이다.

5) 2020년 소비트렌드 : MIGHTY MICE

쥐는 12간지 중 첫 번째 동물로, 꾀가 많고 영리하며 생존력이 뛰어난 것으로 유명하다. 오래된 만화영화 마이티 마우스의 주요 줄거리는 "늑대들이 어린 양을 공격하면 주인공 마이티 마우스가 늑대를 혼내주고 양을 구한다"는 내용이다. 이 '마이티 마우스'처럼 용감하게 위기를 극복하자는 의지를 담아 한 사람이 영웅이 아닌, 우리 모두가 작은 히어로가 되어 힘을 모아 현재의 어려움을 이겨내자는 의미를 표현하기 위해 원제목의 'mouse' 대신 그 복수형인 'mice'를 사용했다.

① Me and Myselves : 멀티 페르소나

이제 '나 자신'을 뜻하는 myself는 단수가 아니라 복수인 myselves가 되어야 맞다. 현대인들이 다양하게 분리되는 정체성을 갖고 있기 때문이다. 직장에서와 퇴근 후의 정체성이 다르고, 평소와 덕질할 때의 정체성이 다르며, 일상에서와 SNS를 할 때의 정체성이 다르다. SNS에서도 카카오톡이냐, 유튜브냐, 트위터냐, 인스타그램이냐에 따라 각기 다른 정체성으로 소통을 하고, 심지어는 하나의 SNS에서 동시에 여러 계정을 쓰며 자신의 모습을 이리저리 바꾼다. 마치 중국의 변검배우가 가면을 순간순간 바꿔 쓰듯이, 현대 소비자는 매 순간 다른 사람으로 변신한다. 이 가면을 '페르소나persona'라고 한다.

② Immediate Satisfaction : the Last Fit Economy : 라스트핏 이코노미

마지막 순간의 경험이 중요해졌다. 마지막 순간의 만족을 최적화하려는 근거리 경제를 의미한다. 고객의 마지막 접점까지 편리한 배송으로 쇼핑의 번거로움을 해소해주는 배송의 라스트핏, 목적지까지 최대한 편하게 접근할 수 있도록 도와주는 이동의 라스트핏이 있다. 이동의 라스트핏은 슬세권이 있는데, 이는 슬리퍼 세권으로 최소한의 이동으로 가까운 곳에서 편리하게 모든 것을 경험하려는 것이다. 구매나 경험의 모든 여정의 마지막을 만족스럽게 장식하는 구매 여정의 라스트핏도 있다.

③ Goodness and Fairness : 페어 플레이어

공평하고 올바른 것에 대한 추구가 강해진다. 직장에서 내 노력의 결과를 팀

장님께 돌리는 것은 공정하지 않다. 아무리 막내라도 자신의 기여는 합당하게 인정받아야 한다. 가사 노동은 구성원 모두에게 공평하게 분배돼야 하고, 학생들은 주관식보다 객관식 시험, 조별 과제보다 개인 과제를 선호한다. 구매를 할 때도 상품 자체뿐만 아니라 그 브랜드의 올바른 '선한 영향력'을 중시한다. 개인성이 화두인 사회에서 자란 젊은 페어 플레이어들은 다양한 매체를 통해 자신의 작은 노력으로 사회를 변화시키길 원한다.

④ Here and Now: the 'Streaming Life' : 스트리밍 라이프

다운로드에서 스트리밍으로, 단지 음악을 듣는 방식을 넘어 삶의 방식이 바뀐다. '스트리밍streaming'이란 네트워크를 통해 음성이나 영상을 물 흐르듯 재생하는 기술을 일컫는데, 굳이 내려받아 소유하지 않아도 경험할 수 있다는 장점이 있다. 스트리밍에 익숙한 소비자들은 삶의 모든 면에 스트리밍을 적용하고 싶어 한다. 첫째, 거주하는 공간을 스트리밍함으로써 자신의 로망을 실현하고 총체적 라이프스타일을 디자인한다. 내가 살고 싶은 동네에서 살고 싶은 기간 동안 다양한 컨셉의 공간을 이용함으로써 다양한 라이프스타일을 경험해보는 것이다. 둘째, 전문가의 추천을 구독하는 방식으로 취미나 여가 활동도 스트리밍한다. 나의 취향에 맞는 스타일을 추천받고, 내 피부에 맞는 화장품을 정기적으로 배달받는다. 마지막으로, 빌려서 경험한다.

⑤ Technology of Hyper-personalization : 초개인화 기술

실시간으로 소비자의 상황과 맥락을 파악하고 이해하여, 궁극적으로 고객의 니즈를 예측해 서비스와 상품을 제공하는 기술을 '초개인화 기술'이라고 한다. 초개인화 기술은 빅데이터를 기반으로 각 개인의 프로파일을 개발한 후, 해당 프로파일에 관련 콘텐츠를 입력하고, 제품을 권장하는 등 다양한 목적으로 활용될 수 있다. 이 기술의 특징은 모든 개인을 상황별로 구체화하고 더 자세히 접근하는 것이다.

⑥ **You're with Us, 'Fansumer' : 팬슈머**

주어진 대안 중에서 선택하는 것만으로는 성에 차지 않고, 내가 직접 투자와 제조과정에 참여해 상품을, 브랜드를, 스타를 키워내고 싶다. 상품의 생애주기 전체에 직접 참여하는 소비자들, "내가 키웠다"는 뿌듯함에 적극적으로 지지하고 구매하지만 동시에 간섭과 견제도 하는 신종소비자들을 의미한다.

⑦ **Make or Break, Specialize or Die : 특화생존**

특화해야 살아남는다. 누구에게나 보편적으로 괜찮은 것보다 선택된 소수의 확실한 만족이 더 중요해졌다. 온라인 유통의 발달로 제품 간의 차별성을 찾기 어려운 상황에서 소비자요구가 개인화되면서 표준화된 대중 시장적 접근으로는 더 이상 소비자의 선택을 받을 수 없다. 빠른 변화와 무한경쟁 속에서 기업에게 적자생존에서 특화생존 전략이 요구되고 있다. 단 한사람의 소비자에게 정확하게 맞는 확실한 시장을 만들어내기 위하여 타깃팅할 집단을 세밀하게 관찰하여 그 안에서 다시 세분되는 초타깃팅한 후 각 집단을 만족시킬 특화전략을 수립해야 한다.

⑧ **Iridescent OPAL : the New 5060 Generation : 오팔세대**

한때는 노년으로 불리며 소비자로서 존재감이 약했던 베이미부머를 중심으로 한 5060세대가 신중년층이라는 이름으로 새롭게 부상하고 있다. 오팔세대의 OPAL은 Old People with Active Lives의 약자이며 베이미부머를 대표하는 58년생 개띠의 오팔을 의미한다. 오팔세대는 주된 일자리에서 퇴직하고 자녀의 독립으로 부모 역할을 줄업하면서 인생 1막을 마친 사람들로 능동적이고 진취적으로 제 2의 인생을 살아가고 있다. 인터넷과 신기술을 젊은이들만큼이나 자유자재로 사용하면서 나만을 위한 삶을 꾸려가기 시작한 이들은 노동의 의미보다 열정의 재미를 찾고 미래가 아닌 오늘의 행복을 중시하며 건강과 아름다운 삶의 질을 위해 아낌없이 투자하는 소비자들이다. 모바일 쇼핑을 즐기고 유튜브로 세상과 소통하고 있다.

⑨ Convenience as a Premium : 편리미엄

구매의 기준이 가성비에서 프리미엄으로 이행하고 있는 가운데, 프리미엄의 요소가 또 한 번 변화하고 있다. 이제 프리미엄의 기준은 하고 싶은 일은 많고 시간은 부족한 현대인에게 최소한의 노력과 시간으로 최대한의 성과를 누릴 수 있게 해주는 것이다. 일명 편리미엄 전략은 크게 세 가지로 나뉜다. 첫째, 해야 할 일에 대한 절대적 시간을 줄여주거나, 둘째 귀찮은 일에 들어가는 노력을 덜어주거나, 셋째 얻고자 하는 성과를 극대화시켜주는 것이다.

⑩ Elevate Yourself : 업글인간

성공보다 성장을 추구하는 새로운 자기계발형 인간, '업글인간'이 등장했다. 이들은 타인과의 경쟁이 아니라 어제보다 나아진 자신을 만드는 데 변화의 방점을 찍는다. 나아가 자신을 중요시하는 '미코노미me-conomy'의 소비자로서 먼 미래보다 지금 당장, 비일상보다 일상에서 소소하지만 확실한 행복을 원하는 소확행의 신봉자들이다. 이들에겐 비좁은 성공 관문을 뚫는 스펙 쌓기가 아니라 어제보다 나은 나를 만드는 매일매일의 성장이 중요하다.

5장

외삽법

서구역사에서는 몇 백년마다 한번씩 뚜렷한 변화가 일어난다. 몇 십년도 채 되지 않는 기간 동안 사회는 스스로를 재편한다. 즉 그 사회의 세계관, 기본적인 가치관, 사회적·정치적 구조, 예술, 핵심적인 제도 등이 재편된다. 이러한 과정을 통하여 새로운 세계가 만들어진다. 현재 모든 국가와 민족들은 이러한 변화를 겪고 있다. 이 변화는 전 세계에서 인간 삶의 특징을 바꾸고 있다.

- 피터 드러커

1. 외삽법

1) 외삽법의 특성

외삽법(extrapolative trend tracking)은 하나의 변화는 돌발적으로 나타나는 것이 아니라, 과거의 모습과 형태 및 그때 작용했던 힘들이 미래에도 다시 나타나고 작용할 것이라고 가정하고, 과거부터 현재까지의 트렌드를 분석하고 이 트렌드를 미래까지 적용함으로써 미래의 변화를 예측하는 방법이다.

외삽법은 알려진 사실과 자료를 기초로 하여 알려지지 않은 사실과 자료를 평가하고 분석한다. 외삽법은 신문기사, TV, 연구논문, 세미나 자료 등을 이용하여 관련된 모든 정보를 추적하여 트렌드를 예측하는 방법이다. 우리나라의 많은 경제연구소에서 해마다 내놓는 다음 해의 경기, 물가 및 유가의 예측 등이 이 기법을 이용하고 있다. Naisbitt(1982)는 외삽법을 내용분석법으로 분류하고 있다.

2) 추세외삽법

추세외삽법에서는 추세를 분석하여 추세의 특성이 밝혀지면 추세를 미래로 외삽 또는 투사한다. 추세분석은 과거로부터 현시점까지 추세를 추적하여 그 특성을 규명하는 것이고 추세외삽은 추세분석을 통하여 규명된 추세의 특성을 미래로 투사함으로써 미래를 예측하는 것이다. 그러므로 추세외삽은 과거 추세의 특성을 그대로 미래로 투사하는 단순선형예측에 지나지 않는다. 현재 이용가능한 정보를 활용한다는 점에서 보면 추세외삽법은 델파이기법과 유사하다. 그러나 델파이기법이 전문가의 의견을 활용하고, 추세외삽법은 통계자료를 활용한다는 점에서 서로 다르다.

추세외삽법의 기본과정은 추세는 연속성, 선형성, 한 방향성을 기본 속성으로 가지고 있고, 이러한 추세는 어떤 장애나 위기 등 우발적 변수 없이 과거에서 현재를 거쳐서 미래로 진행한다는 것이다. 그러므로 추세외삽법은 어떤 현상에 대한 누적적이고 정확한 통계적 기록이 유지되고 있을 때 사용할 수 있다. 즉 과거로부터 현재까지 계속 기록되어 있는 통계적 자료를 활용하고 이러한 자료에 기초하여 수식이나 도표로 나타냄으로써 미래의 발생형태 또는 추세를 관찰하고 예측하는 것이다(하인호, 1995).

(1) 추세의 특성

① 추세의 일반적 방향성 : 성장과 쇠퇴(증가와 감소)

② 추세의 성장과 쇠퇴 속도 : 성장률과 쇠퇴율(증가율과 감소율)

③ 추세의 안정성 : 성장과 쇠퇴의 규칙성과 불규칙성

④ 추세의 주기와 존속기간 : 단기와 장기

(2) 추세의 분석과정

추세 분석과정은 다음과 같은 질문에 대한 해답을 추구하는 과정이다.

① 추세의 저변에 깔려있는 요인은 무엇인가?
② 이러한 조건은 앞으로도 지속될 것인가?
③ 어떤 새로운 발전결과가 추세를 변화시킬 것인가?
④ 추세가 포화점이나 한계점에 도달하고 있는가?
⑤ 이 추세는 어떤 추세와 갈등상태에 있는가?
⑥ 이 추세는 누구에게 이익을 주는가?
⑦ 이 추세의 잠재적 역효과와 악영향, 부작용은 무엇인가?
⑧ 추세를 멈추기 위하여 어떤 노력이 진행되고 있는가?
⑨ 어떤 노력으로 추세를 멈출 수 있는가?

(3) 추세외삽법의 한계

추세외삽법은 다음과 같은 한계를 가지고 있다(배규환, 1995).

① 추세외삽법은 선형적으로 접근한다는 특성을 가지고 있다. 어떤 추세가 선형적이라면 단순히 연속성의 원리에 입각하여 트렌드를 예측할 수 있을 것이다. 그러나 추세가 직선적이라고 하더라도 일정 기간이 지나면 다른 유형으로 바뀔 수 있다. 그러므로 단순히 추세를 연장하여 보는 차원을 넘어서 유추의 원리를 적용하여 트렌드를 예측해야 한다.

② 인구규모, 식량 생산량, 에너지 소비량의 추정에 많이 이용되는 추세외삽법은 예측기간이 길어질수록 예측력이 급격하게 떨어진다. 예측기간이 길수록 새롭게 영향을 미치는 변수들이 추가되거나 다양한 요인들이 복합적으로 작용할 가능성이 증가하기 때문이다. 즉 하나의 변화가 돌발적으로 나타나는 것이 아니라 과거로부터 현재까지의 변화추세가 미래로 연결되는 것으로 가정하고 이 추세의 연속을 통하여 미

래를 예측하는 것이다. 사회 전반에 걸쳐서 불확실성이 증가하고 있는 현대사회에서 이 기법의 효용성은 많이 감소하였다고 볼 수 있다.

3) 외삽법의 예 : 미래학자 Stan Davis가 미래를 읽는 방법(Davis 저, 김승욱 역, 2002)

(1) 트렌드는 발견해야 한다.

트렌드를 예측한다는 것은 트렌드를 만들어내는 것이 아니라, 이미 존재하고 있는 것을 다른 사람들보다 먼저 발견하는 것이다. 이 과정에서 커다란 변화를 가능하게 하는 새로운 테크놀로지를 찾아내는 것이 중요하다. 세상이 어떤 방향으로 움직이고 있는지를 찾아내서 움직임의 궁극적인 논리 혹은 결론을 명쾌하게 설명하면 된다. 만약 그 생각이 옳았다면 새로운 트렌드를 일찌감치 보여주는 사례들을 주위에서 발견하게 될 것이다. 그리고 새로운 아이디어를 생각해 낼 때마다 "진실은 단순하다"는 법칙에 위배되지 않는지 점검해 볼 필요가 있다.

요즈음은 한 직장에서 몇 년 근무하다가 다른 직장으로 옮기는 사례가 증가하고 있다. 이러한 현상의 궁극적인 논리는 무엇인가? 직장을 얼마나 옮겨 다녀야 자신이 진정으로 누구를 위하여 일하고 있는지 깨닫게 될까? 우리가 일하는 것은 우리 자신을 위해서이다. 일단 이 사실을 발견한 사람은 더 이상 피고용인이 아니라 자유계약자가 된다. 이점을 고려한다면 언젠가 월스트리트 저널이 미국 노동인구의 45%가 자유계약자라고 보도할 날이 올 것이라고 예측할 수 있다. 이제 다음 단계로 우리의 예측을 더 뒷받침해주는 증거들과 관련된 변화를 찾아 헤매야 한다. 직업간의 경계선을 뚫기가 더 쉬워졌다든가, 모든 것이 통합된 유아독존형 기업 대신 기업 간의 동맹이 자리를 잡고 있다든가, 사람들이 직장을 점점 더 자주 바꾸고 있다든가 하는 현상들이다.

(2) 미래에 대한 아이디어를 얻는 방법

① 독서[6]

---

6) 미래학자의 독서법은 다음과 같다(최윤식, 2014).

독서에서는 우연한 행운이 책의 차례와 인터넷을 검색하는 것만큼 큰 역할을 한다. 책을 읽을 때는 자신의 분야와 그 밖의 분야의 책들을 50대 50의 비율로 읽는다. 일과 관련된 분야에서는 책, 신문, 잡지, 그리고 다른 사람을 통하거나 자료 검색을 통하여 개별적으로 접하게 되는 논문 등 4종류의 읽을거리들을 비슷한 비중으로 읽는다. 나는 매년 부분적으로 발췌해서 읽는 경영과 관련된 책은 30권쯤 된다. 그러나 이 중에서 끝까지 읽는 책은 한 달에 한 권에 불과하다.

나는 매일 신문 <Boston Glove>, <New York Times>, <Wall Street Journal> 등 3개 신문의 기사를 골라 읽고, 몇 권의 경제잡지, <Economist>, <Fast Company>, <Fobes>, <Fortune>, <Red Hering>, <Weired>를 읽는다. 그리고 내 분야와 상관이 없는 독서를 할 때는 주로 과학 기술 분야의 책들과 소설을 읽는다.

② 토론

트렌드를 예측하고자 할 때 도움이 되는 토론은 다음과 같다.

첫째, 토론의 주제로부터 즐거움을 느낄 줄 알고, 훈련이나 경험보다는 두뇌가 앞서는 소규모의 연구팀과 토론을 하는 것이다. 나는 이 연구팀과 함께 책도 쓰고 있다.

둘째, 다른 분야에 종사하면서 새로운 생각에 관한 이야기를 나누는 것을 좋아하는 소수의 친구들과 토론을 한다. 나는 경제전문가 친구와 10년간 새로운 생각을 함께 나누고 있다.

---

① 읽지만 말고 대화해야 한다.
책은 새로운 생각과 아이디어를 촉진하는 촉매이므로 책을 읽는데 집중하기보다는 기존의 생각을 확장하고, 새로운 생각을 만들 수 있어야 한다.
② 가능한 많이 메모해야 한다.
먼저 신문이나 잡지를 통해 일반적인 상황을 분석해 메모한 다음, 메모한 아이디어와 관련된 전문 잡지나 분석지를 통해 더 전문적인 이슈를 찾아서 읽고 다시 메모한다. 더 심층적인 탐구가 필요하면 더 집중적으로 자료를 탐색하고 분석해 더 많은 정보를 덧입혀 메모를 발전시킨다.
③ 생각을 시각화한다.
④ 범주를 만들어 분류한다.

셋째, 나에게 생소한 분야의 전문가들과 교류를 갖는다. 이 방법은 새로운 생각의 요점은 가지고 있지만 그 새로운 생각을 보다 명확하게 정리할 필요가 있을 때 특히 유용하다. 나는 내가 생각하고 있던 명제를 간략하게 설명한 다음 곧바로 "당신이 하는 일, 당신 분야에서 이룩된 새로운 발전, 그 발전의 성과와 내 주제 사이의 관련성에 대한 당신의 생각을 이야기 해주시오"라고 질문을 던진다. 전문가들에게 질문을 퍼붓는 식의 대화가 아니라 허심탄회하게 새로운 생각을 연구해보는 방식으로 대화를 할 때 가장 좋은 결과를 얻을 수 있다. 나는 불을 반짝 밝혀주는 단서를 탐색해보는 것을 좋아한다. 이 방법은 학습이라는 고갯길을 오르는데 아주 좋은 방법이다.

넷째, 수많은 대중 강연에서 나의 새로운 생각을 이야기한다. 대중강연에서는 새로운 생각을 새로 만들어내는 것보다는 기존의 생각을 다듬어서 말하는 것이 더 효과적이다. 나는 매년 전 세계를 돌면서 수만 명의 사람들을 대상으로 강연을 하는데, 강의 내용의 3분의 1 이상을 매년 새롭게 바꾼다. 그러므로 이 방법은 새로운 소재를 개발하는 훌륭한 방법이 될 수 있다. 청중들과 이야기 하는 과정을 통하여 대체적인 명제와 기본적인 생각을 가지고 자연스럽게 구체적인 것들을 다듬어 나간다. 이 과정은 희곡을 계속해서 고쳐나가는 과정과 유사하다.

마지막으로 학회에 참가한다. 훌륭한 강연과 함께 공식적인 회의실 밖에서 이루어지는 대화도 중요한 이슈에 대한 새로운 아이디어를 얻는데 도움이 된다.

4) 사색

사색은 문제를 해결하려고 노력한다는 것을 의미하기도 하고, 지금 초점을 맞추거나 질문을 던져야 하는 문제가 무엇인지 그리고 그 문제를 찾아냈다는 것을 어떻게 알 수 있는지 알아내는 것을 의미한다.

① 생각하는 방법이 매우 중요하다. 가장 본질적인 것에 집중하고 거기서 파생되는 사소한 문제는 피한다.

② 사색을 잘 하기 위해서는 바탕이 될 수 있는 하나의 명제, 하나의 공리로 받아들일 수 있는 말, 그래서 할 수 있는 만큼 생각을 다 해보았기 때문에 또 다른 출발이 필요할 때 다시 돌아갈 수 있는 개념을 찾는 것이 중요하다.

나는 일상적인 언어로 표현된 간단한 아이디어를 제시하고 그 아이디어들 사이의 연결고리를 더 많이 발견하고 그 둘 사이를 오가는 것을 좋아한다. 예를 들어 "시작이 있는 것은 끝도 있다"는 생각은 매우 풍요로운 생각의 원천이 된다. 나는 흔히 이 생각을 출발점으로 이용한다. 여기서 시작해서 "그것이 라이프사이클을 가지고 있다는 의미이다"로 발전해서 우리가 조사하고 있는 개념이나 기술 또는 경제 등의 라이프 사이클 중 어느 지점에 우리가 서 있는지 질문을 던져본다. 또는 생각의 방향을 "끝을 불러오는 것은 무엇인가?"라는 질문으로 돌릴 수도 있다.

시간, 공간, 질량은 우주의 기본적인 특질이며, 경제와 기업은 우주의 일부이다. 그러므로 시간, 공간, 질량은 틀림없이 기업의 기본적인 특질이다. 우주의 기본적인 특질이 과학에서 어떻게 표현되고, 기술로 어떻게 변환되고, 기업은 물론 궁극적으로 기업의 경영방식에까지 어떻게 영향을 미치는지를 점검하는 것이 생산적인 사색을 위한 기초로 작용한다.

현실 속에서 시간, 공간, 질량은 속도, 접속, 무형의 자산으로 변환되어 정보경제의 기본적인 원동력이 된다. 접속, 속도, 무형자산에 의하여 경계가 불분명한 BLUR의 세상이 가속화되고 있다. 그러므로 불분명성을 분명하게 규정하려는 노력보다는 그 자체를 인정하고 불분명함의 속도로 함께 움직여야 성공할 수 있다. 기존의 규칙이 모호해지고 변화가 가속화되면서 모든 전통적 경계가 사라지기 때문이다.

온라인 접속의 확대, 통신과 계산의 발전, 무형자산의 가치폭발은 욕망의 경계불명, 자원의 경계불명, 작업수행의 경계불명이라는 경계불명의 3대 구성요소를 만들어 내고 이 구성요소들은 다시 다음과 같은 3가지 트렌드를 생산한다.

트렌드 1 : 제품과 서비스가 하나로 녹아 들어가서 하나의 상품이 되고, 구매자와 판매자의 역할이 교환되고 통합된다.
트렌드 2 : 사람들은 더 이상 노동할 때와 소비할 때로 분리되지 않으며, 자본이 자산보다는 부채로 전락하는 경우가 더 흔하게 발생한다.
트렌드 3 : 전략과 조직이 경제의 그물망과 삼투성이 있는 인간관계로 통합된다.

미래는 체계화될 수 없는 지혜가 고부가가치의 원천이 될 것이기 때문에 데이터, 정보, 지식은 표현의 수단으로 중요성이 점점 증가하고 있다.

이 세 가지 중에서 가장 기본적인 데이터는 사물을 표현하는 수단으로 1950년대와 1960년대를 지배했다. 이 시대에는 컴퓨터를 활용하는 학습이 이루어졌다. 1970년대와 1980년대는 데이터의 응용과 의미에 초점을 맞춤으로써 데이터를 정보로(데이터 처리에서 정보기술로) 격상시켰다. 이 시대에는 컴퓨터와 원거리 통신을 결합하는 학습이 이루어졌다. 1990년대에서 2000년대까지는 정보를 응용하고 생산적으로 사용하는 지식이 지배하고 있다. 이 시대에는 컴퓨터와 원거리 통신에 인간의 행동을 결합하는 학습이 이루어지고 있다. 마지막단계는 지식을 분별 있게 사용하는 방법을 의미하는 지혜에 이르는 것이다. 지혜에 이르는 길은 접속을 통해서 지식의 흐름을 가동시키고 그것을 실시간으로 적용하는 것이다.

2. 내용분석

내용분석은 현재 얻을 수 있는 책, 담화문, 신문기사, 연속극, 잡지, 인터넷 게시판 등과 같이 현재 이미 존재하고 있는 자료의 내용을 분석하여 과거를 이해하고 미래를 예측하기 위하여 사용되는 기법이다. 내용분석은 다음과 같이 여러 가지 장점을 가지고 있다(Weber, 1985; 오익근, 2000).

① 내용분석의 자료가 되는 문헌과 방송 등은 사람들의 일상생활의 모든 면을 담고 있기 때문에 폭넓은 내용을 직접 분석함으로써 트렌드를 보다 구

체적으로 예측할 수 있다.

② 장기간에 걸쳐서 자료를 추적하고 비교할 수 있다.

③ 현재의 입장에서 정치, 경제, 사회 등 여러 측면의 관점을 비교할 수 있다.

④ 광범위하고 자유롭게 자료를 탐색할 수 있다. 예를 들면 문서화된 내용만이 아니라 방송내용도 훌륭한 분석대상이 될 수 있다.

⑤ 내용분석은 양적 자료와 질적 자료를 모두 이용할 수 있다. 즉 통계를 통하여 양적 자료를 분석하고 질적 자료의 도움을 받아서 양적 자료를 해석할 수 있다.

⑥ 직접적인 질문이 편견을 발생시킬 가능성이 있을 때 비방해(unobtrusive) 평가방법으로 적합하다.

이러한 장점과 함께 단점으로는 자료를 수집, 분석, 해석하는 과정에서 연구자의 편견이 작용하여 연구결과의 일반화에 문제가 있을 수 있다.

1) 내용분석의 방법

(1) 분석단위

내용분석은 기존의 인쇄물이나 방송물에서 자료를 얻기 위하여 전체를 여러 유목으로 묶는 작업을 한다. 유사한 단어, 구와 절, 문장, 주제, 문단, 전체 내용 등이 분석단위가 될 수 있다.

모든 사건은 진공상태에서 발생하는 것이 아니라, 특정 사회적, 정치적, 문화적, 경제적 상황 속에서 발생한다. 트렌드도 저절로 오는 것이 아니라 거대한 사회적, 경제적, 정치적, 기술적 변동추세로 서서히 형성된다. 그러므로 트렌드를 읽기 위한 내용분석에서는 사회적, 경제적, 정치적, 문화적, 기술적 의미가 있는 분석단위를 선정하는 것이 무엇보다도 중요하다.

(2) 의미파악과 트렌드 전망

일반적으로 양적 내용분석을 할 때는 분석단위의 출현빈도를 통하여 중요도를 이해하려고 한다. 즉 출현빈도를 보고 문서작성자가 강조하는 의미를 파악한다. 양적인 내용분석에만 의존하는 트렌드 분석 방법은 하나의 뉴스가 몇 번이나 기사화되어 나오고, 또 얼마만큼의 분량으로 취급되었는지에 따라 중요도를 판단한다. 그러나 '우물 속에 빠진 어린 아이'에 관한 기사가 아무리 많이 거론된다고 할지라도 이 기사는 트렌드분석에서는 결코 중요한 자료가 될 수 없다. 이 기사는 트렌드의 기초가 되는 사회, 경제, 정치적으로는 큰 의미가 없기 때문이다(제럴드 셀러드, 톰 밀튼 저, 우경하 역, 1994). 소비트렌드를 예측하기 위해서는 단순히 출현빈도가 높은 분석단위보다는 소비문화의 전반적인 흐름과 미래를 전망하는데 필요한 분석단위를 찾아내는 것이 중요하다.

전통적인 내용분석은 문헌자료를 계량적 기법으로 분석하는 데서 출발하였으나, 최근에는 질적 분석도 활용되고 있다. 예를 들면 특정 용어가 등장하는 빈도를 양적으로 분석하는 동시에 그 용어가 사용되는 맥락과 전체적 구조에서 그 용어의 의미를 질적으로 분석할 수 있다. 그러므로 트렌드를 분석하기 위한 내용분석을 할 때는 양적 분석과 질적 분석을 함께 해야 할 것이다. 또한 사회적 행위를 구성하고 매개하며, 사람들의 사고와 관심과 의미가 담겨 있는 생생한 현실인 텍스트를 분석할 수 있어야 한다. 내용분석이 커뮤니케이션의 과정이 아니라 산물을 소재로 삼는 정태적인 접근을 하는데 비하여 텍스트분석은 문헌을 의미의 생산과 소비 과정으로 취급하는 역동적인 접근을 하고 있기 때문이다. 예를 들면 트렌드를 읽기 위해서는 단순히 열차 시간표의 내용을 분석하는 것보다는 시간표를 매개로 하여 이루어지는 사회적 행위를 분석하는 것이 더 중요하기 때문이다(조용환, 1999).

2) 내용분석을 이용한 트렌드 분석의 유형

내용분석 연구방법은 크게 내용분석, 기존 통계분석, 역사적/비교분석의 세 부분으로 구분될 수 있다(홍성열, 2001). 내용분석을 이용하여 트렌드를 분석하는 방법도 다음과 같이 세 유형으로 나눌 수 있으나, 실제로 트렌드를 분석할 때는 세 유형을 종합적으로 사용하기도 한다.

(1) 내용분석

소설, 신문기사, 잡지, TV 프로그램, 저서 등 소비생활에 관하여 훌륭한 정보를 많이 제공해주는 문서화된 자료를 이용하여 트렌드를 추적하는 것이다. 이 때 낱개의 기사들 속에서 공통된 어떤 메시지를 찾아서 소비트렌드를 읽을 수 있다.

Naisbitt와 Aburdene은 현대 미국 생활의 트렌드를 파악하기 위하여 6,000 여 개의 지방신문을 내용분석하여 Megatrend라는 저서를 썼다. 메가트렌드를 추적하기 위하여 거대한 사회, 경제, 정치, 기술의 변동뿐 아니라, 경력, 직업, 여행, 사업, 투자, 거주지, 자녀교육 등 일상생활도 분석하였다. 이 책에서는 1980년대를 형성하는 10가지 트렌드를 다음과 같이 제시하였다.

① 산업사회에서 정보사회로
② 힘의 테크놀로지에서 하이테크와 하이터치로
③ 국가경제에서 세계경제로
④ 단기간에서 장기간으로
⑤ 집권화에서 분권화로
⑥ 제도적 도움에서 자조(self-help)로
⑦ 대의민주주의에서 참여민주주의로
⑧ 위계조직에서 그물망 조직으로
⑨ 북부중심에서 남부중심으로
⑩ 이분법에서 다분법으로 바뀌어간다는 것이다.

(2) 기존 통계분석

정부, 지방자치단체, 기업, 연구소 등에서 정기적 또는 비정기적으로 발표하는 통계자료를 분석해보면 어떤 흐름을 찾아낼 수 있다. 소비에서의 표현이란 돈을 쓰는 데서 출발하기 때문이다. 우리나라 사람들의 저축성향은 세계적으로 유명했지만

2000년대 이후 저축성향은 급속도로 낮아졌다. [그림 5-1]을 보면 우리나라의 1인당 명목 및 실질 민간소비지출액은 1980년대부터 1997까지 크게 증가했다가 외환위기인 1998년에 약간 감소하였다가 2015년 현재까지 증가한 것을 알 수 있다. 2010년까지는 실질지출액이 명목지출액에 비하여 더 컸으나, 그 이후에는 실질지출액이 명목지출액보다 작은 것을 알 수 있다. [그림 5-2]를 보면 우리나라의 개인순저축률은 1980년대 말까지는 증가추세를 보이다가, 그 후부터는 감소추세를 보인다.

[그림 5-1]

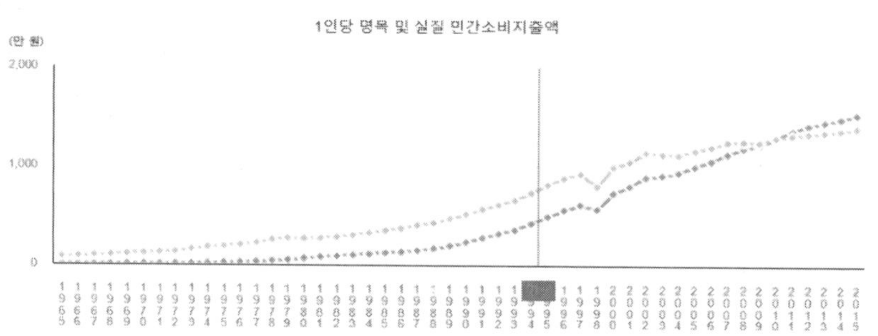

[그림 5-2]

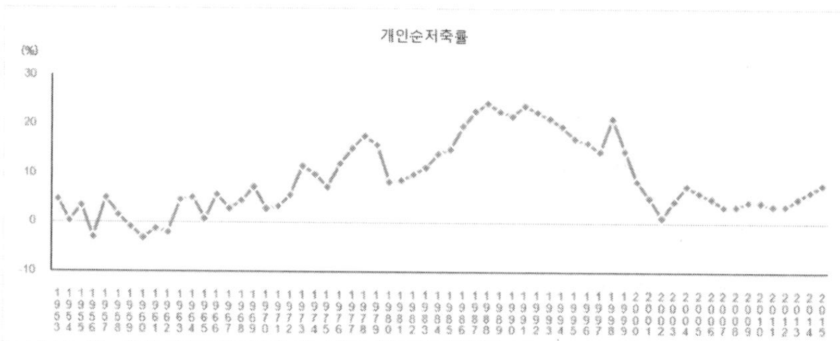

[표 5-1]에 의하면 2015년 도시근로자 가구의 월평균소득은 4,817천원으로 1980년의 234천원의 20.6배, 1990년의 943천원에 비하여 5.1배, 2000년의 2,388천원에 비하여 2.0배, 2010년의 4,007천원에 비하여 1.1배가 증가하였다. 2015년도 도시근로자 가구의 월평균 소비지출은 2,723천원으로 1980년도의 174천원에 비하여 15.6배, 1990년도의 650천원에 비하여 4.2배, 2000년의 1,491천원에 비하

여 1.8배, 2010년의 2,435천원에 비하여 1.1배가 증가하였다.

우리나라 소비자들은 2000년 이후부터 더 이상 자신의 욕구를 억제하며 근검 절약하지 않고, 소비를 통하여 자신의 생활을 즐기고 욕구를 표현하려는 추세로 접어들었다고 볼 수 있다. 다시 말하면 감성을 억누르지 않고 원하는 것을 하려는 표현의 시대가 소비 분야에서도 나타난다는 점이다. 현대 사회가 정보화되면서 소비자에게 합리성을 요구하는 측면이 강해지는 동시에 이러한 감성 표현은 더 강화될 것으로 예측할 수 있다. 소비자는 합리적인 성향과 감성적인 성향을 동시에 가지고 있는 인간이기 때문이다. 또한 현대 사회가 인간에게 가하는 스트레스 역시 소비자의 감성표현을 마구 부추긴다. 소비에서 표현되는 감성은 합리적인 의사결정구조를 따르기 보다는 그저 "하고 싶다", "사고 싶다"라는 본능적 욕구에 의한 결정을 더 많이 따른다(조은정, 2002).

[표 5-1] 도시 2인 이상 가구의 월평균 소득, 가계지출 추이

(단위 : 천원)

연도	월평균 소득	월평균 가계지출	월평균 소비지출
1980	234	183	174
1990	943	723	650
2000	2,388	1,902	1,491
2001	2,658	2,091	1,627
2002	2,836	2,173	1,697
2003	2,931	2,303	1,793
2004	3,112	2,447	1,897
2005	3,252	2,561	1,991
2006	3,444	2,682	2,071
2007	3,656	2,827	2,164
2008	3,900	3,026	2,309
2009	3,853	3.037	2,310
2010	4,007	3,209	2,435
2011	4,249	3,385	2,531
2012	4,492	3,495	2,622
2013	4,606	3,548	2,655
2014	4,735	3,652	2,724
2015	4,817	3,663	2,723

이렇게 저축률이 떨어지면서 가계부채가 증가하기 시작하였다. [그림 5-3]에는 우리나라의 가계부채 변동 추이가 제시되어 있다. 외환위기 첫해 경기가 급속도로 악화하면서 가계부채가 급증했다. 일반 가정이 은행 등 금융기관에서 빌린 돈이나 카드 할부 구입 등으로 진 빚을 포괄한 가계부채가 1997년 처음으로 200조원을 넘겼다. 그 때만 해도 저축 등 가계의 기초체력이 탄탄해 이듬해 가계신용은 빠르게 회복되었다. 1998년 민간의 최종 소비지출 증감률은 통계를 작성하기 시작한 1953년 이후 최저치인 -11.9%를 기록했다.

구제금융 졸업을 위해 내수를 살려야 했던 정부는 1999년 5월 신용카드 사용한도액(70만원)을 폐지했고, 8월에는 카드사용액에 대한 소득공제제도를 도입했고, 카드영수증 복권제까지 시행하는 등 카드소비를 늘리기 위한 정책을 시행했다. 카드가 남발되면서 2000~2003년 가계의 가처분소득은 15.5% 증가했지만 가계신용은 120%나 증가했다. 가처분소득 대비 부채비율은 2000년 63.8%에서 2002년 113.3%로 폭증했다.

외환위기 이후 부동산 투기 열풍으로 주택담보대출이 가계부채를 증가시킨 중요한 요인이 되었다. 2005년부터 약 2년간 수도권 부동산 가격은 급등했고, 수도권 주택매매가격 상승률은 2006년에 전년 대비 20.3%였고, 가계부채 증가율은 11.8%까지 치솟았다. 총부채상환비율(DTI) 규제와 종합부동산세 등 억제정책을 시행했으나 2007년 가계부채는 665조원을 넘어섰다. 정부는 더 적극적으로 부동산 경기부양에 몰입하면서 지방 부동산이 오르면서, 2010~2012년 지방의 주택매매

[그림 5-3] 국내 가계부채 변동 추이

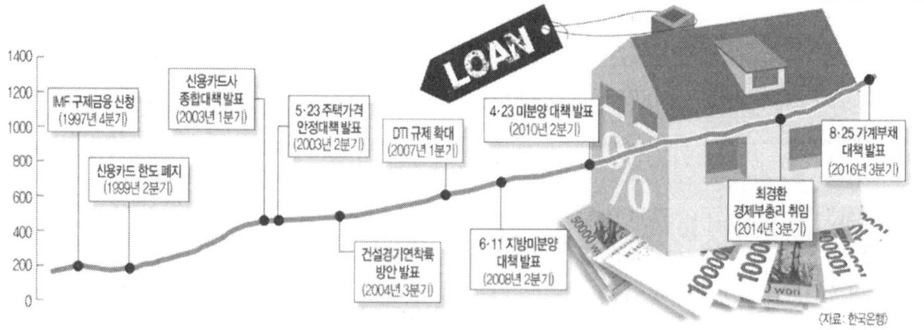

가격 상승률은 수도권을 3~6.4% 앞질렀다. 주택담보대출에서 상호금융 등 비은행예금취급기관과 같은 제2금융권의 고금리 대출비율이 2007년 16.06%에서 2012년에는 21.26%까지 증가하면서 가계부채의 질이 나빠졌다. 가계부채는 2014년 말에 1000조원, 2015년 말에 1200조원을 돌파했다(국민일보 2016년 12월 14일).

[그림 5-4]에는 가구원수별 비중 추이가 제시되어 있다. 통계청의 2015년 인구주택총조사를 보면, 1인가구는 27.2%로 전체 가구유형 가운데 가장 큰 비중을 차지했고, 이어 2인가구가 26.1%로 뒤를 이었다. 1990년에 가장 많은 비중을 차지했던 4인가구는 2000년에 31.1%로 증가했다. 이렇게 증가한 가장 큰 이유는 1990년에 두 번째로 많았던 5인 이상 가구가 28.7%에서 13.4%로 크게 감소했기 때문이다. 4인가구와 5인 이상 가구는 계속 감소하고 있다. 장래가구추계(2010년 총조사 기준)로는 2035년이 되면 1인 가구 비중은 34.3%, 2인가구는 34.0%에 이를 전망이다. 특히 전통적 가족의 모습으로 인식돼온 '부부+미혼자녀'의 비중이 점점 줄어들고 있다. 2015년 '부부+미혼자녀' 가족의 비중은 전체 가족 구성 형태 중 32.2%였는데 2035년에는 이런 가족 비중이 20.2%로 낮아진다.

[그림 5-4] 가구원수별 비중 추이

(단위 : %)

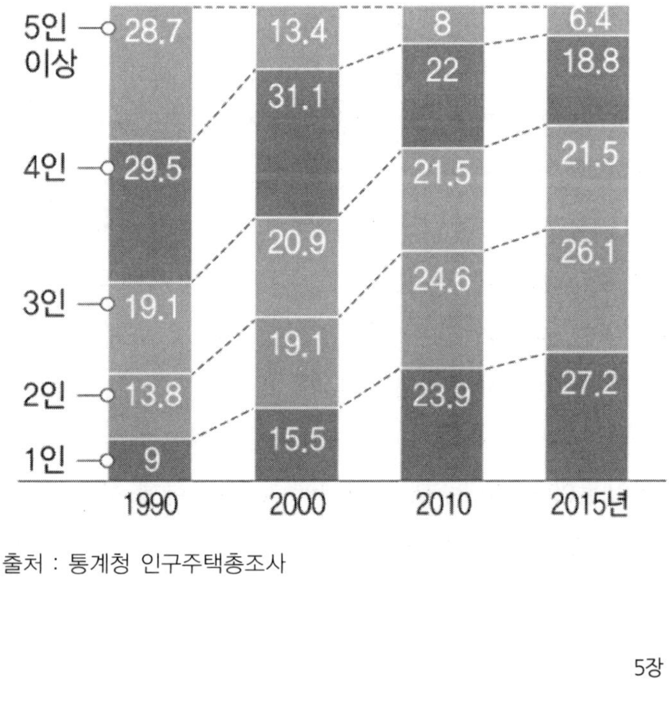

출처 : 통계청 인구주택총조사

[표 5-2] 1인 가구 비율

1985	1990	1995	2000	2005	2010	2015	2022추정
7%	9%	13%	16%	20%	24%	27%	30%

통계청이 발표한 2015년 인구통계를 살펴보면 우리나라의 1인 가구는 500만을 돌파했다. 1990년부터 2005년까지 가장 주된 가구 유형은 4인 가구였으나 2010년에는 2인 가구(24%), 2015년에는 1인 가구(27%)가 가장 주된 가구 유형으로 등극했다. [표 5-2]를 보면 우리나라 1인 가구의 비율은 1985년부터 계속 증가하고 있는 것을 알 수 있다. 2015년 1인 가구 비율은 1985년 7%에 비하여 4배 가까이 증가했고, 1990년 9%에 비하여 3배가 증가하였다.

우리나라의 1인 가구 비율은 미국(28%), 영국(29%)에 육박했고, 2015년 현재는 일본(33.%), 노르웨이(38.%)보다는 낮은 상태지만 2022년에는 30%를 넘길 것이라고 추정되고 있다. 연령계층별로 살펴보면 1인 가구의 18.3%는 30대 청년층이다. 그 뒤로 70세(17.5%) 이상, 20대(17.0%)가 뒤를 이었다. 성별로는 여자가 50.2%(260만 가구)이며 남성은 30대, 여성은 70세 이상 연령대에서 비율이 높게 나타났다.

비혼·만혼이 늘어나고 저출산이 심화되는 추세는 4인 가구 중심의 '전통적 가족'의 모양도 바꾸어가고 있다. 1인가구와 2인가구가 크게 늘어나면서 다양한 주거 공동체와 새로운 가족 형태도 속속 등장하고 있다. 법률혼 부부와 자녀를 중심으로 한 가족만 '정상 가족'으로 여기는 사회적 인식의 개선은 물론이고 법·제도적으로도 다양한 가족에 대한 포용력을 넓혀야 한다는 주장도 제기되고 있다.

서울시는 만 19~35살의 청년층 1인가구의 주거비 부담을 덜기 위해 2013년부터 협동조합형 공공임대주택 사업을 하고 있다. '이웃끼리 서로 기웃거리며 보살핀다'는 뜻을 지닌 '이웃기웃'은 높은 주거비 부담과 고립감을 덜기 위해 1인 가구들이 모여 사는 협동조합형 공공임대주택이다. 임대보증금 2천만원, 월세 13만원 수준이며, 건물 두 동에 30여 가구가 입주해있다.

인천 서구 검암동의 다세대주택 다섯채에 30명이 함께 사는 '우리 동네 사람들'(우동사)처럼 '사회적 가족'을 표방하는 주거 공동체도 등장하고 있다. 원래

귀촌을 꿈꾸던 청년 6명이 함께 모여 살기로 하면서 시작된 우동사는 현재 30명이 함께 살고 있다. 우동사 명의로 집을 사고 우동사 식구가 된 이들이 보증금과 주택대출 상환비, 생활비 등을 일정액씩 내는 식으로 운영하고 있다.

식구 30명 중 대부분은 1인가구이지만 아이가 있는 결혼커플과 무자녀 결혼커플, 그리고 동거커플도 포함돼 있다. 혈연 중심이 아닌 사회적 가족이란 개념은 아직 이들에게도 생소하다. 우동사 식구 중 상당수는 대부분 10년씩 1인가구로 나홀로 살았던 이들이다. 처음엔 '같이 살면 어떨까?' 하는 궁금증이었는데, 살아보니 '혼자 살 때 느끼지 못하는 재미와 안정감'을 새로운 '식구'들한테서 얻는다고 한다.

한국보다 앞서 1인가구가 보편화된 외국은 이미 정책적 지원에 나서왔다. 미국은 정부 주도하에 저소득 1인 가구 주거비를 줄여주기 위한 공공임대주택 지원 프로그램인 '싱글 룸 거주'(SRO) 프로그램을 확대하는 추세다. 시애틀에선 1인가구 증가로 초소형 주택이 늘면서, 이에 따른 주거의 질 저하를 우려해 시가 적절한 가이드라인을 제시해 규제하기도 한다. 독일에선 2006년 저출산·고령화 사회 대비 주거 형태로 '다세대 공동주택'을 도입했다. 개별화된 주거공간을 보장하면서도 구성원들이 사회적 네트워크 안에서 노후 생활을 보낼 수 있어야 한다는 이유에서다. 연령별로는 청년·장년·노년층, 가족 형태별로는 부부가족·한부모가족·노인단독가구 등이 모여 사는 식이다(한겨레신문, 2016년 12월 7일).

1인 가구가 500만을 돌파하면서 '혼자 즐기는' 사람을 일컫는 신조어가 대량 생산되고 있다. 방송 프로그램에서 혼자 사는 사람들의 모습을 유쾌하게 조명하거나 혼자 사는 사람들을 주제로 한 드라마까지 나왔다. 1인 가구 증가로 소비 트렌드가 변화하고 있어 건설, 유통, 금융, 숙박 등 각종 업체들이 1인가구의 소비를 잡기 위해 특화상품을 출시하고 있다. 주택 등 국가정책도 1인 가구에 맞춰 변화하고 있다. 1인 가구가 빠른 속도로 증가하면서 경제, 사회, 문화 등이 예측할 수 없는 상태로 변하고 있다.

산업연구원에 따르면 1인 가구의 시장규모는 2030년까지 약 200조원까지 신장할 것으로 전망됐다. 2006년 16조원에 불과했던 1인 가구의 소비지출 규모는 2010년 60조원까지 증가했다. 산업연구원은 "결혼연령 상승 및 저출산 등의 영향으로 전체 인구에서 차지하는 1인 가구 비중이 커짐에 따라 1~2인 가구 대상 서비스 시장도 점차 커질 것으로 보인다"고 진단했다. 가구업체도 1인용 가구를 속속 선보이고 있으며 카드사 역시 1인 가구의 라이프스타일을 분석해 특정업종 할인율을 늘리는 카드상품을 출시하고 있다(파이낸셜뉴스, 2016년 11월 13일).

대한상공회의소가 최근 전국의 20대 후반부터 40대 초반의 전국 500가구(1인 가구, 3~4인 가구 각각 250가구)를 대상으로 조사한 결과 월 가처분소득이 전체 수입에서 차지하는 비율은 1인 가구가 32.9%로 나타났다. 3~4인 가구의 17.2%에 비해 두 배 가까이나 높은 수치다. 가처분소득은 전체 소득 중에서 소비 및 저축 등에 사용할 수 있는 금액을 말한다.

1인 소비를 대표하는 편의점 매출은 크게 상승하고 있으나, 백화점과 대형마트의 매출은 감소하고 있다. 산업통상자원부의 '2019년 6월 주요 유통업체 매출 동향'에 따르면 CU와 GS25, 세븐일레븐 등 편의점 3사의 매출은 전체 유통시장에서 18.8%를 차지하며 오프라인 채널 중 1위에 올랐다. 같은 기간 이마트와 홈플러스, 롯데마트 등 대형마트 3사의 매출 비중은 18.6%를 기록했고, 롯데백화점과 현대백화점, 신세계백화점 등 백화점 3사의 경우 17.2%로 뒤를 이었다.

국내 오프라인 유통 시장에서는 지난 수년간 대형마트가 1위 자리를 지켜왔고, 백화점이 뒤를 따랐었다. 그러나 최근 백화점과 대형마트가 한꺼번에 주춤하는 사이 편의점이 선방하면서 처음으로 1위 자리를 꿰찼다.

농림축산식품부와 한국농수산식품유통공사의 '가공식품 세분시장 현황 보고서'에 따르면 2017년 가정간편식 시장 규모는 2조7421억원으로 2015년(1조6823억원) 대비 63% 커졌다. 2018년 국내 가정간편식 시장 규모는 2017년 대비 17.3% 증가한 3조2164억원이다. 가정간편식 가운데 시장 규모가 가장 큰 품목은 즉석 도시락 등 즉석 섭취식품(52%)으로 나타났다. 이어 즉석 카레, 짜장 등 즉석 조리식품(42.0%), 샐러드 등 신선 편의식품(5.9%)이 뒤를 이었다.

2017년 대비 성장률이 높은 품목은 신선 편의식품(48.3%), 즉석 조리식품(38.0%), 즉석 섭취식품(7.9%) 순으로 나타났다. 미용이나 건강에 관심이 많은 소비층의 샐러드 소비 증가로 신선 편의식품 판매가 크게 증가했다. 가정간편식 시장 성장세는 계속될 전망이다. 한국농수산식품유통공사는 2022년 가정간편식 시장 규모가 5조원을 넘어설 것으로 예측했다(조선비즈, 2019년 8월 4일).

3) 역사적 / 비교분석

역사적 / 비교분석 연구는 연구자가 호기심을 가지고 있는 주제를 비교하면서 이해하고 역사적 고찰과 함께 트렌드를 예측하는 것이다. Mazaar(2000)는 인간사회의 기초를 뒤흔들고 있는 역사적 변천을 이해하고 변화하는 세계에 관심을 가지고 있어야 트렌드를 이해하고 읽을 수 있다고 하였다. 그는 현재 가장 단순하고 기본적이고 중요한 변화는 산업시대에서 지식시대로의 이동이라고 보고, 산업시대와 지식시대를 역사적으로 비교함으로써 2000년부터 2010년까지 10년간에 나타날 트렌드를 다음과 같이 예측하였다.

(1) 접근방법

① 종합적 접근방법

지식시대는 학문 분야, 산업 국가 사이의 경계가 허물어지는 경향이 있다. 그러므로 이 시대의 트렌드를 정확하게 읽기위해서는 경제학, 사회학, 정치학은 물론 생물학, 물리학, 환경과학 등 과학분야에 이르기까지 많은 학문으로부터 의견을 취하여 미래를 형성하는 힘에 관한 포괄적인 시각으로 빚어내야 한다.

"내 목소리가 그저 한 사람의 목소리에 불과하며, 내 경험은 바다에 떨어진 물방울 하나와 같고, 내 지식은 내 현미경의 시야보다 크지 않으며, 내 마음의 눈은 세상의 작은 구석을 비추는 거울과 같고, 내 생각은 주관적인 고백에 불과하다.

나는 오랜 시간에 걸쳐서 여러 분야에서 도출된 이론과 예측들을 조사했다. 나는 그 연구결과가 이 세상의 모습을 바꿔놓고 있는 트렌드에 대한 전체론적 사고의 중요성을 다시한번 확인하는데 도움이 되었기를 바란다."

② 변화의 변증법

역사가 정말로 변증법적으로 움직인다면, 다시 말하면 한 시대 또는 한 사회의 일련의 특성(명제)이 대안(반명제)에 의하여 도전을 받는다면 그 2가지 사이의 상호작용의 산물로서 현재 모습을 드러내고 있는 새 시대는 새로운 통합체일 것이다. 이 통합체는 먼저 새로운 요소들과 낡은 요소들을 모두 통합시킬 것이다. 새로운 시대가 전 시대를 완전히 끝장내기 보다는 언제나 전 시대를 바탕으로 세워지는 것은 이 때문이다. 각각의 트렌드는 반동과 역트렌드를 만들어내고, 이들의 상호작용에 의하여 새로운 통합트렌드가 만들어진다.

예를 들면 환경보호를 둘러싼 격렬한 논쟁도 생태계를 보호하는 활동이 기업에게 안겨주는 재정적 가치와 대중홍보의 이점, 재생 가능한 에너지의 개발 등 새로운 기술이 내포하고 있는 엄청난 가능성 등에 대한 인식이 폭발적으로 증가하면서 종식될 것이다.

③ 깜짝 시나리오(surprise scenario)

역사는 단선적이지 않고 불연속적으로 흐른다. 즉 돌발상황이 역사의 방향을 바꾸기도 한다. 깜짝 시나리오는 혹시 발생할 수 있는 불연속적인 흐름, 즉 경제적, 사회적, 정치적으로 전혀 예상하지 못했던 새로운 방향으로 사건들이 진행되는 경우의 결과들을 조사한 것이다. 깜짝 시나리오는 예언이 아니고 반드시 현실화되는 것도 아니다. 깜짝 시나리오는 우리로 하여금 역사적 운명의 불가피한 변덕에 대하여 생각해보도록 하기 위한 것이다. 다시 말하면 깜짝 시나리오는 우리가 살고 있는 사회는 우리가 예측하는 그대로 진행되지 않고, 크든 작든, 중요하든 사소하든 간에 우리를 깜짝 놀라게 할 사건이 반드시 일어나리라는 것을 마음에 새길 필요가 있다는 것을 의미한다.

미래학자인 피터슨(John Peterson, 1998)은 이 방법을 '와일드 카드'라고 명명하였다. 이처럼 확률이 낮으면서 커다란 영향을 미치는 사건이 인간이 처한 상황 또는 개별 기업에 커다란 충격을 줄 수 있고, 이러한 사건은 더 빠르고 더 심각하게 발생할 것이라고 하였다.

④ 흐름의 패턴

역사적 불연속성이 존재한다고 해도 세계의 흐름에 밑바탕이 되는 어떠한 패턴은 존재하기 때문에 트렌드를 읽을 수 있다. 겉으로 보기에는 혼돈스러운 세계에서도 사람들은 영향력을 발휘할 수 있다.

⑤ 조심스러운 낙관주의 입장

미래를 예측하고 있는 문헌들은 대개 너무 극단적인 경향이 있다. 1970년대 로마클럽이 내놓았던 것과 같은 주장들, 즉 세계가 인구과잉과 자원의 빈곤이라는 악몽을 향하여 나아가고 있다는 극단적인 비관주의는 모든 인간사가 달콤하고 경쾌하게 변할 것이라는 극단적인 낙관주의에 의하여 비판을 받았다.

극단적인 비관주의와 낙관주의를 지양하고, 조심스러운 낙관주의의 입장에서 10년간 우리가 부딪히게 될 트렌드에 대하여 가능한 객관적인 시각을 제시한다. 대중매체가 부정적이고 비관적인 측면만을 만들어내고 있는 요즘과 같은 시대에 중도적 입장을 다루고 있는 문헌들을 더욱 늘려갈 필요가 있다.

지식시대의 트렌드 중 많은 것들이 근본적으로 자유, 번영, 개인에게 힘 부여, 건강한 환경보호 등의 방향을 향하고 있다고 보았다. 그러나 이러한 트렌드는 적절한 대응조치가 취해지지 않으면 세계정치와 개별적인 사회들을 무질서와 전쟁 속으로 몰아넣을 수도 있는 강력한 반발과 역트렌드(counter trends)를 야기할 수 있기 때문에 조심스러운 입장을 취한다. 지식시대의 트렌드가 인류와 인류사회에 자유롭고 번영을 구가하며, 약자들에게 힘을 부여할 수 있는 미래를 창조할 유례없는 능력을 주고 있다는 점에서 낙관적이나, 인류가 그 힘을 효과적이고 현명하게 사용할 수 있을지 아직은 확신할 수 없다는 점에서 조심스러운 입장을 취하고 있다.

역사가 악의를 불러일으키는 결정적인 원동력이며, 인류는 철저하게 타락한 존재이자 쉽게 공격성을 드러내는 존재이고, 합리적인 과정은 끔찍한 환성에 지나지 않는다는 놀라울 정도로 일반적인 견해를 거부할 정도로는 희망을 가지고 있다.

⑥ 희망적인 미래는 우리에게 달려 있다.

인류는 사상 최고로 지식시대를 가장 눈부시게 꽃을 피우는 시대로 만들 수 있을 정도로 상황을 장악하고 있을 정도의 잠재력을 가지고 있다는 점에서 새로운 시대에 희망을 가질 수 있다. 이렇게 희망적인 미래를 만들기 위해서는 정신을 다시 차분하게 가다듬고, 인내심을 되살리고, 모든 인간사에서 통합과 다른 사람들에 대한 감정에 초점을 맞추고, 시급한 과제들에 대처하는데 필요한 시간을 가지면서 삶의 경험을 풍부하게 해줄 가치관을 만드는 것이 무엇보다도 필요하다.

6장

생활교차법

생활교차분석은 제품범주별로 소비자면담을 실시하고, 수많은 출판물을 읽고, 영화 연극 음악회 등에도 참석하고 베스트셀러를 분석하고 자체 직원 또는 유명인사들로부터 아이디어를 광범위하게 그리고 지속적으로 수집해 나가면서 트렌드를 분석하는 방식이다.

1. 생활교차분석의 전제

생활교차분석은 다음과 같은 기본 전제를 가지고 출발한다(조은정, 2002).

1) 인간은 모두 소비자이다.

현대 소비사회에서 우리는 생활을 하기 위해서 자신이 필요로 하는 물자의 대부분을 시장에서 구입해야 한다. 그러므로 소비트렌드를 분석하기 위해서는 무엇보다도 먼저 자신의 생활과 우리 가족, 친구와 친척, 거리를 다니는 사람들, TV나 영화 속의 사람들을 세심하게 관찰해야 한다. 관찰을 할 때는 다음과 같은 문제를 제기하면서 진지하게 고민해야 한다.

① 왜 저런 말을 할까?
② 왜 저런 음식을 먹을까?
③ 왜 저런 옷차림을 할까?
④ 왜 저런 모험을 즐길까?
⑤ 특정 제품을 어떠한 용도로 사용하고 있는가?
⑥ 어떤 부류의 사람들이 또 저런 행동을 할까?
⑦ 그러한 부류의 사람들이 어느 정도나 될까?

예를 들어 가족 단위의 외식이 늘어나고 있는데, 식당에서 먹는 것 외에 집으로 배달하는 외식을 하는 사람들이 늘고 있다. 강력범죄율, 교통사망률 등이 점차 증가하고 있다. 학습지 가정교사가 집으로 방문해서 아이를 가르친다. 등의 현상을 종합해 보면 사람들이 집밖으로 돌아다니지 않으려는 트렌드가 있다는 사실을 알 수 있다. 이러한 트렌드를 팝콘과 마리골드는 코쿠닝이라고 명명했고, 조은정은 방콕족이라고 명명했다.

2) 소비자는 종합적으로 생활을 하는 사람이다.

소비자는 종합적으로 생활을 하기 때문에 여러 가지 제품과 서비스를 구매하거나 사용한다. 즉 소비자는 식당에도 가고, 옷도 사 입고, 여행도 가고, 집도 사고, 전자 제품도 산다. 소비트렌드를 분석하기 위해서는 무엇보다도 먼저 소비자의 생활을 종합적으로 이해하려는 자세가 필요하다. 이렇게 생활을 종합적으로 이해하게 되면, 생활의 각 부분의 관련성을 이해할 수 있고, 한 부분의 트렌드 징후를 관찰하게 되면 다른 부분의 트렌드도 예측할 수 있게 된다.

예를 들면 아름다운 것에 관심이 많은 소비자는 자신의 패션과 화장에 관심을 가지는 동시에 전자제품이나 자동차도 예쁜 것을 찾게 된다. 개성을 중요하게 생각하는 소비자는 옷뿐 아니라 집도 남들과 다른 디자인을 찾게 될 것이다.

소비트렌드는 사회의 변화와 함께 움직인다. 그러므로 현대 사회의 메가트렌드라고 할 수 있는 정보 혁명과 디지털화로 나타나는 사회의 변화를 소비자의 마음과 연결시켜보면 소비트렌드의 방향을 추론할 수 있다. 소비자는 자신의 욕구의 방향을 의식적으로 표현할 수는 없어도 자신도 모르는 사이에 여러 가지 징후를 보인다. 따라서 민감하게 주변의 삶을 관찰하고, 왜 그러한 현상이 나타나는지를 진지하게 고민함으로써 훌륭하게 소비트렌드를 예측할 수 있다.

2. 생활교차분석의 절차

1) 가능한 모든 분야를 커버할 수 있도록 폭넓은 독서를 한다.

미래를 꿰뚫어 보고 준비하는데 도움이 되기 위해서는 적어도 세상이 어떻게 돌아가고 있는지를 알고 있어야 하기 때문이다. 시사일반, 정보, 여성, 남성, 과학, 뉴스, 건강, 음식과 음료, 가정, 여행, 국제, 엔터테인먼트, 가십, 문학과 예술, 기업, 정치, 환경, 소식지, 상거래 관련 간행물, 게이와 레즈비언, 신세대, 신기술, 이색 간행물, 청소년 시장, 온라인 등을 예로 들 수 있다.

2) 문화의 흐름을 세심하게 읽는다.

트렌드는 크고 광범위하다. 트렌드는 처음에는 여기저기에서 흩어져서 자라는 나무들로 출발하나 점점 자라서 마침내는 하나의 큰 숲을 이루게 된다. 그러므로 트렌드를 읽는 타이밍에 따라 즐거움과 수익성에 차이가 있다. 여러분이 만일 쑥쑥 솟아오르는 트렌드 나무들의 한가운데 서 있다면 , 그리고 남보다 먼저 그곳에 왔다면 자랑스럽게 말할 수 있을 것이다. “물론 나는 그 나무들이 자라는 것을 보았지”. 이와는 달리 뒤늦게 도착한 사람들은 “그게 뭐 그렇게 대단하다고”라고 말할 것이다. 변화의 미묘한 변화와 같은 초기의 조짐들을 찾아내는 것이 트렌드 전문가가 가져야 할 가장 중요한 능력이다 이를 위해서는 문화의 흐름을 세밀하게 읽어야 한다.

3) 소비자의 마음을 추적한다.

① 오늘날 소비자들의 마음상태, 즉 그들의 욕구와 두려움 그리고 그들이 추구하는 개인적 이익 등을 알아본다.

② 미래의 소비자들이 어떻게 느낄 것인지, 소비자들로 하여금 어떤 제품보다 바로 그 제품을 사도록 만드는 충동은 무엇인지? 그리고 소비자들이 받아들이거나 거부할 시장전략, 제품과 서비스는 어떤 종류인지를 분석한다.

③ 개별 트렌드는 작은 것에서 출발하고 순간순간을 모은 것이므로 예측적이다. 만약 한 트렌드의 발단과 그로 인해 여러분의 사업에 나타날 영향이 사이를 연결시킬 수 있다면 바로 트렌드에 딱 맞을 제품을 잘 선정할 수 있다. 또한 각 트렌드는 시장상황을 거치면서 만들어지므로 소비자에게 점점 밀착되어 나타난다.

④ 각 트렌드는 단지 전체의 한 조각일 뿐이라는 사실을 명심하라. 단지 한 트렌드만을 가지고 어떤 진행방향에서 너무 동떨어지도록 바람을 바꾸지 마라. 당신이 만드는 제품이나 사업이 트렌드에 일치하도록 하려면 여러 트렌드들이 미래를 결정하기 위해 어떤 방식으로 함께 움직이는가를 이해할 필요가 있다.

⑤ 소비자는 사람이다. 모순으로 가득 찬 사람이다. 그러므로 소비자의 기분을 반영한 각각의 트렌드들이 서로 모순되는 것처럼 보이는 것도 당연한 일이다.

브레인리저브는 이렇게 엇갈리는 소비자 충동을 "역 트렌드(counter-trends)" 혹은 동전의 뒷면이라고 부른다. 예를 들어 주중에는 먹는 데 조심하고 열심히 운동하면 그것은 건강장수(Staying Alive) 트렌드이다. 그러나 토요일 밤만 되면 피자, 아이스크림 한 통, 초코칩 쿠키를 "돼지처럼 먹어치운다." 힘든 한 주일을 보상받기 위해서이다. 물론 살이 찔까봐 걱정하면서도 이러한 행동을 한다. 이러한 것은 바로 작은 방종(Small Indulgences) 트렌드를 반영한다. 따라서 두 가지 트렌드가 하나의 트렌드나 그 반대 트렌드로 동시에 움직인다는 것을 이해해야 한다.

4) 생활의 다른 영역에서는 어떤 현상이 벌어지고 있는지 본다.

소비생활을 하는 소비자는 사람이기 때문에 식당에도 가고, 옷도 사 입고, 여행도 가고, 집도 사는 등 다양한 물건과 서비스를 구매한다. 그러므로 각각의 소비생활 영역은 얼핏 보면 서로 크게 관련이 없는 것처럼 보이지만 소비생활의 주체가 사람이기 때문에 조금만 주의 깊게 관찰하면 서로 관련되어 있다는 점을 파악할 수 있다.

3. 브레인 리저브(Brain Reserve)의 생활교차분석

팝콘의 대표적인 저서인 팝콘 리포트와(조은정 역, 팝콘저, 1995) 클릭 미래 속으로(김영신, 조은정 역, 팝콘과 마리골드 저, 2001)를 바탕으로 하여 생활교차분석의 예를 들어보기로 한다(서정희, 2005).

1) 미래주의 마케팅 회사 브레인 리저브

브레인 리저브는 고객들을 위해서 다양한 아이디어와 사회적 트렌드, 미래에 대한 비전을 복합적으로 적용하는 여러 가지 프로젝트를 수행한다. 전 세계의 수많은 사람들에게 텔레비전이나 언론을 통하여 그리고 트렌드뷰(Trend View)라는 세미나를 통하여 예측 내용을 발표한다.

2) 보물창고 트렌드 은행 만들기

트렌드 은행속의 여러 가지 트렌드들은 소비자 기분에 대한 일종의 데이터베이스로서 어떤 마케팅 문제라도 해결하기 위해 들여다볼 수 있는 풍부한 자료이다. 트렌드 은행을 만든다는 것은 바로 미래 시각을 넓히는 것을 의미한다.

트렌드 은행을 만드는 작업을 통하여 다가오는 미래를 어떻게 느끼고 볼 것인지를 보다 명료하게 알 수 있기 때문이다. 사업을 하는 사람들은 트렌드의 흐름을 파악함으로써 미래의 관점에서 어떻게 이윤을 얻을 수 있는가도 보다 명확하게 알 수 있다. 이것이 바로 "소비자 기분"에 근거한 마케팅이다.

(1) 트렌드 뱅크의 역할

① 트렌드 뱅크는 소비자의 풍경 전체를 조감도로 보여 주고, 현재와 미래에 대한 폭넓은 관찰력에 초점을 맞춘다.

② 트렌드 뱅크는 또한 소비자의 기분과 자세, 그들의 심리적인 동경과 두려움, 욕구 등에 대한 심리를 예측하는 장치와 같은 역할을 한다.

③ 트렌드 뱅크에 포함되어 있는 트렌드를 이해함으로써 소비자들이 어떤 제품과 서비스를 가장 원할 것인지 또 어떤 것을 외면할지, 그리고 시장의 틈새가 어디에 있는지를 예측할 수 있게 된다.

④ 미래의 가장 유망한 직업이나 사업 기회를 파악하는데 아주 소중한 길잡이가 된다.

(2) 트렌드 사냥의 과제

트렌드란 현재의 사회를 만들어 내고 있으며, 앞으로도 우리의 미래를 만들어 갈 항상 존재하고 있는 힘이다. 브레인 리저브에서는 미래의 트렌드를 찾아내기 위하여 현재의 문화를 꼼꼼하게 훑어본다. 현재에서 미래의 씨앗을 찾아내는 것이 트렌드 사냥의 중요한 과제가 된다.

(3) 미래의 씨앗

미래의 씨앗은 어디에나 있다. 식당에도, 술집에도, 클럽에도 있고, 쇼핑센터에도 있고, 번화가에도 있다. 우리가 열심히 듣는 음악에도, 즐기는 게임에도 있고, 인터넷이나 책과 잡지, 우리가 많이 보는 텔레비전 프로그램 속에도 있다. 심지어는 보지 않은 프로그램이나 사지 않은 제품 속에도 있다.

어떤 사업이 잘되고 있으며, 어떤 움직임이 설득력 있는 지에도 주의를 기울인다. 브레인 리저브에서는 이 세상의 모든 것에 주의를 집중하고 있다. 이렇게 보고, 듣고, 연구한 모든 것이 브레인 리저브의 트렌드 뱅크에 들어온다.

3) 문화검토

미래의 징후로서 오늘의 문화를 검토하기 위하여 가능한 한 많은 문화를 접촉하여 전체를 파악한다. 여러 가지 다양하고 색다른 인식을 통해서 무엇이 진행되고 있는 중인지를 "느끼고" 편협한 시각을 극복하는 것이다. 새롭게 등장할 실체를 예언하는 것은 바로 그 실체를 창조하는 과정에서 시작되기 때문이다. 트렌드를 추적해 보는 것은 새로운 실체를 예측하고 그 실체를 창조해 보도록 돕는 하나의 방법이다.

기업의 문제는 너무도 많은 권력을 가진, 너무도 많은 사람들이 상자(자기 집) 속에서 살고, 매일 똑같은 길을 따라 또 다른 상자(자기 사무실) 속으로 여행한다는 사실이다. 그들은 서류에 짓눌려 있기 때문에, 거의 TV를 켜지 않고, 대부분 신문의 모든 면을 세밀하게 검토하지도 않는다. 왜냐하면 세 번째 상자(자기 자신)에 너무 많은 시간을 소비하고 있기 때문이다.

브레인리저브는 대략 300여 종의 신문과 잡지를 추적한다. 거기에 덧붙여 최고의 20개 TV 쇼, 흥행에 성공하는 영화, 베스트셀러가 된 책, 유행하는 음악, 제품이 진열되는 미국과 국외 모든 상점 등등을 통해 트렌드를 모니터한다. 이것이 바로 미래로 향하는 길이 어떻게 뻗어 나가고 있는지를 지적하는 현재의 문화이다.

- 새로운 TV 쇼가 출범했다고? 그 TV 쇼는 시청자들의 어떤 욕구를 만족시키고 있는가?
- 잘 팔리는 책과 제품, 흥행에 성공한 영화의 목록을 적어도 한 달에 한 번 정도는 체크하라.
- 때때로 라디오를 틀어라.
- 한 달에 한 번 정도는 본 적도 없는 잡지를 집어 들어라.

• 일주일 정도는 늘 보던 거래 관련 출판물을 읽지 마라(아마도 무엇인가가 다른 방식으로 움직이고 있다는 것을 알아내게 될 것이다). 다른 산업분야의 거래에 관한 보고서를 읽어보라.
• 파고들 틈바구니를 찾아라. 나는 내가 파고들 수 있는 누구에게나 멈추지 않고 물어 본다. 택시기사, 공항에서 만나는 사람들, 영화 보려고 줄 서 있는 사람들, 바로 그들에게 차·과자·컴퓨터 등 우리가 추진하고 있는 것이 무엇이든지 간에 어떻게 생각하느냐고 물어 보는 것이다.

미래는 세상 속에서 이렇게 드러난다. 그리고 당신이 찾지 않으려는 어떤 장소가 바로 대부분의 사람들이 찾아 헤매는 곳일 수 있다. 그 장소는 결코 당신의 사무실이 아니다.

4) 소비트렌드 신호를 볼 수 있는 눈을 갖는다.

새로운 트렌드를 초기에 알기 위해서는 현재의 트렌드가 전개되어 온 과정을 이해하는 것이 가장 좋다. 트렌드는 여러 가지 도표로 그릴 수 있을 정도로 단계를 거쳐 나간다. 한 트렌드가 완전히 지나가 버리려면 수많은 변화과정을 거친다.

트렌드를 좀 더 예리하게 지각하려면 여러 영역에서 새롭게 터지는 신호를 매우 주의 깊게 주시해 보아야 한다. 다음은 그 예이다.

① 식품 부문 : 신제품, 유행을 따르는 식당, 제일 잘 팔리는 요리책 등
② 성공여부와 관계없는 신제품의 등장
③ 가족구조의 변화 양상
④ 작업 현장의 변동
⑤ 환경 : 사람들은 환경문제에 대해 동기가 유발되는가?
⑥ 경제 : 경기를 걱정하는 수준이 높은가?
⑦ 전반적인 문화 분위기 : 절망스러운가 아니면 희망에 차 있는가?

현재의 트렌드들을 준거점으로 사용하여, 트렌드를 연결하기 위해 한쪽 눈을 질끈 감고 사물을 관찰하고 분석할 수 있어야 한다. 예를 들어, 다음과 같은 내용을 읽었다고 하자. "이웃 중에서 무장 경호원을 고용하는 사람이 점점 늘어나고 있다."이것을 트렌드와 연결을 시켜라. 방랑 코쿤이 더 깊어지고 있으며, 은거가 시작된다는 의미이다.

① 읽은 것 : 새로운 "실내 암벽타기" 시설이 개장되었다. 콜로라도 덴버에는 범퍼카, 미로, 박물관. 카페 등을 갖추고 큰 즐거움을 주는 실내 오락공원이 새로 등장하였다.
② 연결 : 소비자들은 실제 위험과는 거리가 먼 환상 모험을 즐기고 있다.
③ 본 것 : 지금 총 900개 버거킹 매장에서 오후 5시부터 8시까지 앞치마를 두른 웨이트리스가 주문받고 서빙하고 있다.
④ 연결 : 에고노믹스가 패스트푸드 영역까지 들어오고 있다. 따라서 혼란스러운 셀프 서비스 분위기는 보내 버리고 개인별로 세밀하게 신경을 써주는 서비스를 제공하고 있는 것이다.
⑤ 들은 것 : 에비앙(Evian)사가 아직도 리필할 수 없는 플라스틱 병을 사용하고 있기 때문에 에비앙에 대한 보이콧이 조직되었다(이 보이콧이 아직 실행되진 않았다).
⑥ 연결 : 소비자 자경단이 더 분노하고 있다.

또 신제품의 새로운 제작과정에 어떤 트렌드가 스며 있는지도 유의해라. 신제품 담배의 등장에 대해 이야기 해보자. 그 담배는 가장 질 좋은 연초로 만들었으며, 마치 특별한 날 저녁 정찬 후에 먹는 박하처럼 우아하게 포장하여 한 개비씩 낱개로 판매된다. 판매가 급증할 것이다. 아마도 그것은 건강장수 트렌드의 새로운 면이거나 그 반대 트렌드일 것이다. 아마도 사람들은 서서히 완전히 절제된 생활에 싫증이 나기 시작하고 담배를 한 개비 정도 피우는 것은 괜찮다고 생각하는 것이다.

① 연결 : 이러한 담배 신제품이 성공한다면 이제 어느 곳에서나 새로운 데카당스가 보편화될 것임을 알 수 있다. 바로 소비자 자경단이 쾌락주의로 바뀐다는 신호이다.

사람들이 걸프사의 위기를 보고 원유로 뒤덮인 바다라는 비극에 주목하게 되었다. 우리는 이제 물이라는 물질이 해초 양식장부터 돌고래, 새, 인간에 이르기까지 모든 생명체의 생명을 유지하는데 얼마나 중요한가를 깨닫기 시작했다.

① 연결 : 각종 음료제작에 쓰는 물은 어디서 오는가? 수질에 대한 국가 표준이 존재 하는가(아니, 아직 없다)를 생각하라.
② 연결 : 메인주에서 마시는 탄산음료가 뉴욕주에서 마시는 것보다 더 순수할 것이다.
③ 더 큰 연결 : 소비자들은 물의 성분 뿐 아니라 이제는 물의 근원까지도 알고자 한다.
④ 아이디어 : 내가 마시는 물에 대해서는 내가 조심하면 되지만 내 아이들이 마시는 물에 대해서는 별로 신경을 쓰지 못했다.
⑤ 신제품 아이디어 : 베이비 샘물, 북극 알래스카의 빙하에서 가져온 순수한 아기 전용 식수이다.

5) 소비자 시간을 어떻게 알아낼 것인가

소비자의 목소리가 소비자에게 도달하는 언어인 것처럼 소비자 시간은 소비자에게 도달하는 시간 흐름이다. 소비자 시간을 올바르게 읽기 위해서는 당신의 시계를 미래 시간에 정확하게 잘 맞추어야만 한다. 미래 시간이란 지금 당장은 실현되지 않았지만, 다가오고 있는 중이다. 그러므로 미래가 도착할 때를 미리 대비하는 것이 좋겠다는 뜻이다.

소비자 시간을 알아내는 것은 당신의 제품이 소비자에게 "바로 지금!"이라고 말하는 때가 언제일지를 결정하는 방법이다. 어떤 고객은 "신뢰로 가득 찬 도약"

이라고 부르기도 하였다. 즉 아직까지 보이지 않는 미래를 향해 노력을 집중하는 것이다. 트렌드는 바로 시장에서 소비자 시간이 언제일지를 예측하는 가장 정확한 방법이다. 지금 트렌드를 응용하라. 그러면 당신의 제품이나 포지셔닝은 소비자가 따라왔을 때 목표를 정확하게 맞출 것이다. 트렌드와 잘 통합하여 시간 흐름에 잘 맞추기 위해서는 시간 탄력성을 잘 알아야만 한다. 시간 탄력성이란 소비자 시간이 흐르는 속도가 외부의 사건이나 트렌드 그 자체로 인해 늦춰지거나 더 빨라지거나, 심지어는 간단히 멈추어버리는 현상을 의미하기 때문이다.

6) 전 세계로 떠나는 트렌드 사냥

① 소비자 면접

매년 정기적으로 또한 전 세계적으로 20여 가지 제품 카테고리 별로 약 4,000명의 소비자와 인터뷰를 실시한다.

② 독서

매달 수 개 국어로 발간되는 350여 종의 출판물을 읽는다. 트렌드 전문가가 되기 위해서는 모든 자료를 다 읽거나 적어도 훑어보아야 한다. 시사 일반/정보, 건강, 뉴스, 정치, 여행/ 국제, 이색간행물, 여성, 비즈니스, 남성, 온라인, 가정, 신세대, 환경, 신기술, 과학, 문학/예술, 음식/음료, 엔터테인먼트/ 가십, 소식지/상거래 관련 간행물 등 가능한 모든 분야를 커버할 수 있으면 좋다. 적어도 세상이 어떻게 돌아가고 있는지는 알고 있어야 한다. 필요한 주제를 정해 놓고 돌아가며 교대로 읽어 보는 것도 좋은 방법이다.

③ 현실 생각

문서만 가지고 트렌드를 예측하는 작업을 제대로 할 수 없다. 트렌드를 예측하기 위해서는 문서작업을 멈추고 현실을 생각해야 한다. 계속 생각하지 않으면 미래의 트렌드 흐름을 잃게 된다. 먼 시점까지 미래를 투영해보고 특정 시점에서 우리가 해야 할 가장 적정한 행동이 무엇인지를 알아보기 위하여 다시 뒤를 돌아다본다. 이 방법은 망원경을 거꾸로 하여 미래를 관찰하는 것과 같다. 만약 먼 미래에 어떠한 일이 일어날 것인가를 안다면 현재나 가까운 미래에 할 만한 가장 적절한 일이 무엇인지를 정하는 것은 쉬운 일이기 때문이다.

④ 연극 관람

브로드웨이는 물론, 오프-브로드웨이, 오프-오프-브로드웨이 연극을 본다.

⑤ 영화 관람

재미있는 영화와 재미없는 영화도 거의 다 본다.

⑥ 강연 참석

각종 강연에 참석하고, 비즈니스 포럼에도 참가한다.

⑦ 각종 문화 행사 참가

예술 공연, 박물관, 음악회, 나이트클럽에도 간다.

⑧ 텔레비전 프로그램 시청과 녹화

많은 시간을 텔레비전 앞에서 보내면서 프로그램들을 보고, 녹화하면서 트렌드를 캐낸다.

⑨ 히트곡과 베스트셀러 목록 분석

인기순위 10위 안에 드는 히트곡을 듣고, 베스트셀러 목록을 관리한다.

⑩ 브레인 잼

직원과 고객, 전 세계에서 활동하고 있는 재능 뱅크(talent bank)들과 브레인 잼을 한다. 재능뱅크는 트렌드를 파악하고 해독하기 위하여 필요한 독특한 시각을 파고 들어가기 위하여 조직한 전문가들이다. 브레인 리저브에서는 전 세계에서 흥미 있는 직업에 종사하거나 좀 특이한 삶을 살아가는 사람을 만나면 언제나 재능뱅크에 참여할 의사가 없는지를 스스럼없이 물어본다. 지금까지 약 5,000명 이상이 간단한 질문지 형식으로 된 이력서를 제출하였고 그 자료는 컴퓨터 시스템에 입력되어 있어서 필요할 때 마다 수시로 그들의 독특한 시각을 파고 들 수 있다.

⑪ 트렌드 사냥

새로운 상점, 새로운 업태, 새로운 제품 아이디어를 찾기 위하여 전 세계 곳곳으로 트렌드 사냥을 간다.

7) 트렌드 세미나

미래에 대한 전반적인 예측을 하기 위하여 만든 것이 트렌드 세미나이다. 트렌드 세미나를 하기 위하여 20명부터 1,500명의 사람을 어디서나 모아서 그룹을 만든다. 이 세미나에서는 사라지고 있는 것과 트렌드로 등장하는 것, 즉 열렬하건 아니건 간에 현재 영웅으로 되는 것의 예를 제시하면서 슬라이드뿐 아니라 사실과 수치를 이용하여 트렌드를 차원별로 나누어 본다.

청중을 웃기면서 세미나를 시작한다. 이렇게 가벼운 분위기가 무르익어야 여러 가지 이야기로 트렌드를 입증한다. 즉 이야기는 미래를 이끄는 지침이 된다. 이 과정에서 모아진 의견들은 처음에는 너무 쇼킹하고 불합리한 것으로 받아들여지지만 너무 보편적인 것으로 실현되는 트렌드가 될 수 있다.

1983년 플로리다에서 있었던 국제회의에서 페이스 팝콘은 AIDS라는 신종질병이 곧 미국에서 사람들이 사교하는 상호과정에 충격을 줄 것이라고 연설하였다. 단지 자유로운 성관계가 가능한 독신자 전용 바 에서 뿐 아니라 전반적인 결혼률, 자녀양육의 비율이 변화할 것이라고 하였다. 사람들은 낄낄거리기 시작하다가 마침내 큰 소리로 웃었다. 그것은 자기들 사업인 식품회사와는 아무런 상관이 없다고 말하면서. 이처럼 새로운 아이디어는 언제나 충격적이다.

4. 브레인 잼

팝콘은 브레인스토밍을 브레인 잼이라고 명명했다. 소비트렌드 분석가는 반드시 로댕의 '생각하는 사람'처럼 (무릎위에 팔꿈치를 얹고, 주먹을 이마에 대고) 바위 위에 앉아 있어야 할 필요는 없다. 소비트렌드 분석가는 자신이 잘 알고 있는 가장 훌륭한 사람들을 동원하여 브레인 잼의 과정을 통하여 소비트렌드를 예측하는데 필요한 더 많은 지식과 통찰력을 얻을 수 있다.

1) 브레인 잼 진행절차

당신이 알고 있는(혹은 알고자 하는) 다양한 사람들의 목록을 작성하라. 그리고는 전화를 걸어서 그들의 소중한 시간을 몇 시간만 내달라고 요청하라. 이렇게 하는데는 실패라는 것은 없다. 모든 사람이 도움을 줄 수 있고, 모든 사람이 혜택을 받을 수 있다. 기술적으로는 당신이 모임의 중심이 될 수 있겠지만, 실제로는 누구든지 봇물 터진 듯 풍부한 아이디어를 갖고 돌아가게 될 것이다. 놀라운 것은 제일 큰 기여를 하는 사람은 흔히 가장 말을 잘하는 사람이 아니라는 사실이다. 흔히 수줍어하는 낯선 사람이 결과적으로 가장 상상력이 풍부하고, 직관적이고, 독창적인 참여자가 된다.

그 과정은 신기하고도 색다르다. 왜냐하면 브레인파워는 수학 방정식과는 다르기 때문이다. 10명이 한 가지 주제에 집중하면 한 시간 안에 한 사람이 100시간 생각하는 것보다 더 좋고, 날카롭고, 강도 높은 결론에 다다를 수 있다. 다양한 사람들이 충분히 잘 섞이면 대답은 더욱 재미있고 더욱 다양해질 수 있다.

성공의 비결은 공정한 중립적인 리더를 세우는 것이며, 그는 칠판 옆에 서서 ('앉아 있지 않고') 사람들이 하는 말을 '모두' 적어 놓는 것이 좋다(아주 훌륭한 아이디어가 묻혀 있다가 나중에 발견될 수도 있다). 진행자는 치우치지 않고 침착한 태도를 견지하면서 해결책의 핵심을 찾아내기 위해서 그룹에게 주제를 상기시키고, 횡설수설하는 것을 막아주고, 부정적인 측면을 걸러내고 탐구한다.

2) 브레인 잼 연습문제

다음에 나오는 것은 브레인 리저브에서 브레인잼을 시작하기 위해 사용하는 연습문제들을 현재 우리나라의 상황에 맞추어서 약간 변경한 것이다. 그 문제들을 살펴보고 머리를 맞대고 앉아서 당신들의 것을 고안해보아라.

(1) 연습문제 1

삼성이 '퓨처캠(FutureCam) 7' 이라는 제품을 출시했는데, 그것을 이용해서 사람들은 2030년의 세상을 볼 수 있고 어디서든지 사진을 찍을 수 있다고 가정하자.

① 당신은 어떤 장면이나 어떤 장소에서 사진을 찍겠는가?
② 그 사진 안에는 누가 들어갈까?
③ 2030년 새해 첫날, 전국적으로 발행되는 신문의 '제1면'의 사진을 찍어라 (혹은 어떤 다른 것으로 대체해도 좋다).
④ 가장 큰 헤드라인 5개는 무엇일까?

(2) 연습문제 2

눈을 감고 심호흡을 하고 긴장을 풀어라. 그리고 당신이 길고 조용한 복도를 걸어가고 있다고 상상해보아라. 당신의 왼편에 '나의 사무실, 2030'이라고 표시된 문이 있다. 그 문을 열고 안으로 걸어 들어가라.

① 그곳의 장면과 소리에 대해서 말해보라. 아니면, 그곳의 냄새에 대해서 말해보라.
② 가구와 집기들은 어떻게 생겼는가? 그것들의 용도는 무엇인가?
③ 거기에 누구 다른 사람이 있는가? 그가 누구인가?

이제 사무실에서 나와서 복도를 계속해서 더 걸어 가보아라. 당신의 오른쪽에 '나의 집, 2030'이라는 표시가 붙어 있는 문이 있다. 안으로 들어가서 눈에 보이는 모든 것에 대해 기술하라.

(3) 연습문제 3

당신이 20세였을 때로 돌아가서 생각해보아라.

① 그 당시 가장 소중했던 미래의 꿈은 무엇이었는가?
② 2030년을 향한 현재 당신의 가장 소중한 꿈은 무엇인가?

(4) 연습문제 4

① 2030년의 당신에 대해 기술하라.
② 당신의 제품이나 서비스에 대해 기술하라.
③ 당신의 회사에 대해 기술하라.
④ 당신의 경쟁자들에 대해 기술하라.
⑤ 당신의 친구들에 대해 기술하라.
⑥ 당신의 적들에 대해 기술하라.
⑦ 당신의 최대 성공은 무엇이 될 것인가?
⑧ 당신의 최대 실패는 무엇이 될 것인가?

(5) 연습문제 5

당신 자신의 '페르소나(외적 인격)들'에 대해 생각해보고 그 각각에 대해 간단하게 기술하라.

① 오늘의 당신은 누구인가?(인성적 내용 포함)
② 전화상의 당신은 누구인가?
③ 비디오 컨퍼런스(화상회의)시의 당신은 누구이며, 누구이기를 원하는가?
④ 컴퓨터 온라인 게시판상의 당신은 누구이며, 누구이기를 원하는가?

⑤ 가상현실 화면상의 당신은 누구이며, 누구이기를 원하는가?

(6) 연습문제 6

파악하기 : 당신이 다음과 같은 이름을 들었을 때 머리 속에 떠오르는 최초의 한 가지 이미지는 무엇인가(우리는 그것을 '뱃지(badge)'라 부른다)?

① 갤럭시S7
② 포켓몬GO
③ 인스타그램
④ 카카오톡
⑤ 나이키
⑥ 하기스
⑦ 당신의 아이디어

(7) 연습문제 7

어떻게 하면 당신의 아이디어를 위해서 본 것처럼 '뱃지'로 성공시킬 수 있을까? 그것이 어떻게 생겼을지 기술하라.
다음에 대해 생각해보라.

① 포장하기
② 광고/홍보
③ 인간관계
④ 마케팅
⑤ 인사
⑥ 장비
⑦ 교육
⑧ 선행(Good works)

(8) 연습문제 8

다음에 나오는 것은 테크노-브레인잼이다.

1990년대의 생활이 어떠했나에 대해 잠시 생각해보라(혹은 70년대나 80년대에 대해서). 그리하여 그 당시의 남성과 여성을 설명하는 단어나 문구들을 나열해 보아라(남녀별 목록을 따로 만들어라).

① 위와 똑같이, 2030년대 말의 남성과 여성에 대해서 말해보라.
② 당신은 멜라니 혹은 맥스라는 이름의 컴퓨터이다. 당신 자신에 대해 기술하라.
③ '두려운 기술'이라는 용어가 있다. 그것에 대해 어떻게 기술하겠는가?(즉 기술에 대해서 당신이 두려워하는 것은 무엇인가, 어떤 나쁜 일이 생길 수 있을까?)
④ 당신은 컴퓨터를 사기 전에 고려해야 할 수많은 사항들의 목록을 만들고 있다. 그 목록에는 무엇이 들어갈까?(힌트 : 어디서, 왜, 어떻게, 무엇을.)
⑤ 다음과 같은 단어를 들을 때/볼 때 어떤 서비스/제품이 떠오르는가 : 임파워먼트(권한위양), 통제, 사치, 자유, 안전, 그리고 즐거움.
⑥ 당신은 '주방용 테이블'을 만드는 조그만 회사의 소유주/창업주인데, 고객에게 보낼 편지를 쓰고 있다. 당신의 홍보용 편지의 헤드라인은 무엇인가?
⑦ 당신은 (1)미술을 전공하는 대학생이다 (2)소비재 회사 대상의 마케팅을 담당하는 유일한 사업주이다 (3)조경 서비스를 담당하는 작은 사업체의 소유주이다. 당신은 다른 사람들과 어떻게 다른 방법으로 컴퓨터를 사용하겠는가?
⑧ 다음 문장을 완결하라 : "온라인에 접속하는 것은 …와 같다."
⑨ 순간적으로 머리에 떠오르는 것 : 소비자로서 당신은 다음과 같은 것을 들을 때 무엇을 떠올리는가? 랜, 통합 솔루션, 채널, 모바일빌

(9) 연습문제 9

믹스 앤 매치(mix and match)라는 오래된 단어 게임을 하라. 이번 연습문제에서는 최대한 와일드하고 창의적으로 되어보아라. 여기서 거론된 분야에 대해서 생각해보고, 그것들을 세 개의 트렌드와 매치시켜 보라. 그리고 다음 문장을 완성하라:

“나의 아이디어는 [트렌드]와 어울린다. 왜냐하면…”(예 : “나의 이메일 감시는 환상 모험/윌더링(Wildering) 트렌드와 어울린다. 왜냐하면 그것은 휴대용이기 때문에 텐트나 나의 보트, 통나무집 안에서도 일할 수 있게 해주기 때문이다.”)

(10) 연습문제 10

다음에 나오는 것은 패스트푸드 치킨에 관한 브레인잼이다. 그렇지만 거의 모든 주제에 적용할 수 있다.

① 당신이 어렸을 때 좋아한 음식은 무엇이었는가? 왜 그것을 좋아했는가?
② 당신이 제일 싫어한 음식은 무엇이었는가? 왜 그것을 싫어했는가?
③ 지난주 중에 당신이 처음부터 끝까지 완성했던 요리의 모든 세부사항에 대해(혹은 당신이 좋아하는 조리방법에 대해) 생각해보라. 그와 관련해서 즐거웠던/불쾌했던 점은 무엇인가?
④ 좋아하는 식품의 질감(씹는 맛)을 말해보라. 무엇이 생각나는가?
⑤ 좋아하는 식품의 냄새를 말해보라. 무엇이 생각나는가?
⑥ 아침, 점심, 간식, 저녁별로 당신이 좋아하는 음식을 나열하라. 그 식품의 어떤 특징들 때문에 그것이 하루 중 그 시간에 적절하다고 생각하는가?
⑦ 식품 광고에 붙는 마지막 문구 중 잘 알려진 것은 ‘흔들어서 구어라’였다. 당신은 식품 조리 과정에서 그 외에 어떤 일을 하는가 생각해보고 새로운 마지막 문구를 만들어보라.
⑧ 마음에 드는 맛의 조합을 목록으로 만들어라.
⑨ 당신이 멀리 있는 행성 ‘칼루머’의 식사부 장관이라고 상상해보라. 그곳 사람들은 미국 중서부 사람들이 가지고 있는 좋은 특징들을 모두 가지고 있다. 건전한 가치관, 근면성, 가정적인 생활태도 등이다. 칼루머에 대해서 한 가지 재미있는 사실은 그곳의 주민들은 태고적부터 한 가지 음식만을 먹고 살았다는 것이다. 칼루머 벌레이다. 그들은 일주일에 9일 하루 10끼를 모두 그것만 먹고 살았다. 그런데 지난 10년간 극심한 생태계 재난으로 그 벌레가 멸종되었다. 당신은 벌레의 대체물을 찾으러 지구로 보내

졌고, 당신의 공식 접촉 대상인 줄리아 차일드는 닭고기를 제안했다. 그녀는 당신에게 지금 막 털을 뽑은 샘플 닭을 제시한다. 당신의 최초 반응은 놀라움이다. 그렇게 생긴 그 어떤 것도 본 적이 없기 때문이다. 당신은 그 다음 어떻게 생각할 것인가? 그 닭을 보아라. 그리고 가능한 한 최대한의 찬사를 동원해서 닭을 기술해보라. 당신이 만일 닭을 새로 창조해 낼 수 있다면 어떻게 만들겠는가(즉 형태, 색깔, 질감 등을 어떻게 변화시킬 것이며, 심지어는 이름까지 새로 지어보라)?

⑩ 새로운 닭고기 조리법을 만들어라(힌트 : 찍어먹는 소스, 양념소스, 겉에 입히는 것, 안에 채우는 것 등).

⑪ 트렌드를 적은 목록을 나눠주어라. 그 트렌드들 중 적어도 4개 이상에 해당되는 닭고기 요리나 식사에 대해 기술하라.

브레인잼을 통해 당신의 꿈을 정밀하게 조정할 수 있고 희망사항을 재정립할 수 있다. 브레인잼은 하나의 출발점으로 사용될 수도 있고, 도중에 지속적인 체크리스트로 사용될 수도 있다. 브레인잼을 도구로 삼아 당신 자신을 풀고, 열고, 녹이고, 개방시켜라.

공기가 없어도 몇 초 동안은 살 수 있고, 물이 없어도 며칠을 살고, 먹지 않아도 몇 주일은 산다. 그렇지만 아이디어의 지속적인 흐름 없이 클릭은 절대 불가능하다. 계속해서 브레인잼 시간을 가져라!

7장

거리문화접근법

거리문화 접근방법은 주변문화나 언더그라운드문화, 제품범주 전체보다는 특정 제품에 대한 시각, 정서, 감각을 이해하고 파악하여 트렌드를 읽는 방식이다. 주변문화에서 나타난 트렌드의 징후가 트렌드의 근원이 되고 새로운 트렌드를 일으키는 바람이 될 수 있기 때문이다. 그러므로 거리문화 접근 방법은 트렌드의 근원으로 직접 들어가서 이 새로운 바람이 일으키는 현상을 해석하고 이를 통하여 트렌드를 예측한다. 이 장에서는 마켓 리서치 회사인 Sputnik의 공동 창립자들이 쓴 마인드 트렌드 보고서(김성훈 역, 재닌 로피아노-미즈덤 & 조안 데 루카 저, 1999)를 중심으로 하여 거리문화 접근법에 관하여 설명하고자 한다(서정희, 2005).

1. 거리문화

1) 다양한 문화가 공존하는 거리

현재 거리문화를 형성하는 주체라고 할 수 있는 청년문화는 과거와는 달리 그 경계가 무한대로 뻗어나가고 있다. 현재 청년문화의 주축이 되는 신세대들은 정보의 홍수 속에서 살고 있다. 하루 종일 음악과 관련된 장면만 내보내는 MTV,

다양한 잡지, 공상과학 소설 애호자들이 만드는 동인지, 웹 사이트 이외에도 거리로부터 다가오는 온갖 요인들이 이들에게 영향을 미치고 있다. 이러한 환경 때문에 신세대들로 하여금 주류문화 또는 기성문화와 다른 주변문화로 과감하게 생활할 수 있게 하는 요인들이 되고 있다. 거리에는 지금도 융합현상이 진행되고 있다. 다양한 문화들이 서로에게 필요한 것들을 빌리고 또 그것이 거꾸로 영향을 미친다. 음악, 패션, 모임장소 등에서 이러한 일이 계속 일어나고 있다.

① 거리는 무엇이 최신유행이며 무엇이 대안인지를 규정하고 해석하고 있다.

코나 귀를 뚫은 장식물, 남자와 여자 모두가 애용하는 어두운 색의 화장품, 일본에서 발명된 다마고치처럼 화면이 움직이는 액세서리와 장난감, 외계인 가면, 그런지 또는 인디(indie) 스타일, 1960년대와 1970년대의 패션과 음악에 대한 열광적 복고 바람, 스케이트 보딩, 롤러 브레이드, BMX biking에 이르는 새로운 스포츠에 대한 인기, 힙합음악이나 얼터너티브 음악과 같은 음악장르 등은 모두 기성 주류문화에 새로운 거리문화가 접합된 것들이다.

② 거리문화는 다양한 하위문화로 구성되어 있다.

거리문화는 주변문화 또는 반문화와 동의어로 사용되고 있다. 그러나 거리문화는 하나의 문화군이 아니라 다양한 하위문화로 구성되어 있으면서 각기 다른 사고체계와 영향으로부터 계속해서 표본을 구하거나 빌리고 있다. 펑크문화, 립스틱을 귀신처럼 으시시하게 칠하는 현상인 고딕(Goethic) 문화, 휴대폰 등을 가능한 작게 만들려는 경향을 의미하는 미소문화(Micro-culture)에서 그런지 주류문화에 이르기까지 거리문화는 우리의 스타일과 음악, 새로운 매체에 대한 관심을 편집한다.

③ 음악이 그 시대 문화의 특성을 가장 뚜렷하게 대변해왔다.

록 음악, 펑크 음악, 전자 음악 등의 특성을 이 음악을 연구하고 향유하는 사람들의 모습과 일치시킬 수 있다. 그러나 현재는 콤팩트디스크가 돌아가는 속도보다 더 빨리 각종 음악들이 융합하고 있고, 또 모두가 각기 다른 양식의 음악들을 수용해서 그것들을 서로 결합시키고 있다. 이 결과 젊은이들의 감각에 맞는 새로운 양식의 음악들이 탄생하고 있다.

④ 문화의 다양성은 소비자에게 다양한 차이를 기뻐하고 즐기도록 가르쳐왔다.

대중매체, 첨단기술, 사회현상들을 통하여 전혀 다른 성격의 문화들과 각기 다른 사고체계들에 노출되어 있다. 이 결과 현재 청년문화는 다양성의 거대한 표본이라고 할 수 있다. 이러한 문화의 다양성은 소비자에게 다양한 차이를 기뻐하고 다른 사람들의 특징들을 즐기도록 가르쳐왔다.

미국의 뉴저지 주에 있는 저지시티는 미국에서 인종구성이 가장 복잡한 도시로 알려져 있다. 이러한 인종적 다양성은 구성원들에게 다양한 흥미로운 경험을 제공하고 있다. 학교생활에서 각기 다른 언어, 새로운 종교와 신념체계, 인종 고유의 음식 등이 하나로 뭉쳐지는 경험을 할 수 있다. 이 과정에서 진짜 지구촌이 형성되고 있다.

⑤ 거리문화의 다양성이 시간이 지나면서 고유문화로 성장했다.

1950년대의 비트족 문화나 1960년대의 모드족 문화를 예로 들 수 있다. 비트족 문화는 냉전시대의 미국사회에 환멸을 느껴서 인습적인 사상이나 문화, 생활태도에 반발하여 이상한 복장으로 제멋대로 방랑생활을 하는 젊은이들의 문화를 의미한다. 모드족은 1963년경부터 나타난 영국의 젊은 비트족 문화로 에드워드 왕조의 의상과 풍속을 초현대풍으로 거드름 피우며 입은 10대의 소년과 소녀들을 지칭하는 말이다. 그 당시 주류문화는 비트족과 같은 문화를 반문화로 규정했다.

그러나 반문화족들은 끼리끼리 모여 살면서 나름대로 독특한 문화를 이루었다. 이들은 주류로부터 반문화집단이라고 매도당했지만 폐쇄적 성격의 관료체제에 대항하여 창조적 비전과 개인의 자유를 옹호하는 자유로운 인간들의 집단이었다. 현재 거리문화도 이와 유사해서 1950년대 비트족과 다른 반문화들이 내건 비전들을 좀 더 다양하게 발전시키고 있다.

2) 오늘의 거리문화가 내일의 주류시장을 만든다.

거리는 진짜 창조적 비전을 가진 사람들을 만날 수 있는 곳이다. 젊은이들이 내뿜는 청춘의 열기와 활력에 매료되어 거리의 청년문화에 주목의 눈길을 보내고 있다. 고급 여성 의류 디자이너에서 음반 제작자에 이르기까지 모든 사람들은 거리의 청년문화에 시선을 집중하고 있다. 과거에는 패션디자이너가 패션을 주도하였으나, 오늘날에는 거리의 청년문화가 유행을 주도하고 있기 때문이다.

패션, 식품, 음료, 음악, 영화 등의 분야에서 미래의 소비트렌드를 읽기 위하여 거리의 젊은이들이 가지고 있는 스타일, 태도, 취향에 주목하고 있다. 진짜 나이보다 더 젊어 보이게 만드는 알파 하이드록사이드(Alpha Hydroxide), 정신적으로 자신을 젊다고 생각하게 만드는 뉴 에이지 서적들, 일상생활에서 캐주얼을 선호하고 캐주얼 입는 날(dress down days)을 정한 것 등은 모두 젊은이들의 스타일에서 영감을 얻어 만든 것들이다.

① 현재 젊은 세대는 세계를 조정할 수 있는 위치에 있다.

디지털정보 시대에 살고 있는 현재 젊은이들은 자신들이 접하는 관점들을 무엇이든지 재빨리 흡수하고 배운다. 개인적으로 즉시 정보를 입수할 수 있는 기술이 확대되고 있는 시점이기 때문에 젊은이들은 문자 그대로 세계를 조종할 수 있는 위치에 확고하게 진입했다고 볼 수 있다. 원하기만 하면 언제든지 자신들이 원하는 정보를 얻을 수 있다. 순간순간 기분에 따라 이들이 어떤 생각을 하며 어떤 정보를 얻을지는 아무도 예측할 수 없다. 현재 젊은이들은 호기심을 폭발적으로 발휘하고 있기 때문에 이들은 새로운 문화창조자가 된다. 그러므로 이들을 연구하고 탐구함으로써 트렌드를 예측할 수 있다.

② 1990년대 들어서면서 젊은이 취향의 유행들이 우리의 삶을 크게 바꾸어 놓았고 이러한 유행을 반영하는 제품들이 쏟아져 나왔다.

코나 귀를 비롯해서 몸을 뚫어서 치장하는 장식품들, 마치 3년에 한번은 70년대니, 80년대니 하는 과거 10년 시기를 맞는 것 같은 복고풍 의복, 복고풍 실내장식, 인삼성분이 함유된 사탕이나 음료, 껌, 마음속에 아직도 살아서 동심을 자극하는 먹을거리가 둥둥 떠 있는 음료수, 소량으로 생산되는 고급맥주, 뉴욕에서 로스엔젤레스까지 미국 전역의 최첨단 유행 댄스 클럽을 뒤흔드는 테크노(techno), 정글(jungle), 트립합(trip-hop), 테크트로닉(techtronic), 일렉트로(electro), 엠비언트(ambient) 등을 예로 들 수 있다.

③ 주변문화에서 시작된 허다한 유행들이 진원지를 흘러 넘쳐 주류문화로 정착되었다.

전자음악의 유행을 대표적인 예로 들 수 있다. 디스크자키들이 신디사이저나 턴테이블을 이용하여 각기 다른 성격의 음악들을 혼합시켜 새로 만들어낸 테크노음악은 TV광고나 만화영화로 침투했다. 시애틀의 한 록그룹은 얼터너티브 음악을 선보여 그런지라는 새로운 거리음악의 탄생에 영향을 주었다. 그런지는 1990년대 초반부터 패션계에도 대대적으로 유행했고, 도나 카란이나 베르사체 같은 일류 유명 디자이너들도 패션쇼에 등장시킬 정도로 발전했다.

④ '젊음의 자기표현'이라는 강력한 욕구가 거리문화의 원동력이다.

과거의 비트족과는 달리 오늘날의 젊은이들은 외모를 통하여 자신의 개성을 한껏 표현하고 있다. 외모를 통하여 자신의 정체성을 가장 솔직하게 드러내고 있다. 몸과 얼굴을 뚫어서 치장하는 장식물, 리벳이나 큰 나무못으로 고정하거나 아주 밝은 염색약으로 치장한 머리, 어두침침하거나 핏빛과 같은 선명한 화장 등은 모두 이들의 개성을 겉으로 표현하는 '톡톡 튀는 방식'이다. 몸은 자신들의 소유이면서 마음대로 바꿀 수 있는 유일한 것이기 때문이다.

⑤ 집단적 믿음이 유행을 창조한다.

계속해서 영화나 드라마의 주제가 되고 있고, 많은 제품에도 나타나고 있는 외계인을 예로 들 수 있다. 시간과 역사를 초월하며 존재해왔으며 지금도 존재하는 물결인 집단적 믿음이 외계인에 대하여 열광하고 집착함으로써 유행하게 하였다. 즉 외계인이 존재할 수 있다는 미리 상정한 현실이 외계인의 존재를 원한다는 순전한 믿음으로 밑받침되었던 것이다. 현재 거리문화의 주인공들은 우리의 미래가 어떻게 될 것인가를 여전히 화제로 삼고 있으며, 우리 인간만이 이 세계에서 고등지능을 소유한 유일한 생명체는 아니라고 믿고 있다.

3) 거리문화를 존재하게 하는 원동력

거리문화를 존재하게 하는 원동력을 이해해야 거리문화를 향유하고 있는 젊은이들이 무엇을 배우고 무엇을 발견하는지를 알 수 있고, 이들과 대화를 나눌 수 있는 방법을 알게 됨으로써 트렌드를 읽을 수 있다. 비주류 언더그라운드 젊은이들의 성향을 이해해야 미래에 주류시장에서 막대한 이익을 낳을 수 있는 소비트렌드를 먼저 예측할 수 있다.

오늘날의 거리문화는 자신들의 두뇌를 채우고 싶어 한다. 언제나 금지당해 왔던 주변문화에 대하여 배우고 그 존재조차 알지 못했던 의식과 전통을 경험하고 지구촌 공동체의식을 인식하는데 도움이 된다고 믿고 있는 철학에 주의를 기울이고 듣고 싶어 한다. 이러한 정신적 변모, 독립심 고양, 리더십 등은 과거의 펑크족과는 질이 다르다. 과거의 반주류문화는 대중문화로 정착하지 못했으나 현재 청년문화는 하나의 사고체계로서 모든 주변문화들을 연결하고 융합하면서 하나의 하위문화로서 독립의식을 고수하는 전깃줄 역할을 하고 있다.

(1) 집단적 지능 집단

사람들의 생각이 만나는 장소인 거리에서 형성되는 문화가 나타내는 정신적 변화는 집단적 지능 집단(collective intellect group)의 기초가 된다.

① 새로운 사회세력으로 탄생한 집단으로 우리 시대의 신사고 세대

진정으로 문화의 대안자로 자리 잡으려고 노력하는 음악가, 미술가, 영화제작자, 사회운동가 등으로 구성된 집단이다. 이 집단은 나이도 필요 없고, 다른 무엇보다도 존엄성을 굳건한 신념으로 믿고 있고, 이 세계에서 인정받고 기여하는 것이 돈보다 더 중요하다. 이들은 다양한 정보를 제공하는 인터넷 사이트와 고전문학과 같은 분야에서 추구하는 지적인 성장을 뛰어넘어 자기만의 것을 창조하려는 신념으로 가득 차 있다.

② 자의식이 뚜렷하다.

사회관계나 정치적 사고를 할 때 자신들이 올바르다는 것에 자부심을 가지고 있다. 이들은 실제로 똑똑하며, 자신들이 똑똑하다는 것을 언제나 의식하고 있다. 이들은 어느 곳에서나 금방 눈에 띈다. 그들의 마음을 끄는 것은 편안함과 안락함이다.

③ 복고풍의 구식스타일을 수용한 첫 세대이다.

유행이 시작되기 3년전에 이미 육해군 중고 군수품 가게에서 컨버스(converse) 농구화를 사고 팔았고 중고 청바지를 사서 입었다. 담배도 복고적 향수를 불러일으키는 브랜드를 선택하고, 스타벅스 보다는 작은 커피숍에서 뉴 에이지 커피를 즐겼고, 손에는 언더그라운드 문화에서 발행한 책이나 잡지를 반드시 들고 있다.

④ 유행을 타는 물건이나 사람을 멀리한다.

바겐세일 기간에도 유명백화점에서 물건을 사지 않고, 유명휴양지를 이용하지 않는다. 10대들이 즐겨보는 MTV도 멀리한다. TV를 시청할 때도 한밤중에 주로 재탕으로 방영되는 <한 밤의 닉> 같은 연속 코미디를 보고, 흑백영화와 디스커버리 채널의 과학 다큐멘터리를 즐긴다. 이들은 또한 독립영화, 음악 시연회, 미술 전시장을 자주 찾는다. 그리고 관람료를 지불하기 전에 누가 이 이벤트에 협찬했는지 확인한다.

⑤ 환경친화적이고 다양한 사회운동을 주도한다.

자원재활용을 생활화하고, 불필요한 낭비를 피하기 위하여 늘 환경을 의식하고 적극적으로 환경운동을 지원하고 존중한다. 주로 도시 중심부에 살고 있기 때문에 여러 종류의 운동을 시작했고, 많은 사건의 주역으로 등장하였다.

(2) 문화투사

① 문화를 위하여 생각하고 행동하는 집단적 지성인

열정에 사로잡힌 문화투사들은 지적이고 정신적이고 예술적인 정신과 도시적인 성향이 결합되어 있다. 인종적으로나 지역적으로 다양한 사람들이 결합되어 있고, 나름대로의 문화양식을 향유하기 위하여 지구상의 모든 문화를 배우고 받아들인다. 이들의 생존기반은 문화산업이다.

② 문화를 통하여 새로운 세계 창조

도시중심부의 선지자들은 젊고, 인종적으로 다양하고 삶의 지혜를 터득하고 있다. 이들이 제공하는 메시지에는 자신들에게 물질적으로 사회적으로 아무 것도 제공해주지 않는 세계에서 성장하면서 느끼는 소외감이 주로 담겨 있다. 이들은 예술이나 사회에 관심이 있는 조직을 스스로 만들어서 자신의 미래를 창조할 준비를 함으로써 대중들로 하여금 문화를 통하여 새로운 세계를 창조할 수 있다는 것을 보여준다.

③ 운동과 새로운 유행거리

절대채식주의, 사회운동가를 위한 사이트, 전체주의의 재탄생을 경계하는 운동, 가상현실을 구축하는 언어의 개발과 사용, 장비를 갖추지 않은 암벽과 빙벽등반, 산악자전거 타기, 스카이 서핑 등과 같이 인연이나 열반의 경험을 가져다주는 스포츠를 통하여 극단적인 선(禪) 추구, 인디언들의 영혼성 추구, 컬트영화와 독립 영화 즐기기, 아시아와 극동문화에 관심 갖기, 과거 문명과 현실 생활 연결(에디오피아의 재발견), 언더그라운드 문화잡지, 창조적 저술, 시낭송회와 퍼포먼스 아트 등이 속한다.

(3) 힙합족

① 온갖 다양성을 인정하는 생활 스타일

힙합은 1970년대 미국 뉴욕 브롱크스 지역 빈민가에서 흑인들이 '놀다가' 만든 장르다. 누군가 음악을 선곡해 틀었고(디제이), 거기에 맞춰 춤을 추고(비보이), 정식 음악교육을 받지 못했기 때문에 멜로디 없이 자기 자랑을 하기 시작했고(랩), '이 구역은 내 거야'라며 스프레이로 표시(그라피티)를 한 것이 힙합이 된 것이다. 즉 지극히 개인적인 놀이 개념에서 출발했기 때문에 감정을 억압당하고, 할 말을 못하고 사는 청년들에게 힙합이 '탈출구'가 될 수 있는 것이다(한겨레신문, 2016년 12월 1일).

미국의 흑인사회에서 탄생했으나 미국 국적을 가진 흑인, 아시아인, 남미인, 도시지역과 교외지역의 백인 등이 함께 어우러진 용광로와 같은 특성을 지니고 있다. 힙합은 랩음악을 탄생시킨 문화로 나름의 언어, 의복양식, 음악 사고체계를 가지고 있는 생활 스타일이다.

② 유행 선도

이들의 주요 관심사는 힙합음악에 있다. 이 음악의 선봉대를 맡고 있는 젊은 이들은 반항적이기 때문에 자기 자신만의 레코드 상표를 만들었고 거리에서 음악을 시연하면서 선전했다. 힙합음악이 성공하면서 자동차 회사, 의상 디자이너, 주류 유통업자들이 이들과 관계를 맺고 싶어 했다. 그러나 이들은 수동적인 존재가 아니기 때문에 자신의 파트너를 스스로 발견하고 선정하고 싶어 한다. 이들은 유행을 선도할 뿐 아니라 연출의 명수들이기 때문에 자신이 선택한 상품을 폭발적으로 유행시킨다. 이들은 과거의 유행 속에서 유행을 창조하는 요소들을 빌려서 '자기만의 스타일'을 만드는 방법을 본능적으로 알고 있다.

③ 모여서 하는 일

거리의 골목, 지하실, 클럽 등에서 즐기는 프리 스타일 활동, 조촐한 파티, 언더그라운드음악 클럽, 디제이들이 제왕으로 군림하면서 최신 댄스 음악을 소개하는 창고형 대형 클럽, 친구들과 어울려 여기 저기 쏘다니기 등이 모여서 하는 일이다.

④ 힙합패션

힙합 '패션'이 정립되기 시작한 건 1980년대 들어서다. '런 디엠시'(RUN DMC)라는 힙합 그룹이 금속 체인을 목에 두른 채 가죽 구스 다운 코트를 입고 슈퍼스타를 신었는데, 이것이 래퍼의 공식 '드레스 코드'가 되었다. 힙합이 세계적으로 유행하기 시작한 1990년대 들어와서는 힙합의 특징 가운데 하나인 '자기과시'가 패션에도 파고든다. 티셔츠는 무릎까지 내려왔고, 바지 엉덩이는 오금에 걸릴 정도였다. 옷이 커지면 그만큼 덩치도 커 보인다. 훔친 옷이나 모자라는 점을 내세우기 위해 가격표를 떼지 않기도 했다. 1992년 '점프'라는 노래로 8주간 빌보드차트 1위를 차지했던 10대 힙합 그룹 '크리스 크로스'는 심지어 이런 큰 옷을 뒤집어 입어 유행시켰다. 당시 힙합 패션은 일상으로도 퍼져나가 '후부', '팀버랜드', '마자플라바' 같은 힙합 브랜드가 크게 인기를 끌었다.

2000년대 이후 힙합 패션은 누구나 편하게 입는 '길거리 패션'으로 자리를 잡았다. 굳이 말하지 않는 이상 '힙합 패션'이라고 보이지 않을 정도다. 힙합을 전문으로 내세운 브랜드들도 쇠퇴했다. 2013년 제일모직(현재 삼성물산 패션부문)이 '후부' 라이선스 사업을 접은 것이 대표적인 예다. 그라피티 아티스트이자 스트리트 패션 브랜드 '스티그마'의 대표인 제이플로우는 "최근에는 힙합 스타일이라고 정의되는 옷은 없다고 봐야 한다. 그나마 눈에 띄는 것은 한동안 스냅백(챙을 일자로 편 야구모자)에 눌려 사라졌던 볼캡(챙을 휜 야구모자)을 찾는 이들이 조금씩 늘고 있고, 1990년대 유행했던 트레이닝복이 다시 관심을 받는 정도"라고 말했다(한겨레신문, 2016년 12월 1일).

⑤ 힙합 용어

'스웨그'(swag)는 원래 셰익스피어의 <한여름 밤의 꿈>에서 가장 처음 사용된 단어로, '건들거리다'는 뜻이었는데 힙합 뮤지션 사이에선 '멋지다'는 의미로 쓰인다. 멋있는 비트, 랩, 옷차림, 말투, 행동 등에 두루두루 쓰인다.

'라임'(rhyme)은 시에서 쓰는 '압운'이다. 시 문장의 끝 단어를 같은 음으로 맞추는 것으로, 라임이 잘 맞아야 '스웨그' 소리를 들을 수 있다. 디제이 디오시(DJ DOC)의 '포조리'라는 노래에 가사를 예로 들 수 있다. "문제야 문제 우리나라 경제 ×같은 짭새와 꼰대가 문제."

'플로'(flow)는 흐름이란 뜻처럼, 래퍼들이 랩을 할 때의 전반적인 분위기를 의미한다. 랩을 들었을 때 발음, 속도, 박자 등이 물 흐르듯 술술 흘러가는 느낌이다.

'디스'는 무례함, 결례 등을 뜻하는 '디스리스펙트'(disrespect)의 줄임말로 미국에서 정말로 사이가 안 좋은 래퍼들끼리 랩으로 서로를 비난하는 걸로 시작됐다. 하지만 최근 한국에선 일종의 유희로 하는 경우도 많다.

'컨트롤 비트'도 비슷한 뜻으로 사용되고 있다. 미국의 힙합 뮤지션 '빅션'이 2013년 '컨트롤'이란 노래에서 당시 미국 래퍼들을 엄청나게 디스한 뒤로 래퍼들이 이 노래의 비트에 가사만 바꿔서 서로 디스하는 곡을 만들었다. 한국에서도 '스윙스'가 이 비트를 가져와 디스곡을 만들면서 한국판 '컨트롤 대전'이 났다(한계레신문, 2016년 12월 1일).

⑥ 한국의 힙합문화

2016년 말 현재 대한민국은 힙합 세상이다. 2012년 첫 방송을 시작한 케이블티브이 엠넷의 <쇼미더머니>는 시즌5에서 시청률 3.8%를 기록해 지상파 3사의 가요 순위 프로그램 시청률이 1.5% 안팎인 것과 비교하면 2배가 넘는다. <무한도전>에선 힙합에 역사를 결합한 '힙합 프로젝트'를 진행 중이고, 서울 예술의전당에서는 힙합의 한 요소인 그라피티를 소재로 한 '위대한 낙서'전도 열렸다. 2015년부터는 힙합을 소재로 한 영화만 상영하는 '서울 힙합영화제'도 열리고 있다. 음악 차트인 '가온차트' 분석을 보면 연간 음원 매출 상위 100곡 가운데 힙합 점유율은 2009년 7%였지만 2014년엔 15%로 뛰었다(한겨레신문, 2016년 12월 1일).

이렇게 힙합이 인기를 끌면서 2018년 말부터 국내 자동차 업계에서는 힙합마케팅이 활발하게 진행되었다. 자동차 구매력을 갖춘 2030세대뿐 아니라 미래의 잠재고객인 청소년층 등 힙합을 좋아하는 세대에 브랜드를 각인시키고 고객으로 유인하기 위하여 광고모델이나 홍보대사로 힙합스타를 선정했고, 음악 채널 엠넷에서 매년 방영하고 있는 힙합 서바이벌 프로그램 '쇼미더머니'를 후원하였다(컨슈머타임즈, 2018년 12월 13일).

최근에는 래퍼들이 돈을 많이 벌고 스타가 되는 것을 보고 청소년들이 장래 희망으로 삼는 경우가 많아졌다. 힙합은 요즘 젊은이들의 머릿속을 들여다볼 수 있는 도구가 될 수 있다.

'아파도 청춘이라더니 아픈 만큼 성장한다더니/ 결국 그냥 참으라는 소리 하려 그랬을까/ 아프면 청춘이라더니 진짜 아파서 아프다고 말했더니/ 결국 그냥 가만히 있으래 그냥 가만히 참고 있으래/ 아프면 환자겠지 그게 무슨 청춘이야' (래퍼 디지의 '아프니까 청춘이다' 중).

'요즘 내 나이 애들 만나면/ 다 평온하게 말해/ 이 나란 망해가 나도 이민이나 가게/ 다 살아남진 못해도 멸종은 공평해/ 다 한탕해 빨은 뒤에 째는 게 목표래/ 인정해 솔직히 너도 돈 좋잖아/ 너도 달력에 담에 받을 날들 적잖아/ 꼼수 쓰지 말고 그냥 열심히 하라던/ 아부지도 퇴근길 로또 하루 하나씩/ 경제는 똥통 생존 강박 드세'(래퍼 화지의 '상아탑' 중)(중앙일보 2016년 2월 26일).

(4) 스피드 세대

① 정력적으로 다양한 스포츠를 즐기는 세대

자신들이 좋아하는 스포츠나 새롭게 변형된 스포츠를 각기 다른 장소에서 즐기지만 똑같이 정열적으로 참가한다. 그러므로 스케이트보드를 타는 젊은이들은 롤러브레이드를 타는 젊은이들을 깔보며 배제하지 않는다.

② 경계를 허무는 것이 신조

기존의 것에 대하여 과격하면서 극단적인 태도를 취한다. 이들은 전통이나 권위에 대해서는 불손하다. 자신들과 같은 태도를 가지지 않은 사람들을 자신들의 울타리 속으로 들여보내지 않는다. 그러므로 거짓으로 이들의 운동에 동조하는 척하는 사람들은 참여하는 것을 허락하지 않는다. 자신들과 같은 사람들만 지원한다.

③ 인생의 가장 큰 소망은 즐겁게 사는 것이다.

주류 사회의 시선을 의식하지 않고, 자신이 가장 즐겁게 하고 싶은 일을 하면서 살아간다. 홍충기 감독은 15살, 대안학교를 다니던 중학교 2학년 때 '오직 그대만'이라는 첫 다큐영화를 찍기 시작해서 20대 초반의 나이지만 벌써 10년 경력을 가진 베테랑 영화감독이 되었다. 그리고 중학교 3학년, 우연히 관람한 뮤지컬 영화 '맘마미아'를 통해 '내가 나를 가장 잘 표현할 수 있는 건 바로 영화 제작이다'라는 다짐과 함께 영화감독이라는 꿈에 다가섰다. 그때부터 2016년까지 제작한 영상은 총 40편으로 다큐멘터리, 뮤지컬, 단편, 장편 영화 등 그 종류도 장르도 다양하다.

(5) 클럽키드

① 거리에서 쉽게 관찰할 수 있다.

거리에서 자신들의 생활 스타일을 통하여 주류문화를 거부하고 충격거리를 제공하고 자기 패거리들과 연결되었다. 그러나 자신의 스타일만 고집하지 않고 다양한 실험을 시도했다.

② 문신예술가

자신의 몸을 의사소통과 주류문화에 대한 반항의 도구로 사용한다. 문신을 하고 귀와 코를 뚫고, 피부에 색칠을 하고 극단적인 경우 신체의 일부를 자르기도 한다. 동양 문화권에서 문신은 죄수에게 형벌로 사용하거나, 혹은 폭력집단 같은 하위문화층에서 과시 수단으로 사용되었다. 그러나 이제는 패션 수단으로 혹은 장식처럼 인식되고 있다. 문신에 대한 인식이 변하면서 제왕절개를 한 엄마들 사이에서 문신 시술이 이뤄지고 있다(중앙일보, 2017년 5월 12일).

③ 가장 개성이 뚜렷한 존재

여기저기서 취사선택을 하여 모자이크처럼 조합하면 할수록 멋진 스타일이 나온다. 이들의 이러한 스타일 때문에 플라스틱이나 반짝거리는 금속들이 주류

문화에 파고들 수 있었다. 기이한 것에 집착하기 때문에 첨단기술에 열광하고 인공합성 문화를 재등장 시켰다.

④ 주요 활동

클럽이나 주제가 있는 밤 댄스파티, 독특한 분위기를 강조하는 클럽, 옛날풍의 미장원을 개조한 것 같은 뷰티 바(beauty bar) 등을 자주 찾는다.

2. 거리문화의 구성

1) 인공적인 오락거리 : 미래의 놀이터

현재 거리에서는 1920년대의 초현실주의와 유사한 새로운 초현실주의자들과 인공적인 오락거리를 추구하는 사람들이 기존의 규범에 도전하고 있다. 이들은 급진적이고 새로운 자기표현 수단들을 창조하고 있다.

(1) 클럽 초현실주의자

클럽 키드들은 현대 초현실주의자의 전형이다. 재미를 극단적으로 추구하는 성향 때문에 이들은 클럽, 파티 쇼에서 만화영화의 등장인물 또는 자신들이 원하는 모습의 옷을 입고서 자신의 환상 속에서 살아간다. 언더그라운드 문화의 파티는 일종의 화랑처럼 환상을 연출하는 공개무대가 되었다. 이들의 개성은 스타일 산업에 종사하는 사람들에게 영감을 불어주었다.

(2) 도시 초현실주의자

만화영화와 막대로 가득 차 있는 클럽 초현실주의자들과는 달리 이들은 예술을 통하여 자신의 잠재의식에 비전을 창조한다. 그리고 일부는 자신들의 피부를 그림을 그리는 화폭으로 삼는다.

(3) 컴퓨터 초현실주의자

이들에게 컴퓨터 게임은 미지의 세계를 여행하는 미로 탐험이며 롤 플레잉 게임이다. 영적 요소, 과학적 요소, 우주시대적 요소, 구식의 공포영화적 요소까지 가미한 롤 플레잉 게임들은 최신의 가정용 오락형태가 되었다. 현재 청년문화는 디지털문화이기 때문에 테크노 음악, 그래픽, 애니메이션, 로고 등으로 자신들을 표현하고 있다.

2) 바이오닉 인간 : 수퍼를 향한 몸부림과 신체 변형자들

언더그라운드문화에서 최고의 힘과 권력을 구가할 수 있도록 자신을 변화시키는 슈퍼맨이나 슈퍼우먼은 초인적인 존재를 창조하는 매개자 역할을 한다. 남성과 여성으로 구별하지 않고 성별이 사라진 인간들을 문화의 한 부분으로 편입시켰다. 거리의 신세대는 현대판 프랑켄슈타인을 기다리고 있다. 한편 묵시록의 예언이 현실로 나타날 것을 기다리는 청년들도 소수이기는 하나 존재하고 있다.

언더그라운드 문화의 분위기는 초능력 슈퍼맨이 되어 활개치고 싶지는 않고 우리의 마음과 몸을 변화시키고 강화시키는 것만 수용하겠다는 분위기다. 현재 신체를 조작하고 변형시키려는 욕구는 이제 주류문화의 일부가 되었다.

3) 프리 스타일

프리 스타일은 혼란이나 무질서를 의미하는 것은 아니고 규칙이 따로 없는 스타일이다. 프리 스타일은 자연에서 볼 수 있는 창조적이고 자발적인 사고체계이다. 우리 자아를 실현하는 과정에서 외치는 일종의 주문이다. 음악과 태평양 연안 지방에서 태어난 스포츠 문화인 프리 스타일은 총체적인 생활양식으로 발전했다.

미래에는 프리 스타일을 영위할 수 있는가 없는가 하는 능력에 따라 생존여부가

판가름날 것이다. 미래에는 얼마나 개성을 발휘하고 즉흥적이며 창조적이 될 것인가가 모든 것의 중심에 놓일 것이기 때문이다. 자발성을 수용하고 기술을 창조성과 결합시키는 일에 두려움을 갖지 않는 사람들만의 세상이 될 것이다. 미래의 지도자들은 프리 스타일적 사고방식을 가지고 있는 사람들 중에서 나올 것이다.

현재 기업문화에서도 난상토론과 자유토론을 통하여 기발한 아이디어를 토출하고 있다. 기존의 룰과 판에 박힌듯한 형식을 깬 사람들만이 앞서 갈 수 있다. 이들만이 다른 사람들과 자신들을 구별할 수 있기 때문이다.

4) 스스로 하라

예전에는 성공을 하려면 기업의 조직이라는 사다리를 차근차근 올라가 승진하거나 스스로 창업해야 한다고 생각했다. 그러나 거리문화의 원동력이 된 스스로 한다족들(DIYers)은 누구에게 기대지 않고 스스로 세상을 개척하며 살아가고 있다. 스스로 무엇을 하겠다는 철학은 점점 더 많은 청년들이 다른 사람들과 동업관계를 맺도록 동기를 부여하고 있다. 연합, 연립, 집단 등이 미래의 기업환경을 설명하는 키워드가 될 것이다.

5) 긍정적인 무질서

긍정적인 무질서는 거리에서 일어나고 있는 조용한 논리적인 혁명을 의미한다. 이것은 반란의 일종으로서 기존의 규범으로부터 결별한다는 점에서 무질서하고, 분노나 냉소주의와 거리가 멀다는 점에서 긍정적이다. 이 운동은 지적인 열정 속에서 번성하며 긍정적인 변화를 가져오는 일에 몰두하도록 도와주는 하나의 힘이다.

6) 테크노 오르가닉

테크노 오르가닉족은 자연과 컴퓨터를 조화시킬 수 있는 자유사상가들이다. 컴퓨터는 유기적인 도구이며 통신의 기본적이고 자연스러운 수단에 불과하다. 이들은 낮에는 평화주의자인 것처럼 보이나 밤만 되면 현실주의자가 되어 최근에 만든 프로그램을 해킹하고 자신들만의 가상 사회를 구축한다. 그리고 자신들과 같은 부류들 또는 같지 않은 부류들과 연계를 시도한다.

(1) 테크노샤머니즘

테크노샤머니즘은 미래지향적인 개념이다. 과거 인간이 가지고 있던 정신성을 기술의 발전이 이루어진 현재로 다시 불러오려는 시도이다. 무당의 춤이나 굿 같은 의식이 음악, 정보, 과학 등 현대기술이 이루어낸 성과와 결합되어 보다 높은 정신성을 획득하는 것을 의미한다. 레이브족의 생활양식은 대대적인 댄스의식을 통하여 자신을 억압하는 것들로부터 해방되고자 애쓴다. 이들은 물질세계를 떠나 순간순간의 삶을 축하하기 위하여 함께 모여 춤을 춘다. 현재 유행하고 있는 고아 스타일의 전자적으로 창조되고 혼합된 최면음악이 영국 런던에서 유행하고 있다. 이들은 인도, 태국, 발리 등의 열대 해안에서 최면음악에 맞추어서 '자유롭게 다시 태어난 황홀한 일체감'으로 인도하는 의식적이고 디지털적인 신비로 이끄는 일출 댄스파티를 연다.

이러한 이국적이고 우주족의 소유물 같은 음악은 춤, 마약, 문화에 대한 열광과 결합하여 새로운 거리의 스타일을 만들어냈다. 해나염료를 손에 물들이는 것, 어린 처녀의 앞이마에 보석이나 반짝이는 금속을 박는 인도의 의식인 빈디의 유행 등을 예로 들 수 있다.

(2) 절대채식주의자의 등장

절대채식주의자의 비중이 매우 높아졌다. 절대채식주의자들은 동물의 몸에서 나온 것은 먹지도 입지도 않는다. 젖소에서 나오기 때문에 낙농제품도 입에 대지 않는다. 바디 숍의 모든 제품들은 동물을 죽여서 만든 것이 아니라는 것을 강조한 결과 큰 성공을 거두었으며, 절대채식주의자들의 불매운동 대상에서 제외되었다. 인터넷에는 절대채식주의의 철학을 주장하는 수백 개의 사이트를 발견할 수 있다. 2016년에 영국 맨부커 인터내셔널상을 수상한 한강의 '채식주의자'는 영국과 미국의 11개 매체에서 뽑은 '올해의 책'에 이름을 올렸고, 2016년에 종합 베스트셀러 1위에 올랐다.

7) 순수 지각

거리의 청년문화는 깨끗하고 전체적으로 조화를 이룩한 세계를 지향하는 Purtopia (Pure와 utopia의 합성어)를 지향하고 있다. 신체적으로나 지적으로 스트레스가 만연되어 있고 오염된 일상에서 벗어나고자 하는 욕구이다. 이들은 깨끗하고 단순한 환경을 만들기 위하여 노력하고 있다. 신체를 보호하는 마스크와 장비들이 유행상품으로 등장하고 있다.

3. 거리문화 접근법의 예 : Sputnik Network

거리문화접근법에서는 대단한 영향력을 행사하고 있는 진보적인 문화 속에서 현재 벌어지고 있는 일들을 추적한다. 지금 일상생활 속에서 벌어지고 있는 일들의 정체를 파악함으로써 미래 주류 청년문화 시장을 변화시키고 규정할 영속적인 소비트렌드를 잡아낼 수 있다고 보기 때문이다.

1) 트렌드 분석의 출발점

현재 무엇이 뜨는가? 누가 뜨는가? 누가 여기에 관심을 가지는가? 거리문화접근법에서는 이러한 질문들은 아무런 역할을 하지 못한다. 지금 막 등장하고 있는 트렌드의 징후와 문화적 사회적 운동들을 파악해야 한다. 그러나 현재 막 등장하고 있는 트렌드의 징후는 현재는 모든 곳에 속속들이 스며들어 있거나 쉽게 눈에 띄지 않는다. 만약 이러한 징후들이 벌써 동네에 모습을 보이거나 가까운 대형 쇼핑센터를 가득 채우고 있다면 이런 것들로부터 예측한 트렌드는 가치가 거의 없다. 동네에서도 볼 수 있을 정도의 유행이라면 이미 수년 전에 어느 하위문화에서 시작되어 현재는 주류문화에 자신의 모습을 드러내고 있는 것들이기 때문이다.

거리문화접근법의 출발점은 다음과 같은 질문을 하는 것이다.

"지금 젊은이들은 무엇을 생각하고 있을까? 이들의 관심사는 어디로 향하고 있는가?"

단지 유행과 뜨는 현상만 연구한다면 그 현상의 밑바닥에 놓여 있는 원인을 이해할 수 없다. 유행하는 것들만 따라간다면 의미와 내용이 부족한 겉모습만 포착할 수 있을 뿐이기 때문이다. 그러므로 다음과 같은 질문을 해야 한다.

"왜 오늘날의 거리문화는 1980년대와 같은 패션을 하고 있으면서 1960년대를 생각하게 하는 단결과 같은 문제를 떠올리게 하는가?"

이러한 문제에 대한 진실한 답을 얻기 위해서는 거리문화를 영위하는 젊은이들의 머릿속으로 들어가야 하는 데 이 작업은 쉬운 일이 아니다. 이 문제에 대한 진실을 알려줄 수 있는 제보자들을 잘 선택해야 하고, 이 제보자들에게 환영을 받고, 상호 이해를 통하여 깊이 있는 대화를 할 수 있어야 한다.

2) 거리문화의 새로운 바람 밑에 놓여 있는 젊은이들의 사고체계를 연구한다.

스푸트니크 네트워크는 미국의 전 지역에서 활동하고 있는 젊은 통신원들을 통하여 트렌드를 예측하는 데 필요한 자료를 수집하여 편집한다. 주류 언론에서는 이들을 히트 거리 사냥꾼(cool hunter)이라고 명명하였다. 그러나 스푸트니크 네트워크는 젊은 통신원들을 인재를 찾아내는 사람(head hunter)이라고 명명하였다.

젊은 통신원들은 거리, 동네, 클럽, 지하실, 놀이터 등으로 가서 거리문화의 현상에 관하여 대화를 나눈다. 거리문화를 영위하는 젊은이들의 눈높이에서 그들의 환경 속으로 들어가서 그들과 시간을 함께 한다. 이러한 자료를 바탕으로 하여 거리의 새로운 바람 밑에 놓여 있는 젊은이들의 사고체계를 연구하고 이 사고체계의 변화를 찾아내며, 변화경로를 추적함으로써 트렌드를 예측한다. 그리고 이 변화가 기업에게 어떤 의미를 가지는지를 해석한다.

3) 대중문화에 영향을 미치며 유행을 선도하는 개인이나 집단을 포착한다.

거리에 있는 모든 젊은이들이 연구대상이 되는 것은 아니다. 특히 길거리에서 빈둥거리면서 놀거나 전화에 응답한 후 표본소비자 집단에 참여하는 유행추종형 젊은이들을 연구대상으로 선정하는 잘못을 범해서는 안 된다. 이들은 현재 유행하고 있는 정보만을 제공하기 때문에 트렌드를 예측하는데 도움이 되지 못한다. 미래의 트렌드를 예측하고 미래에 대비하기 위해서는 대중소비문화에 영향을 미치며 유행을 선도하는 개인이나 집단을 포착해야 한다.

4) 비디오 촬영 인터뷰를 한다.

스푸트니크 통신원들은 거리로 나가서 진실을 말하는 젊은이들의 목소리를 들어야 하고 이들이 진짜 생각하고 있는 것을 이해해야 한다. 그리고 이들의 얼굴과 몸 전체가 나타내는 것을 포착해야 한다.

스푸트니크 통신원들은 비디오를 즐기는 젊은이들을 비디오로 담아낸다. 그리고 이들이 좋아하고 싫어하는 것, 이들이 걱정하고 원하는 것, 이들이 나아갈 지점을 잡아낸다. 이를 통하여 표본 소비자 집단 조사에는 관심도 없는 젊은이들, 새로운 웹 채널을 구축하고 있는 젊은이들, 클럽에서 새로운 음악을 채집하는 젊은이들, 몸을 보호하는 것에 모든 관심을 집중하여 새로운 스타일의 옷을 디자인하는 창조적인 젊은이들에게 다가갈 수 있다.

5) 스푸트니크 통신원들은 유행을 창조하는 거리의 젊은이들과 함께 생활한다.

스푸트니크 통신원들은 거리에서 유행을 창조하는 젊은이들의 동년배인 동시에 그들의 친구 중에서 정말 중요한 친구들이다. 통신원들은 이들과 같은 분야에 관심을 가지고 있고, 같은 장소에 들락거리고, 같은 상점에서 물건을 산다. 통신원들이 유행을 창조하는 사람들을 찾아내는 능력은 다른 데 있는 것이 아니라 그들과 함께 생활하는 데서 나온다. 즉 스푸트니크 통신원들은 인터뷰에 응하는 젊은이들과 같은 사고체계를 가지고 있다. 예를 들면 텍사스 오스틴에 사는 클레어는 올해 나이 28세이다. 독립영화 제작자이자 작가이며 스푸트니크 통신원인 그녀는 오스틴의 아주 독특하고 폐쇄적인 사회에서 살면서 일하고 있다.

누구나 거리문화의 현장에 들어갈 수 있다. 그러나 진짜 현장의 분위기를 파악하기 위해서는 문화의 현장에서 살고 있는 사람들을 존중하고 이해할 줄 알아야 한다. 거리문화의 소굴이라고 할 수 있는 클럽, 지하실, 커피 숍, 학교, 화랑 등에 출입한다고 해서 사태를 제대로 파악할 수 있는 것은 아니다. 이런 곳에 다니고 있는 사람들을 잘 알고 있어야 한다. 스푸트니크 네트워크는 이들 새로운 문화를 창조하는 사람들과 친밀한 의사소통 관계를 유지하고 있는 통신원들을 통하여 문화의 현장 속으로 침투한다.

통신원들은 비디오를 직접 들고 촬영하면서 잡지나 텔레비전 쇼가 제공할 수 없는 더 깊은 통찰력을 제공한다. 일상적이고 편안하고 사심 없는 대화 속에서 맨 눈으로는 절대로 확인할 수 없는 수많은 귀중한 사실들을 밝혀낸다.

6) 주요 도시의 중심지와 대학교가 거리문화의 중심이 된다.

강력한 힘을 가진 문화나 예술, 음악을 추구하는 주요 도시와 주요 대학교들이 소재하고 있는 도시에는 젊은이들의 거리문화가 번성하고 새로운 사고와 유행이 시작되어 새로운 추종자들을 만들어내는 곳이다. 다시 말하면 트렌드의 진원지가 될 수 있다. 애틀란타는 힙합, 리듬 앤드 블루스, 얼터너티브 음악, 그리고 미래의 새로운 물결이 될 음악이 강력하게 살아있는 도시이다. 오스틴은 독립영화 제작자, 저술가, 새로운 첨단기술 등이 발전하고 있는 도시이다. 샌디에이고는 새로운 스피드 스포츠와 새로운 음악이 충돌하고 있는 역동적인 도시이다. 뉴욕은 밤무대가 화려한 클럽이 존재하고 제트기를 타고 다니며 국제적으로 활동하는 디스크 자키들이 살고 있고, 동남부의 패션거리로 유명한 도시이다. 이들 도시들은 모두 규모가 크고 인구밀도가 높은 곳으로 개인주의적인 다양성을 고무시키는 곳들이다.

우리나라 서울의 경우 순환선인 지하철 2호선을 타고 한 바퀴 돌면 트렌드를 읽는데 도움이 되는 여러 가지 정보를 얻을 수 있다고 한다. 서울대학교, 건국대학교, 한양대학교, 이화여자대학교, 연세대학교, 홍익대학교 등이 있기 때문이다.

7) 편집능력이 중요하다.

오늘날 거리문화는 서로 연결되는 정도가 과거 어느 때 보다 높아졌기 때문에 고만고만한 것들을 뒤져서 그 속에서 본질을 찾아내는 능력이 그 어느 때보다 중요하다. 겉모습 너머에 있는 본질에 도달하여 트렌드를 파악하는 것이 중요하다.

거리에는 지금도 계속해서 융합이 이루어지고 있다. 다양한 문화들이 서로에게서 필요한 것들을 빌리고 또 그것이 역으로 영향을 미친다. 음악, 패션, 모임장소 등에서 이러한 일들이 계속되고 있다. 거리문화를 구성하는 이 새로운 소비자들은 편집하는 방법을 배웠다. 온갖 쓰레기들을 헤치고 자신들에게 의미 있는 내용을 찾는 방법을 익혔다. 급격한 아이디어의 흐름, 변화하는 거리의 풍경, 문화의 융합 현상 등이 난무하는 거리문화에 접근하기 위해서는 편집하는 능력을 익혀야 한다. 거리에서 새로운 소비자들이 하는 말을 듣고, 그들이 발산하는 흥분과 에너지를 헤집고 들어가 진짜 내용을 건져 올리는 방법을 배워야 한다.

8) 패션과 스타일을 살펴본다.

유행을 선도하는 거리문화를 관찰할 때 패션과 스타일을 살펴보는 것이 중요하다. 스스로를 표현하는 창구라고 할 수 있는 패션과 스타일이야 말로 주류문화가 쉽게 모방하고 자기 것으로 만들 수 있기 때문이다. 주류문화는 왜 이러한 스타일이 거리문화의 존재와 성격을 유지하는데 사용되는가까지 물을 필요는 없다. 그저 그러한 문화의 겉모습만 수용하면 되기 때문이다.

9) Sputnet : Sputnik + Internet

일상의 거리문화는 개성을 노출시키는 것을 꺼리고 있다. 그러나 긍정적인 무질서에 기초한 강력한 진짜 사회를 구축하려는 계획을 가지고 있는 또 다른 문화가 인터넷에 있다. 네티즌은 긍정적인 무질서에 관한 메시지를 전파할 수 있는 강력한 수단을 보유하고 있기 때문에 아이디어가 샘솟고 있다. 그러므로 조각으로 단절된 디지털 세계에서 개인의 취향이 나타나는 가장 핵심이 되는 정보를 얻을 수 있다. 인터넷의 반주류문화를 이끌고 있는 사이버펑크족들은 그들만이 알 수 있는 독창적인 심볼, 아이콘, 암호명을 사용하고 있다. 그러므로 언더그라운드 디지털문화를 이해하여 트렌드를 읽을 수 있기 위해서는 새로 나온 시디의 겉장과 거리의 벽화와 컴퓨터에서 계속해서 발전하고 있는 암호화된 언어들을 잘 관찰해야 한다. 심볼과 아이콘은 거리문화의 정서와 이데올로기를 표출하는 매체라고 보아야 한다. 이미 디크(diic), 즉 암호나 심볼로 행동하라(do it in code)는 말이 널리 퍼지고 있다. Sputnet은 Sputnik와 Internet의 합성어로 스푸트니크가 인터넷의 청년문화에 침투할 수 있는 최신의 수단이다. 대화방과 사이트에서 서로 대화하고 놀고 상호작용하는 젊은이들이 트렌드를 예측하는데 필요한 정보를 제공해 줄 수 있다.

4. 타운워칭

1) 정의

거리는 사람들이 이동하는 통로로서 길이라는 일차적인 의미를 넘어 다양한 생활구성요소들이 상호작용하여 복합적인 이미지를 만들어내는 곳이다. 다양한 특성을 지닌 사람, 상품, 상점, 건물, 그 밖의 풍물들이 어우러져 한 시대를 반영하는 독특한 느낌과 이미지를 생산해내는 생활공간이다. 그러므로 시대의 흐름을 호흡하고 사람들의 움직임을 생생하게 파악하여 트렌드를 예측하기 위해서는 거리의 동향에 주목하고 거리에 나타나는 각종 기호를 읽어야 한다. 거리를 관찰함으로써 현장에서 트렌드의 여러 징후들을 발견할 수 있고, 이러한 징후들이 어떤 변화를 초래할지를 미리 예견해 볼 수 있다.

타운워칭은 어느 특정 도심에서 거리를 오가는 통행인들이나 어느 일정장소에 모여 있는 일반 대중들의 사실적인 행동을 자세히 살펴보거나 또는 각종 소매점포라든지 외식업소 및 위락시설 등을 상세하게 관찰하는 행위를 의미한다. 타운워칭은 단순히 거리의 외관만을 보는 수동적 보기(Seeing)가 아니라 거리를 구성하고 있는 여러 요소들이 창조하는 이미지와 상징을 관찰하여 시대의 분위기와 트렌드를 읽어내는 방법이다. 현대 소비사회에서 소비패턴이 다양해지고 빠르게 움직이고 변화하는 상점, 상품, 거리가 모두 관찰대상이 될 수 있다.

타운워칭은 일반적으로 어느 특정 상권에서 소비자 트렌드를 파악하고자 할 경우에 많이 사용되고 있다. 오늘날과 같이 기업과 소비자를 둘러싼 환경이 다양하고 변화무쌍한 경우에는 통상적인 문자정보 보다는 사실에 근접한 시각정보가 더 많은 가치를 제공해주기 때문이다. 또한 현실을 있는 그대로 관찰함으로써 보다 근원적이고 자연적인 소비자의 니즈를 파악할 수 있고, 트렌드를 읽을 수 있다는 장점이 있다. 초창기에는 기업의 마케팅 담당자 등이 개별적으로 타운워칭을 해왔으나 몇몇 회원을 모집해 단체로 외국으로 가거나 지방으로 가서 거리를 관찰하는 타운워칭 투어가 유행하고 있다.

2) 타운워칭의 지침

타운워칭에서 가장 많이 관찰되는 대상은 사람, 상품, 매장을 들 수 있다. 타운워칭의 대상을 효과적으로 관찰하기 위한 지침은 다음과 같다(신한종합연구소, 2002).

(1) 사람 관찰

① 관찰하고자 하는 타겟을 명확하게 하고 그들의 움직임을 주시한다.
② 소수의 '트렌드 크리에이터'와 세상에 소개되기 전에는 이색카페를 자주 찾지만 일반인들이 몰려들 때면 자취를 감춰버리는 집단인 '오픈 킬러'를 주목한다.
③ 표현력이 풍부한 젊은 층에 항상 주의를 기울인다.
④ 관찰하기에 앞서 사회환경의 변화에 관심을 가진다.
⑤ 프로소비자를 주목한다.

(2) 상품 관찰

① 소비자를 사로잡는 상품을 주목한다.
② 반대의 속성에 관심을 갖는다. 예를 들면 실패한 상품을 통해서도 트렌드를 예측하기 위한 많은 시사점을 찾을 수 있다. 또한 트렌드는 역트렌드를 가지고 있는 경우도 있기 때문이다.
③ 일시적 유행과 장기적인 트렌드를 판별해야 한다.
④ 수입잡화상은 상품변화가 빠르다.
⑤ 상품의 이미지에도 관심을 가지자.

(3) 매장 관찰

매장 관찰은 구매가 이루어지는 장소인 매장을 대상으로 디스플레이 등 매장의 전반적 상황, 매장에서 사람들이 보이는 행동, 태도와 배경 등을 체계적으로 관찰한다. 매장을 관찰할 때 고려해야 할 사항은 다음과 같다(김선주, 안현정, 2013).

① 매장 구성이 빠른 주기로 변화하는 대형 서점, 백화점, 대형 전시장 등이 중요하나 관찰대상이 될 수 있다. 백화점이나 할인점 등과 같은 대형 유통매장은 가장 쉽게 시장의 변화를 읽을 수 있고, 코엑스, 킨텍스 등과 같은 대형 전시장은 관련된 전문정조를 얻기 쉽다. 사람들의 관심사 변화나 상호작용을 보기 위해서는 대학가나, 명동 등 상가 밀집지역의 매장을 관찰하는 것이 효과적이다.

② 얼리어답터가 주로 이용하는 대형 전문매장이나 지리적으로 트렌디한 장소에 있는 전문매장을 관찰한다. 신설점포나 이색점포에도 관심을 기울인다.

③ 매장을 관찰하는 시간대는 관찰 목적에 따라 다르게 정한다. 매장의 구성, 디스플레이 상태 등을 관찰하는 것이 목적인 경우에는 사람들이 비교적 적은 시간대인 평일 오전이나 이른 오후를 선택하고, 매장안의 사람들의 반응을 관찰하는 경우에는 사람들이 많이 찾는 시간대인 오후 시간이나 주말을 선택하는 것이 효율적이다.

④ 현상과 문제의 원인을 명확하게 파악하고, 맥락을 효율적으로 파악하기 위해 인터뷰가 필수적이다. 점원이나 헤비유저 등을 대상으로 인터뷰를 해서 방문하는 고객의 특성이나 주요 요구사항, 행동 변화 등을 파악하고, 오전, 오후, 밤시간 등 시간대별 변화나 전 주나 전 월 대비 변화 등과 같이 시간이 지나면서 나타나는 상황의 변화나 추이를 보다 효율적으로 파악할 수 있다.

성공적으로 인터뷰를 진행하기 위해서는 사전에 인터뷰 기획서를 작성한다. 인터뷰 기획서에는 장소, 대상, 목적, 주요 질문 등이 포함된다. [표 7-1]에는 인터뷰 기획서의 예가 제시되어 있다.

인터뷰는 다음과 같이 4단계로 이루어진다.

첫째 단계에서는 인터뷰 대상을 선정한다. 특정 문제에 대해 다른 사람들보다 오랜 경험이 있는 헤비 유저, 얼리어답터, 매장의 판매원, 해당 문제의 전문가 등을 선정한다.

[표 7-1] 타운워칭 인터뷰 기획서의 예

인터뷰 지역	홍대앞
인터뷰 대상	○○ 편집매장 판매원
인터뷰 목적	이슈가 되는 이유, 특히 고객의 관심을 끄는 요소 탐색
주요 질문	주로 방문하는 고객의 특성(시간대, 통행자, 연령대, 직업, 스타일)
	가장 잘 팔리는 아이템, 함께 구매하는 아이템, 이런 구매행동을 하는 이유
	사람들의 관심을 끌기 위해 디스플레이에서 가장 신경을 쓰는 부분

출처 : 김선주·안현정(2013).

둘째 단계에서는 인터뷰 가이드라인을 작성한다. 인사말과 함께 인터뷰 목적을 소개하고, 답하기 쉬운 질문부터 시작해서 어렵고 중요한 질문은 중반 이후에 배치한다.

셋째 단계에서는 사전검증을 통해 원하는 내용을 충분하게 얻고 파악할 수 있는지를 알아본다.

넷째 단계에서는 보통 30분에서 1시간 정도로 인터뷰를 진행한다. 녹음기나 카메라, 메모 등을 이용하여 파악한 내용을 기록한다. 가이드라인을 중심으로 인터뷰를 진행하고, 답변을 들으면서 추가로 알고 싶은 내용이 있는 경우에는 추가질문을 하고, 관련자료가 있으면 요청한다.

마지막 단계에서는 인터뷰한 내용을 정리한다. 인터뷰가 끝나면 그날 안으로 정리한다. 반복되는 인터뷰에서 기억이 희미해지고 메모 외에 느꼈던 느낌들이 퇴색하기 때문이다. 표준화된 양식을 만들어서 인터뷰 내용이 사실에 근거한 것인지, 인터뷰어의 의견인지, 이에 따른 해석인지를 구분해서 정리한다. 추가로 검토해야 할 정보가 있거나 의문이 있는 경우에는 전화나 이메일을 이용하여 추가 인터뷰를 한다.

3) 기획서 작성과 루트 설정

거리를 구성하는 요소인 다양한 매장, 매장 안에 있는 상품, 거리를 오가는 가람들간의 상호작용을 제대로 관찰하기 위해서는 기획서를 작성해야 한다. 기획서에는 언제, 어디서 타운워칭을 할 것인지를 명시하고, 팀으로 진행하는 경우에는 관찰 포인트와 팀내 역할분담도 사전기획단계에서 명확하게 하는 것이 효율적이다. [표 7-2]에는 타운워칭 기획서가 제시되어 있다.

[표 7-2] 타운워칭 기획서의 예

목적	새롭게 등장한 매장과 매장안의 상품들, 매장 안에서 사람들의 반응과 상호작용하면서 만들어 내는 다양한 이미지나 분위기의 변화를 관찰
관찰지역	홍대 근처
관찰 시기와 시간	2017년 6월 9일~11일 3일간 1일차는 점심시간대(정오~오후 3시) 2일차와 3일차는 저녁시간대(오후 7시~10시)
관찰 포인트	새롭게 떠오르는 핫 아이템이나 장소
팀 내 역할분담	리더 : 전체 타운워칭 과정 리드, 필요하면 인터뷰 진행 이미지 담당: 사진 또는 비디오 촬영 기록: 촬영 이미지 관련 정보 기록

출처 : 김선주·안현정(2013)을 수정함.

4) 진행과정

타운워칭의 일반적 진행과정은 다음과 같다.

① 1단계 : 트렌드를 읽기에 적합한 환경 선정

트렌드 주제에 맞는 사람들이 주로 모이는 장소와 시간을 설정한다. 예를 들면 화장품과 관련된 트렌드가 관심인 경우에는 화장품을 판매하는 장소 뿐 아니라 화장품을 사용하는 상황을 포함하여 다양한 면을 관찰할 수 있는 곳인 패션아이템을 고르는 장소나 사람들이 즐기는 패션을 관찰할 수 있는 장소를 선택한다.

② 2단계 : 관찰 기간 설정

장기적, 단기적 기간으로 나누어 관찰기간을 설정한다. 트렌드를 읽기 위해서는 일반적으로 4주 이상의 기간을 설정하여 관측한다. 일정 기간에 걸쳐서 반복적으로 관찰해야 변화의 추이, 동질점, 이질점 등을 파악할 수 있기 때문이다. 어떤 장소를 방문할 때도 관찰목적이나 대상에 따라 관찰 시간대를 결정해야 한다. 예를 들면 젊은 사람들이 많이 찾는 장소의 경우에는 오전이나 이른 오후보다는 밤에 방문하는 것이 매장, 상품, 사람 간의 상호작용을 더 효과적으로 관찰할 수 있다.

③ 3단계 : 필드 관찰

사람, 거리, 상점 간의 상호작용을 중심으로 하여 트렌드의 hard 기호와 soft 기호, 이미지 등을 관찰하여 타운의 정체성을 추출한다.

④ 4단계 : 자료 수집과 분석

관찰을 통하여 수집한 자료를 분석하여 표와 다이어그램 등의 그림을 통하여 설명한다. 여러 시점에 걸쳐 일상적으로 수집한 이미지나 자료를 기간별로 구분하여 분석해서 변화의 추세를 찾아보거나, 장소별로 특별한 점을 함께 고려해서 분석한다.

⑤ 5단계 : 키워드 찾기

분석한 자료의 내용을 기본으로 하여 특성의 흐름을 가장 잘 나타낼 수 있는 키워드를 찾아서 트렌드를 읽고 예측한다.

트렌드워칭을 해서 촬영한 이미지 자료를 분석하는 과정을 구체적인 예를 들어 설명하면 다음과 같다(김선주, 안현정, 2013).

첫째, 이미지 관련 내용을 [표 7-3]와 같이 좀 더 상세하게 기록한다.

둘째, 이미지별로 각 이미지를 가장 잘 표현할 수 있는 대표적인 키워드 단어를 3-4개씩 뽑아내는 작업을 한다. 가로수길 UV 전문매장에서는 남성 특화, 작은 아이템 전문매장, 카테고리 킬러 등을 키워드로 도출했고, 삼청동 맞춤 티셔츠 전문매장에서는 독특한 네이밍, 전문매장, 개인맞춤 등을 도출했고, 홍대 앞 남성용 운동화 전문매장에서는 남성 특화, 세분화된 전문매장 등의 키워드를 도출했다.

[표 7–3] 분석할 이미지 내용 기록

가로수길 UV제품 전문매장 이미지	* 촬영장소 : 가로수길 * 남성용 화장품 중에서도 UV제품만을 판매하는 전문매장 * UV제품으로 다양한 브랜드를 취급(다른 매장에서 찾기 어려운 브랜드로 있음)
삼청동 맞춤 티셔츠 전문매장 이미지	* 촬영장소 : 삼청동 * 웃도리 공작소라는 독특한 이름 * 티셔츠 전문매장으로 자신이 원하는 디자인의 티셔츠를 직접 제작 가능
홍대 앞 남성용 운동화 전문매장 이미지	* 촬영장소 : 홍대 앞 * 운동화 매장인데 남성용 운동화만 전문적으로 취급

출처 : 김선주·안현정(2013).

마지막으로 이미지를 모아 도출된 키워드 간 공통점을 찾는 작업을 통하여 트렌드를 찾는다. 이 경우를 보면 기존 전문매장보다 한 단계 더 세분화되는 트렌드, 개인 맞춤 등으로 진화하는 전문매장 트렌드를 파악할 수 있다.

5) 다양한 타운워칭의 기법

(1) 정점법

관찰자가 자신이 주목해야 할 지점을 설정하여, 집중적으로 관찰하는 방법으로서 거리의 모습을 가장 잘 집약해놓은 특정 지점이나, 관찰자의 기획의도에 적합하다고 판단된 장소를 발견했을 때 사용한다. 예를 들면 신세대의 트렌드를 관찰하기 위해서는 신세대들이 많이 모이는 대학가 등을 관찰지점으로 정하는 것이다.

(2) 비교법

거리와 거리, 상점과 상점, 사람과 사람을 상호 비교하거나 한 지역을 대상으로 하여 시차에 따라 비교하는 방법이다.

(3) 탐정법

관찰자가 탐정이 되어 여러 거리를 관찰하여 수집한 타운 트렌드 가운데 자신의 관심을 끄는 특정사항을 선택하여 진원지, 전파경로, 현재의 상황, 앞으로의 진행 과정 등을 짚어나가는 방법이다. 이 방법은 트렌드의 진행과정을 추적할 수 있다는 큰 장점이 있다.

6) 타운워칭의 예

(1) 음악 미디어 거리 관찰

① 진행 목적

음악 미디어를 사용하는 소비자와 매장, 거리의 모습을 관찰하여 트렌드를 파악함으로써 제품개발의 방향을 설정하기 위한 기초자료로 활용한다.

② 관찰 대상

- 미디어 플레이어 기기 매장과 음반을 구매하는 매장(레코드 숍, 미디어 플레이어 매장, 노점 음반상)
- mobile 미디어로 음악을 즐기는 사람
- 음악 미디어를 즐기는 10대들이 붐비는 거리(음악을 즐기는 곳, 서점, 버스안, 거리)

현재 10대 시장의 특성은 매우 역동적이고 제품의 수명주기가 매우 짧은 편이다. 새로운 것이 나타나는가 하면 어느 새 쇠퇴하고 우발적인 히트 요인만 형성되면 불같이 피어오르고 선풍적으로 유행하는 습성을 가지고 있다. 또 10대는 연령적으로 오랜 경험이 부족하기 때문에 어떤 확고한 선호체계가 형성되어 있지 않다. 이처럼 매우 역동적이고 불안정할 수밖에 없는 10대의 트렌드를 읽기 위해서는 10대들이 붐비는 거리에서 형성되고 있는 다양한 기호를 읽을 수 있어야 한다. 10대들의 특성을 잘 갖춘 10대로 하여금 관찰하게 하는 것이 더 정확하고 빨리 미래의 트렌드를 형성할 기호를 읽을 수 있다는 사실을 명심해야 한다(이건표, 2000).

(2) 관찰 일지

목 적	새로운 음악미디어 사용 트렌드		
대 상	음악미디어 플레이어 매장		
일 시	11.6 오후 12-1	위 치	홍명상가
관찰내용 중고등학생들은 친구들끼리 여럿이 함께 와서 카셋트플레이어나 CDP등을 구입하고. 구입시 부가적인 액세서리들의 상표도 꼼꼼히 확인하고 구매한다. 품질보증서를 써 줄 것을 요구한다. 견고한가. 각 신제품들이 어떤 다른 추가기능들을 가지고 있는지를 기준으로 판단한다. 특이한 이어폰 등의 액세서리에 관심이 많고. 헤드폰이나 벽폰 등도 구입한다. 반면에 아들의 카셋트플레이어를 사주러 혼자온 30대 남성은 복잡한 기능들에 대해 잘 알지 못하였고 제품들의 가격이 주요 판단기준이 되었다. 카셋트 플레이어나 CDP를 사러온 이들이 대부분이며 MD는 소수층이 찾으나 MP3 Player는 거의 구입하려는 이가 없어. 매장에 진열해 놓지 않고 찾는이가 있을때 마다 소량씩 가져와서 판매한다			
키워드	아직 협소한 Mp3 player 시장		
비 고	새로운 미디어에 대한 관심		

목 적	새로운 음악미디어 사용 트렌드		
대 상	음악 미디어를 즐기는 사용자		
일 시	11.6 오후 2-4	위 치	은행동거리
관찰내용 사람들이 붐비는 거리는 상점과 노점의 음악소리들로 활기차다. .노점에서 테잎를 사는 이도 많다. 오락실에는 Pump it up를 멋지게 잘하는 남학생을 구경하고 있는 30여명의 학생들로 가득하다. 함께 박수치고 환호하며,신나 한다. 이를 본 남자대학생 들이 신기해하며 구경하다 나간다. 친구들과 모여 있을 때 이어폰의 한쪽은 그대로 꽂은 채 이야기하기도 하고 서점에서 이어폰을 꽂고서 혼자 책을 고르기도 한다. 누군가를 기다리는 이들은 한적한 곳에서 이어폰을 꽂고 있는 경우가 많다. 조용한곳에 혼자 앉아 가방에서 플레이어를 꺼내 새로 산 테잎을 넣고 들으며 가사집을 읽는다던가. 전화를 하곤 한다. 혼자인 경우 이어폰을 꽂고 빠르게 걷는다. 상점에 들어가서도 이어폰을 꽂은 채 물건을 고른다.			
키워드	음악 미디어 속에서의 생활		
비 고	새로운 미디어를 쉽게 흡수		

일 시	11.6 오후 5시	위 치	버스 안
관찰내용 혼자 버스를 탄 10-20대들 중에는 이어폰을 꽂고 책을 보거나 창 밖을 내다보거나 하는 이들이 많다. 중고등학생들은 귀에 이어폰을 꽂은 채 서로 얘기하기도 하고. 친구랑 이어폰을 나눠 꽂고 음악을 듣기도 한다			
목 적	새로운 음악미디어 사용 트렌드		
대 상	음반을 구매하려는 사용자		
일 시	11.6 오후 6시	위 치	타임월드
관찰내용 작은 레코드샵에는 손님이 적고 조용한 반면에 대형 레코드샵에서는 음반을 들어 보고 구입할 수 있어서. 점원을 신경쓰지 않고 헤드폰을 끼고 오랫동안 새로 나온 음반들을 들어 보는 이들로 붐빈다. 작은 화면으로 뮤직비디오를 보며 음악을 듣고. 친구들끼리 서로 신보에 대한 얘기를 나누기도 한다.			
키워드	음반선택 문화의 다양화		
비 고	곡을 들어보고 구입한다		

(3) 패션 스트리트 조사

① 목적

주요 패션 지역을 선정하여 소비자의 패션 트렌드와 패션 매장의 VMD(Video Merchandising Display) 경향을 파악하기 위한 일종의 거리시장조사이다. VMD는 계절별 패션상품과 서비스의 기획의도를 시각적 요소에 의하여 연출하고 이를 관리하는 통합적 활동을 의미한다. 그러므로 VMD는 구매시점에서 소비자들의 구매동기를 자극하는 것이다.

② 조사대상

주요 패션 지역(서울의 명동, 압구정동, 청담동, 대학가 등)의 소비자와 패션 매장이 주요 조사 대상이 된다.

③ 조사방법

거리를 다니고 있는 소비자의 패션제품 착용실태를 직접 관찰하거나 캠코더, 디지털 카메라에 담아서 해석하는 방법을 사용한다. 조사인원은 2인 1조로 구성하는 것이 바람직하다. 조사를 하면서 계속해서 동행자와 의견을 교환하고 서로의 생각을 나누면서 새로운 아이디어를 도출할 수 있기 때문이다. 캠코더나 카메라는 자료를 수집하기 위한 필수도구이다. 수집할 자료가 많거나 기록할 여유가 없을 경우에는 카메라나 캠코더를 사용하여 촬영을 한다. 특히 디지털 카메라는 컴퓨터에 직접 입력할 수 있기 때문에 보고서를 작성할 때 매우 유용한 도구이다(정상길, 2002).

④ 조사와 분석의 핵심

다음 패션의 모티브를 발견하고 특히, 눈길을 끄는 사람의 패션을 파악함으로써 소비자의 패션트렌드가 어떻게 변화하고 있고 새로운 변화는 무엇인가를 조사한다. 스트리트 패션을 조사할 때 주로 이용하는 방법을 다음과 같다(안광호 · 황선진 · 정찬진, 1999).

- 표적 고객의 패션 상품 착용실태를 사실 그대로 관찰하여 기술한다. [표 7-4]는 관찰기록표이다.

[표 7-4] 스트리트 패션 관찰목록의 예

요일 / 시간대	주중	토요일	일요일	기타사항
오전				
오후				
저녁				

- 스트리트 패션의 분석 : 패션카운트(Fashion Count)

패션카운트는 표적시장이라고 여겨지는 소비자의 의복착용 실태를 거리에서 직접 관찰하거나 카메라에 담아서 패션분석 단위(라인, 색, 재질)별로 분류하는 것을 의미한다. 카운트는 표적시장의 소비자가 입고 있는 의복의 라인, 색, 재질에 대한 상대적 중요도를 보여준다. 이 방법은 개별 소비자의 의류제품 착용실태나 코디네이션 현황 등을 알 수 있어서 패션 트렌드를 예측하는데 중요한 자료가 될 수 있다.

패션카운트는 다음의 단계로 진행될 수 있다.

ⓐ 카운트할 패션분석의 단위를 결정한다. 선, 색상, 재질 모두를 단위로 사용할 수 있다. 그리고 측정할 의복의 아이템을 정하는데 가령, 재킷, 슬렉스, 스커트, 블라우스, 원피스, 소매디자인 등이 해당된다.

ⓑ 카운트를 할 표적 집단을 정한다. 가령, 패션리더, 대학생, 고등학생 혹은 일반 직장인 중에 누구를 표적으로 할 것인가를 결정한다.

ⓒ 조사할 적당한 장소를 결정한다. 선별된 장소는 표적고객이 자주 가는 장소로서 그들의 취향과 사회계층이 적절히 반영된 곳이어야 한다.

ⓓ 패션주기상의 소개기, 성장기, 성숙기, 쇠퇴기의 단계 중에서 어느 단계에 중 점을 둘 것인가를 결정한다.

ⓔ 카운트할 시간대를 결정한다.

ⓕ 조사목적에 맞도록 목록을 작성해야 한다. 목록에는 패션카운트의 단위로서 아이템별 소재, 색상, 스타일 등을 포함한다.

ⓖ 계획된 목록에 맞추어 카운트를 실행한다. 카운트할 대상을 정해진 장소에서 무작위로 선별하면 된다.

ⓗ 조사된 목록을 토대로 빈도와 퍼센트를 계산한다. 선택된 아이템별 스타일, 색상, 소재 등에 대한 빈도분석은 패션주기상의 단계를 고려하여 이루어진다.

- 매장 안에서 특정 패션 스타일에 대한 소비자의 반응을 직접 관찰한다. 이 방법은 일종의 시험 마케팅으로 계절이 시작될 때 점포를 방문한 고객이 새롭게 선보인 아이템에 대하여 어떻게 반응하는가를 관찰하는 것이다.

- POS(Point of Sale) 시스템 활용

POS 시스템은 판매시점정보 관리시스템으로 조사자가 직접 관찰을 하는 대신에 기계를 이용하여 관찰할 수 있도록 개발된 것이다. 고객의 구매관련 정보는 고객이 계산원에게 제시하는 회원카드를 통하여 수집된다. 회원카드에는 개인에 관한 신상정보와 함께 패션제품의 상표, 스타일, 사이즈, 가격, 색상 등 구매와 관련된 모든 정보가 카드를 통하여 POS 시스템에 기록된다.

8장

빅데이터와 인공지능의 활용

"우리는 데이터를 절대 버리지 않는다. 이유는 단순하다. 데이터가 상품이나 서비스로 언제 중요해질지 알기 힘들기 때문이다. 사소한 데이터라도 대량으로 취합하고 분석하면 의미있는 정보가 될 수 있다."

- 제프 베조스 아마존 최고경영자

"우리는 새로운 에너지 시대에 진입하고 있다. 이 시대의 핵심 자원은 석유가 아니라 데이터다. 미래의 데이터는 일종의 생산자원이며 미래의 생산력은 바로 데이터를 처리하는 컴퓨팅 능력에 달려 있다."

- 마윈 알리바바 회장

우리는 이미 제타바이트(약 1조8000억 기가바이트) 시대에 살고 있으며, 폭발적인 데이터 증가 추세는 스마트 단말기, 사물인터넷, 소셜네트워크 등의 확대로 더욱 가속화되고 있다. IDC는 2011년도 전 세계의 디지털 정보량은 약 1.8 제타바이트이며 정형, 비정형데이터가 기하급수적으로 늘어나면서 2020년에는 디지털 정보의 양이 35.2 제타바이트에 달할 것으로 전망했다(윤미림, 2012). 빅데이터의 출발은 IT 기술이지만 이미 사회, 문화, 정치 등으로 확산되고 있다. 소셜 미디어 빅데이터 분석은 이제 대통령이나 국회의원 선거에서 유권자의 마음을 읽는 중요한 수단이 되고 있으며, 기업에서는 고객의 목소리를 신속하고 정확하게 파악하는데 활용되고 있다(조완섭, 2014).

2012년 미국의 대통령 선거에서 오바마 캠프는 대선 2년전부터 Narwhales와 Dreamcatcher 라는 빅데이터 분석 프로젝트를 가동했다. 상업용 데이터, 공공 데이터, 실무자가 직접 발굴한 데이터에 이르기까지 다양한 데이터 수집에 온 힘을 쏟아 빅데이터를 구축했다. 오바마 캠프는 몇몇 전문가의 경험이나 직관에 의지하지 않고 자신들이 수집해 저장하고 관리하여 분석한 데이터를 바탕으로 의미있는 패턴과 수치에 근거해 선거전략을 구사했다. 대표적인 사례가 정치헌금 목듬 전략이었다. 빅데이터팀은 40대 여성이 헐리우드 정치헌금 디너파티에 참가할 가능성이 높은 그룹으로 선정했고, 이 그룹에게 가장 인기 있는 배우가 조지 클루니라는 사실도 찾아냈다. 이 자료를 바탕으로 정치자금을 모금해서 성공했다. 이 밖에도 유권자들의 정치헌금 기부 명단, 각종 면허, 신용카드 정보, SNS, 소유 차량, 구독신문, 선호 브랜드까지 파악해 롬니 캠프보다 몇 단계 수준 높은 정밀한 선거전략을 구사해 박빙의 선가가 될 것이라는 예상을 깨고 완벽하게 재선에 승리했다(최윤식, 2014).

우리나라에서도 2011년 두 차례의 재보궐선거를 기점으로 해서 소셜미디어에 대하여 본격적으로 사회적 관심이 집중되기 시작했다. 다음소프트를 비롯한 다양한 소셜데이터 분석업체들은 트위터 등과 같은 소셜네트워크서비스 자료를 분석했다. 신문과 방송 등과 같은 기존매체들은 박원순후보와 나경원후보를 박빙의 대결이라고 설명하였으나, 소셜데이터 분석업체들은 소셜네트워크서비스 여론은 초반부터 박원순 후보에게 유리하다고 분석하여 데이터분석의 정확성을 입증했다. 이 사례를 통하여 소셜데이터를 분석하면 여론의 흐름을 알 수 있고, 선거예측모델로 활용할 수 있다는 사실이 알려지게 되었다(송길영, 2012).

전문가들은 빅데이터 기술을 통해 복잡한 현상의 이해는 물론 미래의 발생 가능한 사건까지 예상할 수 있을 것이라고 주장한다. IT 매거진 와이어드 편집장 출신 기업가 크리스 앤더슨은 무수한 데이터 간 연관성을 분석할 수 있다면 주어진 이론과 공식 없이도 새로운 사실을 발견하고 문제를 해결할 수 있다고 설명했다. 거대한 데이터를 통계적으로 처리하고 이를 기반으로 의사 결정을 수행하는 것은 인간의 즉흥적 판단으로 야기할 수 있는 실패의 위험을 낮출 수 있다.

포털 사이트 검색과 댓글, 소셜 네트워크, 개인 제작 멀티미디어(UCC) 등 이전에 활용되지 않았던 데이터를 중심으로 빅데이터 기술이 활발하게 적용되고 있다. 빅데이터의 잠재 가치에 새롭게 주목한 많은 기관들은 자체적인 데이터 모니터링 및 분석 기술을 강화하고 시시각각 변하는 정보 및 트렌드를 습득하고 있다.

트럼프 후보의 당선을 오판한 가장 큰 원인도 바로 여론의 흐름을 정확히 읽을 수 있는 데이터를 충분히 확보, 분석하지 못한 것이다. 대부분의 언론과 선거 조사 기관들은 접근하기 쉬운 유권자를 대상으로 선호도를 조사했기 때문에 일부 편향된 시각이 전체 여론을 대변하는 것처럼 오인됐을 가능성이 높다. 막판까지 투표할 후보자를 결정하지 못한 사람들이 많았기 때문에 제한적인 선호도 데이터 해석만으로는 여론 동향을 정확하게 파악하기 어려웠고, 트럼프 후보를 지지하지만 부정적인 주변 시선을 의식해 여론조사에 솔직하게 응답하지 않은 사람들이 예상보다 훨씬 많았다. 샤이 트럼프(Shy Trump)'라고 불리는 이런 지지자들은 선거 막판까지 명확한 의사를 드러내지 않았기 때문에 언론들은 클린턴 후보를 지지하는 사람들이 더욱 많다고 판단했다.

인도의 인공지능 기술 스타트업 '제닉 AI(Genic AI)'가 만든 선거 예측 프로그램 '모그 IA(Mog IA)'는 페이스북·트위터 등 소셜 네트워크 서비스(SNS)에서 2000만 개의 데이터를 추출하고 이를 자체 알고리즘으로 분석해 트럼프 후보의 승리를 맞혔다. 또한 구글 검색을 기반으로 사회 트렌드를 보여주는 '구글 트렌드' 역시 지난 1년간 클린턴 후보보다 트럼프 후보를 검색한 횟수가 더욱 많았기 때문에 트럼프 후보가 대통령이 될 것으로 추정할 수 있었다고 하였다(한경비지니스 2016년 12월 12일).

BPU는 여론조사 전문회사 에프씨넷플러스와 업무협약을 맺고 짐고 폴링 툴을 활용해 2020년 총선과 선거운동 기간의 온라인 여론의 감성 분석을 통해 지역 선거구별 당선 결과를 예측할 계획이다. 짐고 폴링은 소셜미디어를 기반으로 선거를 포함한 각종 분야의 여론을 측정하는 툴로, 선거 기간 동안 발생되는 수억 건의 소셜 미디어 데이터를 분석하여 온라인 이용자들의 성향을 파악한다.

BPU에 따르면 짐고 폴링은 제18대 대통령 선거에서 갤럽과 CBS리얼미터 등 기존의 6대 여론 조사 기관보다 높은 정확도를 보인 바 있다. 또 2018년 11월 진행된 미국 일리노이 주지사 선거에서도 약 6개월간 매일 약 5억 건의 소셜미디어 데이터를 분석해 유권자의 성향을 정확히 파악해 오차범위 2%내의 수치로 결과를 예측한 것으로 알려졌다.

BPU는 독자적인 감성 분석(Sentiment Analysis) 알고리즘을 활용하여 해시태그, 혹은 문장 단위가 아닌 전체 문단 단위로 유권자 간의 온라인 대화와 빅데이터의 문맥을 분석한다. 이 밖에도 머신러닝 기법을 통해 개인의 감성 패턴을 식별하고 평가한다(테크월드, 2019년 6월 17일).

1. 빅데이터의 정의

빅데이터란 대용량의 데이터를 저장, 수집, 발굴, 분석, 비즈니스화하는 일련의 과정이라고 정의할 수 있다. 소셜 미디어의 성장과 스마트폰의 확산이 결합되어 일상 속에서 다양한 종류의 대규모 데이터가 급속히 생성, 유통, 저장되고 있다. 또한 RFID와 같이 정보를 감지하는 센서 장비의 이용 확대와 이러한 정보를 수집하는 클라우드 컴퓨팅 기술의 확산은 물류의 이동 및 재고의 변화뿐 만 아니라 개별 소비자들의 개인정보 및 소비행태와 같은 모든 일상에 대한 디지털 기록을 가능하게 하고 있다. 따라서 빅데이터를 기존의 시스템, 서비스, 기업 등에서 주어진 비용이나 시간 내에 처리 가능한 데이터 범위를 넘어서는 데이터라고 볼 수 있다(김형준, 2012).

과거의 데이터 개념은 단순히 저장이나 수집하는 것에 한정되었으나, 최근에 데이터의 영역은 각종 디지털 디바이스들을 통해 다양한 방법으로 저장되고 수집된 데이터 속에서 가치 있는 정보를 찾아내어 인포그라픽스로 표현하여 알기 쉽게 전달하고, 정보를 원하는 사람이나 기관에 판매하는 비즈니스 과정이 모두 포함되어 있다. 빅데이터의 핵심은 데이터를 돈으로 바꾸는 과정인 데이터의 비즈니스화이다. 웹에 흩어진 데이터를 돈이 되는 새로운 2차 데이터로 가공하고, 가공된 2차 데이터를 판매하는 비즈니스를 의미한다(유민호, 2012).

기업이 데이터 기반 의사결정을 하면 5~6%의 매출 증가 효과를 가져 온다는 연구결과도 있다. 고객에 관한 데이터, 생산과정에서 발생하는 데이터가 있으면 새로운 가치를 창출할 수 있기 때문이다. 이렇게 21세기 농업, 제조, 의료, 금융, 물류 등 전 산업 분야에서 혁신적인 기업이 등장하고 있다. 그들은 모두 데이터 활용을 중심에 둔 업체다. 농업의 몬산토, 제조의 제너럴일렉트릭(GE), 의료의 미리아드, 핀테크(금융+기술)의 트랜스퍼와이즈는 데이터를 축적·분석해서 소비 흐름을 예측하고 신상품을 개발한다. 그들은 데이터로 새로운 혁신을 창출하는 4차 산업혁명을 이끌고 있는 대표적인 기업이다(김진철, 2016).

빅데이터의 생성원천은 크게 네 가지로 분류할 수 있다. 첫째, 비즈니스 데이터의 급증이다. TESCO사는 매달 15억건 이상의 고객관련 데이터를 수집하고 있으며, 많은 제조회사 생산라인에서는 초당 수천 건의 빅데이터가 생성되고 있다.

둘째, 멀티미디어 콘텐츠의 보편화이다. YouTube, CC 카메라, CT/MRI 등 다양한 이미지/비디오 데이터가 곳곳에서 생성되고 있다.

셋째, 소셜 미디어의 활성화이다. Twitter, Facebook, 인스타그램, 카카오톡 등에서 생성되는 text/image/video의 크기는 상상을 초월할 정도로 크고, 다양할 뿐 아니라 자신들의 마음을 솔직하게 드러내는 경우가 매우 많다. 그러므로 이를 분석하면 고객의 마음을 신속하고 정확하게 파악할 수 있으므로 마케팅이나 선거 등에서 중요한 분석대상이 되고 있다[7].

마지막으로 M2M/IoT 스트림 데이터이다. 스트림 데이터는 각종 센서에서 365일 24시간 쏟아지는 데이터로써 2014년 현재 무선 통신망에 접속하는 단말기 개수가 500억개를 돌파하였다(조완섭, 2014).

---

7) 할리우드의 경우, 새로 개봉하는 영화의 주요타깃 관람객들의 소셜미디어에서 생산되는 빅데이터를 활용하여 영화의 흥행 실적을 예측하고 있으며, 소셜미디어에 게재되는 관련 논평이나 반응에 따른 트렌드를 분석하고, 이 외에도 영화에 참여하는 배우나 감독들의 전작에 관한 데이터, 비슷한 테마, 장르나 주목받고 있는 사회 이슈 및 개봉되는 지역의 동향 등에 대한 데이터를 수집하여 분석하고 있다. 이러한 사전 예측을 토대로 영화를 홍보하는 마케터들은 보다 효율적인 마케팅 전략을 구상하고, 소셜미디어 마케팅에 주력하며 입소문 홍보효과를 노리고 있으며, 영화제작자들은 차기 작품 제작에 있어 참고를 하기도 한다(Harvard Business Review, 2012. 10.11).

[표 8-1]에는 빅데이터의 특성으로 대규모, 현실성, 시계열성, 결합성을 들고 각 특성별 효과가 제시되어 있다.

[표 8-1] 빅데이터의 특성과 효과

특성	효과
대규모 (Huge Scale)	· 기술 발전으로 데이터 수집, 저장, 처리 능력 향상 · 현실계 데이터를 기반으로 한 정교한 패턴분석 가능 · 데이터가 많을수록 유용한 데이터, 전혀 새로운 패턴의 정보를 찾아낼 수 있는 확률 증가
현실성 (Reality)	· 우리사회 일상에서의 데이터 기록물의 증가 등 현실정보, 실시간 정보의 축적이 급증할 전망 · 개인의 경험, 인식, 선호 등 인지적인 정보 유통 증가
시계열성 (Trends)	· 현시점뿐만 아니라 과거 데이터의 유지로 시계열적인 연속성을 갖는 데이터의 구성 · 과거, 현재, 미래 등 시간 흐름상의 추세분석 가능
결합성 (Combination)	· 의료, 범죄, 환경, 안보 등 타 분야, 이종 데이터의 결합으로 새로운 의미의 정보 발견 · 실제 물리적인 결합 이전에 데이터의 결합을 통한 사전 시뮬레이션, 안전성 검증 분야 발전 가능

출처 : 이재성·홍성찬(2014).

1) 빅데이터의 요소

빅데이터의 요소는 크게 기술적 요소와 활용을 위한 요소로 구분된다(강만모, 김상락, 박상무, 2012; 김동완, 2013).

(1) 빅데이터의 기술적 요소

● 데이터의 크기(Volume)

미디어나 위치정보, 동영상 등과 같이 데이터의 크기를 나타내는 것으로, 물리적인 크기뿐만 아니라 현재의 기술로 처리가능한 양인지, 불가능한 양인지를 기준으로 해서 빅데이터에 속하는지 아닌지를 판단한다. 일반적으로 수십테라바이트 또는 수십페타바이트 이상이 빅데이터의 범위에 해당된다.

• 데이터 입출력 속도(Velocity)

실시간으로 데이터가 생성될 때 데이터를 처리하는 속도를 나타내는 것으로 실시간 처리, 스트림 처리 등이 있다. 우리는 티머니를 이용해서 대중교통을 이용할 때도 비용이나 탑승위치를 남기고 금융거래를 할 때도 금융기관의 데이터베이스에 데이터를 남긴다.

• 데이터의 형태(Variety)

빅데이터의 정형화 정도에 따라 형태는 다음과 같이 3가지로 분류된다.

첫째, 정형화된 데이터는 고정된 필드에 저장된 데이터(관계형 데이터베이스)로, 일정한 규칙을 갖고 체계적으로 정리된 데이터를 의미한다. 예를 들면 매년 통계청에서 발표하는 통계자료, 방송통신 실태조사, 각종 과학적 데이터 등이 이에 해당된다. 정형화된 데이터는 그 자체로 의미를 해석할 수 있고, 바로 활용할 수 있는 정보를 내포하고 있다.

둘째, 반정형화 된 데이터는 고정된 필드는 아니지만 스키마를 포함하는 데이터(XML, HTML 등)로, 한글이나 MS Word 등으로 작성된 데이터를 의미한다. 대표적인 예가 인쇄매체의 텍스트를 들 수 있다. 반정형화 된 데이터는 표나 그림이 될 수도 있지만 일반적으로 문자로 서술된 정보를 담고 있다.

마지막으로 비정형데이터는 고정된 필드에 저장되어 있지 않은 데이터로 텍스트, 이미지, 동영상 등을 예로 들 수 있다. 비정형화 된 데이터는 스마트 기기 등을 통해서 생성되는 데이터로 페이스북, 트위터, 카카오톡, 카카오 스토리, 밴드, 라인 등으로 상호 교류되는 정보가 이에 해당한다. 비정형화된 데이터는 개인, 집단, 사회, 국가 등과 관련된 주제를 스마트 기기 이용자들이 상호 의견을 교류함으로써 생성되는 정보들이다. 오늘날 빅데이터는 비정형화된 데이터에 관심을 두고 있다(김동완, 2013).

(2) 빅데이터 활용을 위한 요소

빅데이터는 대용량으로 빠르게 실시간으로 생산되는 다양성을 지닌 정제되지 않은 진실한 여론이라는 장점(이영진·윤지환, 2014; 윤홍근, 2013; Kobielus, J., 2013; Laney,

D., 2012)을 가지고 있다는 점에서 의사결정이나 트렌드를 예측할 때 그 자체로 의미가 있으며, 분석을 통해 더 다양하고 실질적인 가치를 발견할 수 있다(Marr, 2015). 빅데이터는 작성자 수, 게시물 평균 노출도와 같은 계량적인 지표 외에도 내용의 질적 해석을 통해 의미 있는 결과를 쉽게 도출하게 한다(이수진, 전유나, 2016). [그림 8-1]에는 빅데이터의 활용을 위한 요소가 제시되어 있다.

[그림 8-1] 빅데이터의 활용 요소

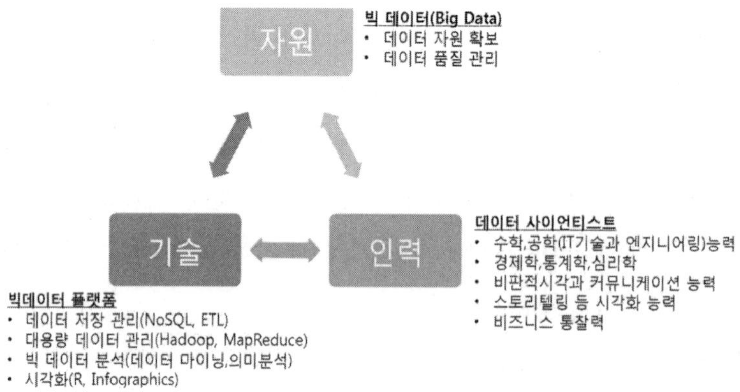

출처 : 구글 이미지

● 자원

빅데이터의 품질을 관리하기 위한 자원을 확보해야 한다. 빅데이터를 관리하고 처리하는 동시에 활용할 수 있는 기업의 내부와 외부에 있는 다양한 빅데이터 자원을 발견하고 수집하기 위한 전략이 필요하다. 데이터의 품질은 데이터 활용 결과에 중대한 영향을 미치므로 데이터 관리체계 및 데이터의 신뢰성 확보가 매우 중요하다.

스페인의 패션기업 자라는 광고, 창고, 디자이너를 없애고, 데이터 경영을 통하여 의류산업을 혁명적으로 바꿨다. 자라는 매년 세계 2000개 매장에 1만2000종의 신상품을 내놓는다. 다른 패션기업에서 6개월 이상 걸리는 신상품 기획-제작-유통을 1주일 만에 끝낸다. 상품 수요 예측, 판매 · 재고 관리 등 모든 과정이 데이터 기반으로 이뤄지므로 소량 주문, 적시 운송, 창고가 없는 무재고 시스템이 가능하다.

육계 생산업체 하림은 데이터를 기반으로 농장, 공장, 시장을 통합해 매출 5

조원, 이익 2900억원, 국내시장 점유율 31%로 1위를 차지하고 있다. 하림은 생산 자동화를 거쳐 기후 조건, 도축 공정, 수요 등의 변수를 데이터 시스템으로 관리하고 수급을 예측한다(김진철, 2016).

- 기술

기술은 국가와 기업의 혁신 전략으로 사용할 수 있도록 빅데이터의 인프라, 플랫폼, 분석기술 등을 말한다는 점에서 IT패러다임의 변화를 견인하고 있다. 빅데이터는 하드웨어부터 소프트웨어까지, 컴퓨터공학에서 인간공학, 심지어 뇌과학과 언어학까지 망라되는 기술이 모두 적용되는 분야이다. 따라서 빅데이터는 통계학, 경제학, IT기술, 수학 등 다학제적 이해가 필요하며 학문적인 지식 외에 통합적 사고, 직관력 등이 요구된다(김상락, 강만모, 박상무, 2012; 김현영, 지현수, 이화순, 지종덕, 2014).

빅데이터 분야는 빅데이터의 저장, 처리, 분석 등 빅데이터를 다루는 기술적인 연구가 주를 이루는 정보시스템, 인공지능, 이론, 소프트웨어 등 컴퓨터공학 분야에서 가장 많은 연구가 이루어졌다. 그 밖에 과학기술, 공학, 커뮤니케이션, 법학, 지리학, 생화학/생명공학, 보건학 등 다양한 분야에서도 컴퓨터공학 분야에 비하여 적기는 하나 빅데이터를 분석하고 활용하는 연구가 이루어지고 있다(이보람, 정은경, 2016). 또한 주제별로 보면 공학·기술이 34.60%로 가장 많았고, 사회과학이 25.24%로 두 번째로 많았으며, 세 번째는 자연과학으로 23.14%, 의학·보건학은 14.85%로 네 번째를 차지하였다. 그러나 인문학은 1.69%, 농업과학은 0.21%를 차지하여 매우 적었다(이보람, 2016).

- 인력

국가와 기업은 데이터 사이언티스트8) 같은 인재를 확보하기 위해 내부 역량

8) 미래창조과학부와 한국데이터진흥원이 내놓은 '2016년 데이터산업 현황 조사 주요 결과 요약'에 따르면, 국내에서 향후 3년 내 추가로 필요한 데이터직무 인력은 총1만6915명으로 나타났다. 이 중 데이터 사이언티스트와 데이터분석가의 부족률은 각각 25.1%, 24%로 가장 높게 나타났다. 빅데이터 관련 인력난은 심각한 수준이다. 데이터직무 인력 중 빅데이터 관련 인력은 총 9321명이며, 전체 데이터직무 인력의 9.1%를 차지했다. 향후 3년 내 전 산업의 데

을 강화하고, 외부와 협력하는 전략을 수립해야 한다. 수학, 공학적인 능력과 경제학, 통계학, 심리학 등에 능통한 인재가 필요하다. 또한 비판적 시각과 커뮤니케이션 능력, 스토리텔링 등 시각화 능력을 갖춘 인재도 필요하다.

[표 8-2] 미국 마케팅 분야 데이터 가공 및 거래 산업 경제적 효과

구분	2012	2014	성장률
경제적 가치 생산	1,500억 달러	2,020억 달러	35%
일자리 창출	650,000명	966,000명	49%

자료 : The Value of Data 2015 DMA, DDMI.

데이터로 돈을 버는 데이터 자본주의 시대에서 데이터 거래는 데이터 경제를 이끄는 핵심 기반이 된다. 해외에서는 1990년대 이후 공공과 민간의 데이터를 거래하고 판매할 수 있는 데이터 브로커 기업이 700여개 이상으로 대형 시장을 형성하고 있다. 그중에서도 미국은 2013년 현재 데이터 브로커 수가 약 650개로 1560억달러 규모의 시장을 형성한다. DDMI(Data-Driven Marketing Institute) 조사에 따르면([표 8-2]) 미국 마케팅 분야의 '데이터 가공 및 거래 활용 관련 산업'은 2012년에 1,500억 달러의 경제적 가치를 생산하고 65만개의 일자리를 창출했으며, 2014년에는 2,020억 달러의 경제적 가치를 창조해서 성장률이 35%에 이르렀고, 일자리는 96.6만개를 창출해서 성장률이 49%나 되었다.

우리나라도 미래창조과학부와 한국정보화진흥원 K-ICT 빅데이터 센터에서는 국내 데이터 생태계 조성을 위해 많은 노력을 기울이고 있다. 서울시 심야버스 노선정책 수립, 상권 분석, 중국인 맞춤 관광 추천, 조선·해양 선박 수요예측 등 우수 빅데이터 모델을 개발해 확산하고 있다. 이 밖에도 중소기업 컨설팅 지원과 데이터 창업, 인력 양성 교육 등에 활용할 수 있도록 빅데이터 클라우드 서비스(kbig.kr)를 제공하고 있다. 2016년에는 올해는 데이터 거래 생태계의 핵심 요소인 데이터가공과 데이터중개 기업을 발굴해 데이터 생태계 구축을 지원하는 선도 사업도 추진 중이다. 이런 노력에도 한국은 데이터 축적과

이터직무 인력 수요 중 빅데이터 관련 인력 수요는 총 6451명이며, 이 중 빅데이터 분석가(53.9%)와 빅데이터 개발자(53.7%)의 부족률이 가장 높았다(아시아경제, 2017년 4월 20일).

거래 활용이 선진 기업들에 비해 뒤처져 있다(김진철, 2016).

불확실하고 리스크가 존재하는 미래사회에서는 통찰력, 대응력이 필요하고, 스마트하고 융복합의 미래사회에서는 경쟁력과 창조력을 필요로 한다. 따라서 미래사회의 특성에 부합되는 빅데이터의 역할이 존재한다. [표 8-3]에는 미래사회의 특성과 그 특성에 부합되는 빅데이터의 역할이 제시되어 있다.

[표 8-3] 미래사회와 빅데이터의 역할

미래사회 특성		빅데이터의 역할
불확실성	통찰력	- 사회현상, 현실세계의 데이터를 기반으로 한 패턴분석과 트렌드 전망 - 여러가지 가능성에 대한 시나리오 시뮬레이션 - 다각적인 상황이 고려된 통찰력을 제시 - 다수의 시나리오의 상황 변화에 유연하게 대처
리스크	대응력	- 환경, 소셜, 모니터링 정보의 패턴 분석을 통한 위험징후, 이상 신호 포착 - 이슈를 사전에 인지, 분석하고 빠른 의사결정과 실시간 대응 지원 - 기업과 국가 경영의 명성 제고 및 낭비요소 절감
스마트	경쟁력	- 대규모 데이터 분석을 통한 상황인지, 인공지능 서비스 등 가능 - 개인화, 지능화 서비스 제공 확대 - 소셜 분석, 평가, 신용, 평판 분석을 통해 최적의 선택 지원 - 트렌트 변화 분석을 통한 제품 경쟁력 확보
융합	창조력	- 타 분야와의 결합을 통한 새로운 가치창출 - 인과관계, 상관관계가 컨버전스 분야의 데이터 분석으로 안전성 확보, 시행착오 최소화 - 방대한 데이터 활용을 통한 새로운 융합시장 창출

출처 : 강만모·김상락·박상무(2012).

2017년 2월에 출시된 스타벅스의 슈크림라떼는 출시 이벤트 음료로는 스타벅스 사상 최단 기록인 22일 만에 100만잔을 판매했다. 이 음료는 스타벅스커피 코리아가 닭의 해를 맞아 1년 가까이 기획해서 만들었다. 이 음료의 성공에는 스타벅스커피 코리아의 '마이 스타벅스' 회원 300만명을 상대로 설문조사를 하는 '마이 스타벅스 리뷰'(MSR)라는 최신 빅데이터 기법이 사용됐다. 엠에스아르는 스타벅스의 온라인 주문시스템인 '사이렌 오더'를 이용하는 스타벅스 충성고객 집단(마이 스타벅스 회원)을 상대로 실시하는 설문조사이다. 엠에스아르를 통해 얻은 빅데이터는 기존 빅데이터와 다르다. 일반 모집단이 300만명으로 크고 사이렌 오더9)를 쓰는 충성고객

9) 스타벅스코리아는 2009년 업계에서 처음으로 선불식 충전카드를 도입했고 2011년에는 모

을 상대로 설문조사를 하면 한 번에 10만명을 한다. 설문 문항의 40%는 주관식인데도 회원의 3분의 1인 100만명이 설문에 참여했다. 양과 질이 다른 모집단을 상대로 한 리뷰로 이 회사는 지속적으로 고객의 니즈를 파악할 수 있다.

이벤트성 상품이었던 슈크림라떼는 출시되자마자 각 매장에서 품절이 됐고, 한 달간 한정 판매하기로 한 이 제품에 대한 판매를 연장해달라는 고객들의 요청도 쇄도했다. 이 회사 카테고리 음료팀과 디지털마케팅팀은 슈크림라떼가 왜 인기가 있는지, 그리고 계속 출시했을 경우에 니즈가 지속될지를 알아보기 위하여 엠에스아르를 실시했다. 조사 결과 이 제품에 소비자가 열광한 이유와 지속 구매 의사를 파악해 결국 연장 출시를 결정했다. 엠에스아르는 완결된 플랫폼이기 때문에 '아 그렇구나' 정도만 알 수 있는 기존의 설문조사와 달리 이 플랫폼은 고객 니즈의 내용과 방향성을 알 수 있어 가설을 세우고 그 가설을 검증할 수 있다(한겨레신문 2017년 5월 6일).

2. 빅데이터 분석 기법

빅데이터의 분석 기술은 텍스트 마이닝, 평판 분석, 소셜 분석, 클러스터 분석 등의 크게 4가지가 구분할 수 있다(강만모, 김상락, 박상무, 2012; 김정숙, 2012).

바일 사이트 결제서비스를 도입했다. 이는 정보통신 기술을 접목해 단골들에게 좀더 많은 혜택을 주겠다는 의도였다. 이어 2012년에 애플리케이션 서비스를 시작했다. 여기까지는 다른 커피음료기업들도 해온 일이다.

그런데 스타벅스커피 코리아는 조금 남달랐다. 이런 모바일 결제 환경을 토대로 2014년 5월 모바일 선주문 시스템인 사이렌 오더를 도입했다. 이용 방식은 간단하다. 앱에서 사이렌 오더 메뉴를 고르고 결제를 한다. 메뉴를 고를 때 저지방 우유를 쓸지 시럽을 넣을지 등 자신의 입맛에 맞는 음료를 고를 수 있다. 그런 다음 주문할 매장을 선택한다. 스타벅스는 근거리 위치 기반 고주파장비를 이용해 주문 고객의 접근을 매장에 알려준다. 고객이 매장에 도착하면 기다리지 않고 주문한 음료를 받아갈 수 있다.

스마트폰과 와이파이를 활용해 단골 고객에게 '합법적 새치기'가 가능하게 만들어준 셈이다. 이 서비스는 주로 사람이 몰리는 출근시간과 점심시간에 사용되는 것으로 파악되고 있다. 이 서비스 이용자의 77%는 여성이며 가장 주문이 많은 메뉴는 아메리카노, 카페라떼, 프라푸치노였다(한겨레신문 2017년 5월 6일).

1) 텍스트 마이닝(Text Mining)

텍스트 마이닝(Feldman and Dagan, 1995)은 자연어로 구성된 비정형 텍스트 데이터에서 숨겨진 패턴이나 관계를 추출하여 의미 있고 활용 가치가 높은 정보나 지식을 발견하는 분석기법이다. 데이터 마이닝이 정형 데이터에서 패턴을 찾아내는 기술인 반면에 텍스트 마이닝은 비정형 텍스트 데이터에서 의미 있는 지식을 찾아내는 기술이라고 할 수 있다. 대량의 비정형 텍스트 데이터에서 의미 있는 정보를 추출하고, 기존에 정형 데이터로부터 추출한 정보와의 연계성을 파악하며, 개별 텍스트가 속한 범주를 찾아내는 등 단순한 정보 검색의 기능을 넘어선 분석기법으로 다양한 분야에서 활용되고 있다. 텍스트 마이닝의 절차는 다음과 같다(김현정, 조남옥, 신경식, 2015).

① 텍스트 데이터 수집

텍스트 마이닝을 수행하기 위한 첫 번째 단계는 분석을 위한 원천을 선정하여 데이터를 수집하는 것이다. 사무실 문서, 메일, 게시판, 뉴스, 블로그, SNS 등 다양한 원천으로부터 텍스트 문서를 수집해서 분석 목적에 맞는 데이터를 선택한다.

② 형태소 분석

형태소 분석 단계에서는 문서 내에 표현되어 있는 단어, 구, 절에 해당하는 내용을 형태소 분석 처리 과정으로 데이터를 표현하는 단계이다. 형태소 분리 및 품사 부착(Part-Of-Speech Tagging)을 수행한다. 연구 목적을 고려하여 적합한 품사가 부착된 단어들을 추출한다.

③ 의미정보 변환 및 추출

형태소를 분석한 후에는 텍스트 안에 숨겨져 있는 패턴이나 경향을 분석할 수 있록 분석에 사용될 의미 있는 단어를 선별한다. 단어를 필터링하기 위하여 분석 대상 최소 문서 수 결정, 불용어 처리, 어간 추출, 단어별 가중치 산출 등의 작업을 수행한다. 먼저, 해당 단어를 포함한 문서의 수가 최소 n개 이하인 경우에 제거한다. 해당 단어를 포함한 문서의 수에 대한 정해진 규칙이 없기 때문에 실험을 통하여 탐색적으로 결정한다. 정관사와 같이 의미 파악이 어려운 단어 및 해당 도메인에서 사용되지 않는 단어 등은 불용어로 처리한다. 또한, 어간을 파악해서 동일한 어간을 가지고 있는 단어는 하나의 단어로 처리하여 텍스트 처리의 효율성을 높인다.

④ 패턴 및 경향분석

최종 선정된 의미 정보로 표현된 단어 문서 행렬을 기반으로 문서를 분류하거나 군집화하여 정보를 재생산하는 단계이다. 비정형 텍스트 문서 집합이 분석 가능한 형태로 구조화되면, 인공신경망(Artificial Neural Network), 의사결정나무(Decision Tree), SVM(Support Vector Machine) 등 데이터 마이닝 기법 등을 활용하여 문서를 분류하거나 텍스트 군집분석 또는 토픽 분석을 통해 유사한 성격을 갖는 문서들을 군집화한다.

수집한 데이터로부터 정보를 추출 및 분석하여 정보를 재생산하는 텍스트 마이닝 과정은 [그림 8-2]와 같은 단계를 거친다.

[그림 8-2] 텍스트 마이닝 과정

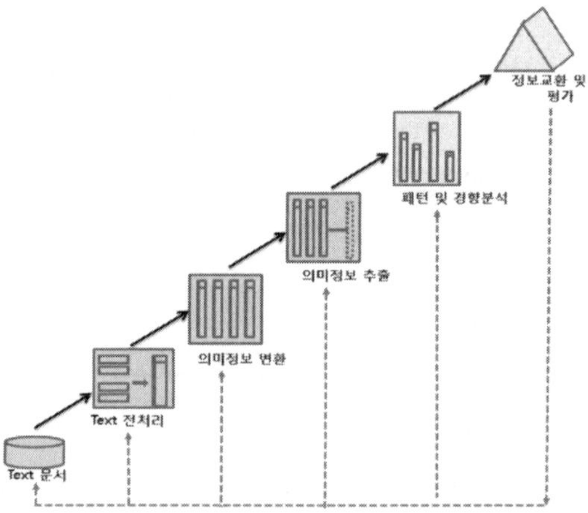

출처 : 김정숙(2012)

텍스트 마이닝 애플리케이션의 성공 사례가 늘어남에 따라 정형 및 비정형화된 데이터를 동시에 분석하는 텍스트 마이닝 기술은 전 세계 모든 곳에서 건전한 조직의 필수 요소로 자리잡게 될 것으로 전망되고 있다. 주요 응용분야로는 문서 분류(Document Classification), 문서 군집(Document Clustering), 정보 추출(Information Extraction), 문서 요약(Document Summarization) 등이 있다.

[그림 8-3] 텍스트 마이닝을 통한 관광지 수요예측 사례

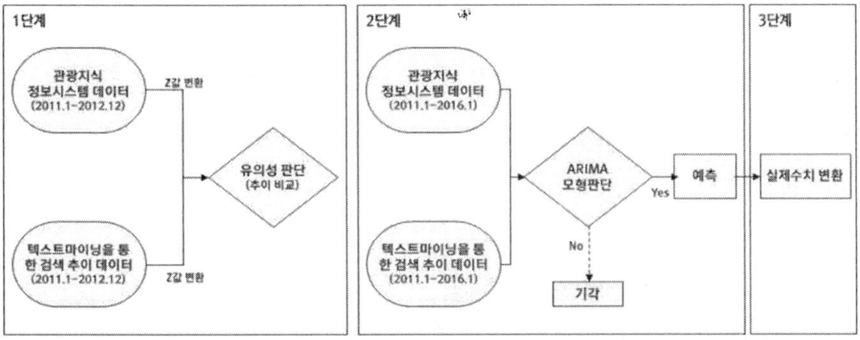

출처 : 박수지·신진옥·송상현·정철(2017).

[그림 8-3]은 온라인 검색엔진에서 최신자료를 짧은 시간에 얻을 수 있는 텍스트 마이닝을 통한 키워드 검색 추이 데이터를 확보한 관광객 수요예측 과정을 설명한 것이다. 이 방법은 관광객이 관광지를 방문하기 전 직접 이용한 정보를 기반으로 데이터를 추출하기 때문에 관광객 수를 추정하는데 있어 관광지식정보시스템 통계 및 지자체 통계를 이용하는 기존의 수요예측 보다 단기예측에 있어 그 예측력이 더 뛰어나다(박수지, 신진옥, 송상현, 정철, 2017).

빅데이터 분석업체인 다음소프트는 2015년까지 상영된 영화 중 1000만 관객 이상을 동원한 '국제시장', '암살', '베테랑'을 대상으로 하여 블로그와 트위터를 대상으로 영화에 대한 관심이 시작되고 지속되는 영화 개봉 8일 전, 개봉 후 90일까지의 문서를 수집했다. 자연어 처리까지의 텍스트 마이닝을 실행한 후 각각의 영화를 구별할 수 있는 키워드를 구성해 분석을 진행했다. 그다음 영화별로 관계가 깊은 연관어를 추출하고 이를 크게

감독(연출) · 배우 · 스토리로 묶어 해석했다. 이 세가지 요소는 영화를 구성하는 데 빠져서는 안 될 요소다. 그러나 빅데이터 분석 결과 '국제시장', '암살', '베테랑'에서는 세 가지 요소 모두 배우(1) · 감독(2) · 스토리(1)의 비율로 나타났다. 이렇게 도출된 1000만 영화의 공식으로 밀정과 부산행을 분석해 본 결과 배우 : 감독 : 스토리가 1 : 1 : 2 에 가까운 비율이 나타난 '밀정'은 관객 수 1000만 관객 명을 넘지 못했다. 반면 공식에 가까운 반응이 나타난 '부산행'은 작년 한 해 최고 관객을 기록해 1000만 영화의 공식이 곧 황금비율임을 입증해 냈다([그림 8-4] 참고). 그러므로 이 황금비율을 개봉 예정인 영화에 적용해 영화 흥행 여부를 예측하는 데 활용할 수 있을 것이다(한경비즈니스, 2017년 1월 23일).

[그림 8-4] 빅데이터로 분석한 1000만 영화의 흥행 요인 비율

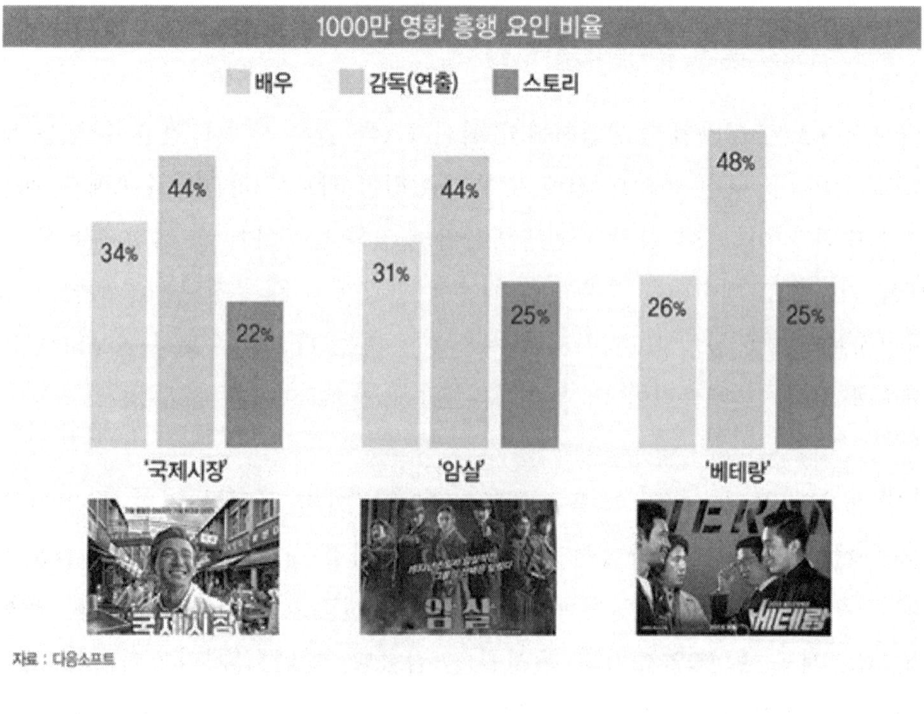

자료 : 다음소프트

2) 평판분석(Opinion Mining)

평판 분석은 소셜미디어 등의 정형/비정형 텍스트의 긍정, 부정, 중립의 선호도를 판별하는 기술인데 특정 서비스 및 상품에 대한 시장규모 예측, 소비자의 반응, 입소문 분석 등에 활용되고 있다. 정확한 평판분석을 하기 위해서는 전문가의 선호도를 나타내는 표현 및 단어가 축적되어야 한다. 네티즌들이 각각 의 사건에 대하여 이야기하는 댓글이나 포스팅 등을 긍정 또는 부정으로 분류하여 더 객관적이고 정확하게 평판을 파악할 수 있다. 오류를 피하기 위하여 사용되는 평판분석은 다음과 같이 3단계로 이루어진다.

첫째, '주관성 분석'으로 주어진 텍스트가 주관적인지 객관적인지 결정하는 것으로, 주어진 텍스트에 나타난 저자의 태도를 판단하는 단계이다.

둘째, '극성 분석'으로 텍스트가 주관적인 의견을 갖고 있을 경우 긍정인지 부정인지 분류하는 단계이다.

셋째, '극성의 정도 분석'으로 주관적인 텍스트에 대하여 긍정적인 정도와 부정적인 정도를 측정하는 단계이다.

한국기업평판연구소는 아이돌 개인 브랜드평판 빅데이터 분석을 위해 2019년 11월 26일부터 2019년 12월 27일까지 1,135명 아이돌 개인 브랜드 빅데이터 205,900,013개를 추출하여 아이돌 개인 100대 브랜드에 대한 소비자들의 참여지수, 미디어지수, 소통지수, 커뮤니티지수로 측정하여 브랜드평판지수를 분석하였다. <표 8-4>에는 이중에서 상위 30명의 브랜드평판지수를 제시하였다.

브랜드 평판지수는 소비자들의 온라인 습관이 브랜드 소비에 큰 영향을 끼친다는 점을 감안하여 브랜드 빅데이터 분석을 통해서 만들어진 지표이다. 아이돌 개인 100대 브랜드평판 분석을 통해 아이돌 개인 100대 브랜드에 대한 긍부정 평가, 미디어 관심도, 소비자들의 관심과 소통량을 측정할 수 있다. 아이돌 브랜드평판 에디터 100명의 모니터링 결과도 함께 포함했다.

[표 8-4] 아이돌 개인 브랜드평판지수

2019년 10월 27일

순위	브랜드	참여지수	미디어지수	소통지수	커뮤니티지수	브랜드평판지수
1	방탄소년단 지민	1,016,818	1,602,458	6,313,194	5,783,419	**14,715,889**
2	강다니엘	2,357,797	3,296,693	3,070,202	3,692,478	**12,417,169**
3	소녀시대 태연	2,768,043	1,236,710	1,193,446	1,579,702	**6,777,900**
4	마마무 화사	970,140	1,784,556	912,913	740,245	**4,407,853**
5	방탄소년단 뷔	866,465	1,242,633	851,532	1,143,162	**4,103,792**
6	핫샷 하성운	431,590	2,534,797	383,065	713,270	**4,062,723**
7	방탄소년단 정국	701,569	1,044,511	816,132	1,226,983	**3,789,195**
8	엑소 카이	541,423	2,609,093	225,790	388,210	**3,764,516**
9	엑소 백현	513,816	2,228,873	408,620	546,140	**3,697,448**
10	엑소 첸	534,363	2,271,120	411,335	445,680	**3,662,499**
11	AOA 설현	765,604	1,828,259	312,082	707,988	**3,613,933**
12	(여자)아이들 수진	147,491	1,464,713	589,131	899,935	**3,101,270**
13	방탄소년단 제이홉	202,894	1,089,671	913,283	680,332	**2,886,181**
14	방탄소년단 진	533,389	735,674	723,273	885,931	**2,878,267**
15	뉴이스트 백호	107,100	2,237,614	139,252	377,590	**2,861,556**
16	뉴이스트 민현	275,843	2,043,862	148,263	377,136	**2,845,104**
17	(여자)아이들 민니	137,429	1,598,737	587,650	493,269	**2,817,084**
18	박지훈	532,217	1,386,530	466,087	422,792	**2,807,625**
19	뉴이스트 JR	114,981	2,236,157	134,807	312,567	**2,798,513**
20	아스트로 차은우	660,756	1,344,608	277,392	485,148	**2,767,904**
21	AB6IX 이대휘	120,540	2,145,837	166,287	316,542	**2,749,206**
22	샤이니 태민	281,707	1,921,493	106,784	399,851	**2,709,835**
23	NCT 태용	355,593	1,933,147	67,898	307,285	**2,663,923**
24	NCT 마크	307,039	1,953,542	114,932	240,331	**2,615,844**
25	소녀시대 윤아	836,676	1,178,211	246,137	344,163	**2,605,186**
26	뉴이스트 렌	38,773	2,118,158	112,463	325,798	**2,595,192**
27	AB6IX 박우진	131,612	1,810,778	226,531	382,417	**2,551,337**
28	슈퍼주니어 희철	680,693	1,103,494	187,767	561,473	**2,533,427**
29	여자친구 신비	43,136	517,157	786,006	961,551	**2,307,850**
30	방탄소년단 RM	277,015	809,970	707,122	509,795	**2,303,901**

출처: 한국기업평판연구소(http://www.rekorea.net).

2019년 12월 아이돌 개인 100대 브랜드평판 30위 순위는 방탄소년단 지민, 강다니엘, 마마무 화사, 방탄소년단 뷔, AOA 설현, 방탄소년단 정국, 핫샷 하성운, 레드벨벳 웬디, 엑소 백현, 방탄소년단 진, 슈퍼주니어 희철, 소녀시대 태연, 방탄소년단 제이홉, 레드벨벳 아이린, 빅뱅 지드래곤, 방탄소년단 RM, 방탄소년단 슈가, AOA 찬미, 아스트로 차은우, 박지훈, 소녀시대 윤아, CIX 배진영, 엑소 찬열, 트와이스 나연, 엑소 카이, 트와이스 다현, 엑소 수호, 레드벨벳 슬기, AOA 지민, 레드벨벳 조이 순으로 분석되었다.

1위, 방탄소년단 지민 브랜드는 참여지수 1,297,820 미디어지수 2,504,205 소통지수 4,284,543 커뮤니티지수 5,608,252가 되면서 브랜드평판지수 13,694,821로 분석되었다. 지민 브랜드는 링크분석에서 "훈훈하다, 기부하다, 귀엽다"가 높게 나왔고, 키워드 분석에서는 "아미, 무대, 선행"이 높게 나왔다. 긍부정비율 분석에서는 긍정비율 91.56%를 기록했다.

3) 소셜 네트워크 분석

수학의 그래프 이론에 기초하고 있는 소셜 네트워크 분석은 소셜 네트워크 연결구조 및 연결강도 등을 바탕으로 사용자의 명성 및 영향력을 측정하여, 소셜 네트워크상에서 입소문의 중심이나 허브 역할을 하는 사용자를 찾는데 주로 활용된다. 이렇게 소셜 네트워크상에서 영향력이 있는 사용자를 인플루언서(Influencer)라고 한다. 소셜 네트워크 서비스는 개인을 노드(Node), 개인의 사회적 관계를 링크(Link)로 간주하면 소셜 네크워크를 구축할 수 있고, 이렇게 형성된 소셜 네트워크에서 다음과 같은 4단계를 통해 정보를 추출 및 분석할 수 있다.

첫째, 소셜 네트워크의 위상학적 구조(Network Topology Structure)를 분석하여 네트워크의 전반적인 특성을 파악한다.
둘째, 네트워크 구조가 시간에 따라 어떠한 유형으로 진화하는지를 분석한다.
셋째, 네트워크상의 각 노드(사용자)가 생산, 확산시키는 콘텐츠인 포스트, 댓글, 리트윗, 동영상, 링크 등의 흐름을 분석한다.
넷째, 이상에서 한 작업을 종합하여, 각 개인 또는 그룹의 소셜 네트워크 내 영향력, 관심사, 성향 및 행동 패턴을 분석하고 추출한다.

[그림 8-5]에서 대선후보들의 청년문제와 관련된 공약을 소셜네트워크 기법을 활용하여 분석한 결과 문재인, 유승민, 심상정 후보는 청년 문제를 '실업' 뿐 아니라 '주택' '등록금' '보육' 등 다양한 관점으로 바라봤다. 더불어 '금리' '상환' '취업' '일자리' 같은 해결책을 함께 언급했다. 가장 많은 단어를 사용한 사람은 상속 · 증여세 약 5조원을 20세 청년들에게 나눠주는 '사회상속제'를 공약한 심 후보였다. 반면 안철수 후보의 이 분야 핵심 키워드는 '실업'이었다. 이와 함께 '중소기업' '대우' 같은 단어도 함께 사용했다. 안 후보는 중소기업 취업

청년에게 2년 간 정부가 1200만원을 한시적으로 지원하겠다고 공약했다. 홍준표 후보는 다른 후보와 공유하는 단어가 전무했다(중앙일보, 2017년 4월 26일).

[그림 8-5] 2017년 대선 후보의 청년공약 분석

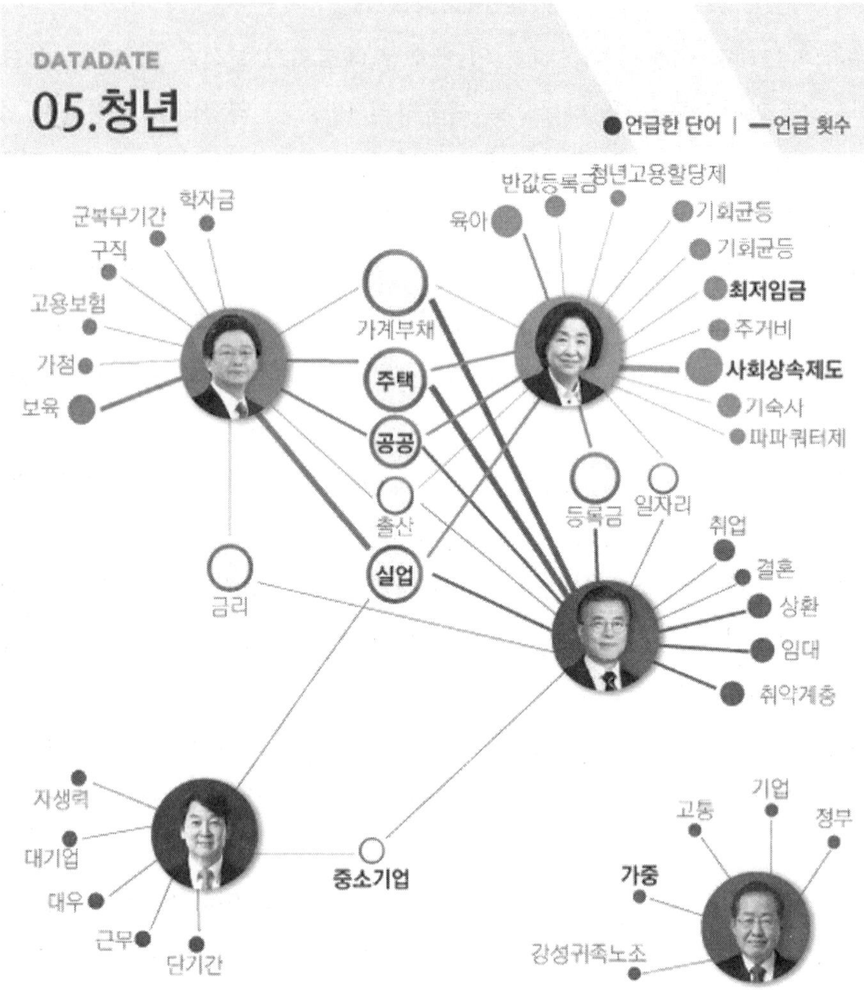

출처 : 중앙일보(2017년 4월 26일).

4) 군집분석(Cluster Analysis)

군집분석은 비슷한 특성을 가진 개체를 합쳐가면서 최종적으로 유사 특성의 그룹을 발굴하는데 사용된다. 예를 들어 트위터 상에서 주로 사진/카메라에 대해 이야기하는 사용자 그룹이 있을 수 있고, 자동차에 대해 관심 있는 사용자 그룹이 있을 수 있다. 이러한 관심사나 취미에 따른 사용자 그룹을 군집분석을 통해 분류할 수 있다. 군집분석은 각 객체(대상)의 유사성을 측정하여 높은 대상 집단을 분류하고, 군집에 속한 객체들의 유사성과 서로 다른 군집에 속한 객체 간의 상이성을 규명하는 통계 분석 방법이다.

[그림 8-6]은 유사점을 가진 단어들이 형성하는 군집을 도출하기 위해 유씨아이넷6를 이용하여 콘커(CONCOR) 분석을 실시한 결과를 제시한 것이다. 구조적 등위성 분석10) 중에 가장 보편적으로 사용되는 분석방법인 콘커분석은 단어 간 동시출현 매트릭스의 피어슨 상관관계를 분석의 토대로 노드들의 블록을 식별해내고 블록들 간의 관계를 파악하는 방법이다(김해원, 전채남, 2014). 2개의 중심클러스터와 2개의 소규모 클러스터로 형성되었다. 가장 큰 그룹은 캠핑카, 캠핑장, 추천, 확인, 준비, 취소, 정책, 질문 등의 그룹으로 형성되어 '캠핑장 예약 및 취소'으로 명명하였다. 캠핑인들이 크게 증가하면서 캠핑장 예약 및 취소 등 운영 정책에 대한 질문과 민원들이 발생하였음을 확인할 수 있다. 그 다음 그룹은 환경, 침해, 제한, 협조, 우려, 무단 등의 그룹으로 '캠핑 피해'로 명명하였다. 캠핑인들이 급증하면서 좁은 공간에서의 사생활 침해와 환경 훼손에 대한 문제들이 발생되었음을 알 수 있다.

첫 번째 소규모 그룹은 초과, 안전, 변경, 폐쇄, 가입 등의 그룹으로 '캠핑장 안전'으로 명명하였다. 2013년은 국내 캠핑장 수가 가장 크게 증가한 시기인 만큼 각종 안전사고 발생과 특히 사설 캠핑장이 급증하면서 캠핑 시설이 안전하게 운영되고 있는지에 대한 관심이 컸음을 알 수 있다. 두 번째 소규모 그룹은 쇼핑, 스포츠, 여행, 사회, 생활, 교육, 예술 등의 그룹으로 형성되어 '캠핑 연계

10) 구조적 등위성은 네트워크 내의 노드 또는 행위자들이 서로 동일한 위치에 있다는 것을 의미하는데, 구조적 동위성 집단 안의 노드들은 서로 대체가 가능하다.

프로그램'으로 명명하였다. 이때부터 국민들은 단순한 캠핑 차원을 넘어서 캠핑과 더불어 쇼핑, 여행, 교육, 예술 등의 추가적인 경험을 필요로 하였음을 알 수 있다(장미화, 윤영일, 2016).

[그림 8-6] 2013년 캠핑인식에 관한 클러스터

출처 : 장미화, 윤영일(2016).

3. 분석도구

1) 하둡(Hadoop)

하둡은 정형 데이터 및 사진, 영상 등의 비정형 데이터를 효과적으로 처리할 수 있는 오픈소스 기반의 빅데이터 솔루션이다. 포춘 500대 기업 모두가 하둡을 활용하고 있을 정도로 업계에서는 "빅데이터가 곧 하둡"이라고 표현한다. 하둡 생태계가 이처럼 확장할 수 있던 요인은 아마존, 마이크로소프트(MS), IBM, 오라클, VM웨어, 테라데이타 등의 기존 업계 강자들이 자사 솔루션에 하둡을 적극 활용했기 때문이다. 2016년 하둡 시장은 76억6000만달러(8조8000억원)

규모로 성장했고, 2017년부터 오는 2022년까지 연평균 50%씩 성장해 871억4000만달러(100조원)에 이를 것으로 전망됐다(디지털타임즈, 2017년 5월 8일).

2) R

R은 통계처리를 위한 공개 소프트웨어 패키지로, 주목받는 빅데이터 분석 도구이다. R은 기존의 통계 소프트웨어인 S를 바탕으로 만들어졌는데, 다양한 통계기법과 시각화 도구들이 제공되고 있다. R은 그동안 학계에서 연구용으로 많이 사용해왔는데, 빅데이터 분석을 위해 최근 소개되는 다양한 분석 방법들이 추가되면서, 2012년 현재는 4,000개 이상의 프로그램이 패키지 형태로 제공되고 있다. R 패키지는 R프로젝트 웹 사이트(https://www.r-project.org/)에서 내려 받아 쉽게 설치하여 사용할 수 있다. R은 Java, C, C++, Python 등 다른 프로그램 언어와도 쉽게 연동할 수 있으며, 윈도, 리눅스 · 유닉스, 맥 OS 등 대부분의 개발 환경을 지원한다. 또한, 하둡 분산처리 환경을 지원하는 라이브러리가 제공되기 때문에 구글, 페이스북, 아마존 등도 빅데이터 분석에 R을 활용하고 있다. R은 빅데이터 분석에 가장 강력하면서 유용한 도구로 점차 자리를 잡아가고 있다(한국전자통신연구원, 2013).

3) 파이썬(python)

현재 가장 주목받고 있는 파이썬은 문법이 간결하고 표현 구조가 인간의 사고 체계와 비슷해 초보자도 쉽게 배울 수 있고, 유지 보수와 관리도 쉽게 할 수 있다. 파이썬은 외부에 풍부한 라이브러리가 있어 다양한 용도로 확장하기 좋다. 실제로 파이썬은 웹 개발 뿐만 아니라 데이터 분석, 머신러닝, 그래픽, 학술 연구 등 여러 분야에서 활용되고 있다. 현재 파이썬은 대형 글로벌 기업부터 스타트업까지 다양하게 안정적으로 활용되고 있다. 구글, 야후, 유럽 입자 물리 연구소(CERN), 미국항공우주국(NASA) 등이 파이썬을 이용해 서비스를 구축했다(네이버 지식백과).

4. 빅데이터 분석 프로세스의 실제

다음소프트에서 소셜미디어를 분석하는 과정을 예로 들면 다음과 같다(송길영, 2012).

1) 크롤링

데이터 크롤링(data crawling) 시스템을 통해 웹상에 있는 모든 데이터를 수집한다. 포털, 커뮤니티, 쇼핑몰, 미디어, 공공기관, 소셜 오피니언, 트위터나 블로그 등에 있는 모든 데이터를 수집한다. 데이터 크롤링 시스템을 통하여 수집되는 문서는 하루 트위터 500만여건, 블로그는 1개월에 1,000만건 이상이 된다. 수집하는 과정에서 유의해야 하는 사항은 다음과 같다.

① 인지구조에 따라 문서 제목, 본문, 작성일, 링크 추출
② 검색엔진 결과가 아닌 해당 문서가 있는 오리지널 사이트 수집
③ 사이트 전체가 아닌 유의미한 게시판 단위 수집
④ 문서가 속한 게시판과 사이트 분류

이러한 과정을 통해 관련되지 않은 문서는 배제되고, 사이트 및 게시판의 특성을 분석할 수 있고, 실제 문서 작성일을 기준으로 데이터를 정렬할 수 있다.

2) 필터링

① 수집된 문서 중에서 유용한 문서만 선택
② 스팸 필터 : 특정 단어 불포함(예 : 오빠 만나줘요)
③ 키워드 필터 : 특정 단어 포함(예 : 갤럭시S8)

3) NLP(Natural Language Processing)

필터링을 통해 정리한 정보를 원하는 형태로 다시 분석하는 과정이다. '아이폰4S의 디자인은 아이폰4랑 똑같아' 라는 문장은 신제품이 옛날 제품과 다르지 않다는 의미이니 부정적이다. 이처럼 특정 문장이 가지고 있는 복잡다단한 맥락을 기계가 판단할 수 있어야 한다. 구조화되지 않은 정보가 포함된 문장에서 의미를 찾아내기 위해서는 크게 3단계의 분석과정을 거친다.

① 인터넷에 자연어로 표현되어 있는 사용자의 의견 수집
② 고품질 자연어 처리 기술과 정교한 텍스트 마이닝을 통해 분석
③ 제품 또는 서비스의 모델, 항목, 세부 속성에 대한 긍정, 부정 등의 평가 결과 도출

문장을 분석하는 과정은 다음과 같은 단계로 이루어진다.

① 문장 분리

문장을 분리할 때 가장 먼저 하는 작업은 절을 분리하는 것이다. "내가 케옥이를 샀는데, 디자인은 마음에 드는데 승차감이 영 좋지 않아요." 라는 문장은 실제로 SNS에 올라온 것이다. 이 문장을 '내가 케옥이를 샀다.', '디자인은 마음에 든다.', '승차감이 영 좋지 않다.'로 나눈다.

② 형태소 분석

내/pn+가/j, 내/n+가/j, 내가/v+아/ec 케옥이/n+를/j 사/v+았/pe+는데/ec+,/cm
디자인/n+은/j 맘/n+에/j 들/v+는데/ec
승차감/n+이 영/ad 좋/aj+지/ec 않/x+네요/et

③ **품사 태깅**

내/p+가/j 케옥이/n+를/j 사/v+았/pe+는데/ec+,/cm
디자인/n+은/j 맘/n+에/j 들/v+는데/ec
승차감/n+이 영/ad 좋/aj+지/ec 않/x+네요/

④ **개체명 인식**

내가는 주어이고 케옥이는 고유명사인데 자동차 K5의 별명이다. 이처럼 각종 별칭을 파악해야 한다.

⑤ **패러프레이징**

표현방식이 무한대이므로 적절한 틀로 바꾸어야 통계를 낼 수 있다. 예를 들면 특정 표현을 대표적인 표현으로 바꾸는 것인데, '좋지 않다'를 '나쁘다'로 바꾸는 것이다.

⑥ **구문 분석**

예시 문장에서 좋은 건 디자인이고 나쁜 건 승차감이다. 구문 분석을 잘못하면 K5가 좋다는 건지, 디자인이 좋다는 건지, 승차감이 좋다는 건지 알 수 없게 된다.

내가 **케옥이**를 샀는데, **디자인은** 마음에 드는데, **승차감이** 영 좋지 않네요.

K5를 사다 중립	**디자인이** 좋다 긍정	**승차감이** 나쁘다 부정

위와 같은 과정을 통하여 특정 키워드에 대한 발현 문서의 빈도를 구하고, 연관어 네트워크를 파악하고, 긍정/부정 감성어를 추출한다. 그리고 모델 – 항목 – 속성 – 조건으로 구성된 버즈를 추출하고, 선언적 의미와 가설적 의미를 구분한다.

4) 리포트

추출된 버즈를 다각도의 의미 단위로 묶어서 정량화(제품, 브랜드, 소스, 시계열 등) 정량화하고, 실제 원문을 통해 정성적 맥락도 확인한다. 이때 대시보드[11]를 통해 실시간 모니터링을 한다.

5. AI트렌드예측시스템

1) 인공지능의 진화

인공지능(AI, Artificial Intelligence)은 인간처럼 사고하고, 감지하고, 행동하도록 설계된 알고리즘시스템이다. 인공지능의 진화에서 가장 중요한 요소는 학습(Learning)이다. 여기서 말하는 학습은 '어떤 식으로든 특성을 추출해서 분류하는 시스템을 만드는 일련의 과정'이다. 인공지능은 1997년 IBM의 인공지능 '딥블루'가 체스에서 인간을 이긴 것을 기점으로, 2000년 이후 컴퓨팅 기술이 발달하고 빅데이터가 등장하면서 기계 스스로 데이터를 통해 패턴을 찾아내는 방식인 머신러닝(Machine Learning)으로 진화했다.

머신러닝은 상관관계, 즉 특성을 잡아 패턴을 반복적으로 관찰해서 차이점을 알아내는 기술이다. 예를 들어 수많은 고양이, 개, 새의 이미지 데이터에서 인공지능은 이것들을 구분하기 위해 특성을 잡아 어떻게 다른지 확인하는 작업을 거치게 된다. 그렇기 때문에 머신러닝에서는 데이터가 없으면 의미가 없다. 그런데 현실은 머신러닝으로 해결할 수 없는 매우 복잡하고 끊임없이 변화하

---

11) 대시보드는 웹에서, 한 화면에서 다양한 정보를 중앙 집중적으로 관리하고 찾을 수 있도록 하는 사용자 인터페이스(UI) 기능이다. 여러 종류의 웹 기반 콘텐츠를 재사용할 수 있도록 구성하고, 문서, 웹 페이지, 메시징, 미디어 파일 등 다양한 콘텐츠를 한 화면에서 관리한다. 특징으로는 의사 결정과 작업 분석에 적절한 정보 제공과 사용자 및 그룹 관리가 용이하고, 무선 응용 통신 규약(WAP) 전화, 휴대형 PC 등 이동 장비 지원이 가능하다(IT용어사전, 한국정보통신기술협회).

는 문제가 너무 많다.

이러한 문제를 해결하기 위하여 보다 인간과 유사한 사고를 할 수 있는 딥러닝(Deep Learning)이 2006년에 등장하였다. 딥러닝은 층마다 자율학습기법의 선행학습을 별도로 시킨 후 층층이 쌓아 통합훈련을 통해 미세 조정하는 방식으로, 적은 데이터로도 학습이 가능하다. 알파고도 이러한 딥러닝 기술이 적용된 것으로, 알파고의 심층신경망에는 약 3000만 개의 기보가 입력돼 있고 이런 방대한 데이터를 기본으로 24시간 내내 강화학습과 지도학습을 반복한다.

시장조사업체 앱토피아는 디즈니 플러스 출시 2주간 다운로드 건수가 1550만건, 인앱 결제가 500만달러(약 59억원)라고 밝혔다. 하루 평균 100만개 단말에 설치되고 있다고 덧붙였다. 국가별 다운로드 비중은 미국이 85.7%로 압도적으로 높았다. 이어 캐나다 7.10%, 뉴질랜드 3.50%, 네덜란드 1.10%다. 이처럼 앱 경제가 성숙해가면서 마케팅 성과를 측정하는 기준이 앱 설치수가 아닌 인앱(in-app) 지출로 넘어가면서 딥러닝에 많은 관심이 일고 있다. 딥러닝은 모든 인앱 이벤트를 "이 사용자는 다채로운 색상의 이미지를 선호한다." 등의 추상적 의미까지 고려해 사용자에 대한 보다 정확하게 예측을 하고, 궁극적으로 가장 가치 있는 사용자를 찾아낼 수 있다.

애피어(Appier)는 2018년 3월부터 10월까지 딥러닝 알고리즘을 통해 사용자가 향후 인앱 구매 또는 등록 완료 등의 행동을 취할 가능성을 예측하는 테스트를 진행했다. 한국을 포함한 아태지역의 13개시장, 240개 이상의 모바일앱 캠페인, 5억개의 데이터 포인트를 대상으로 딥러닝 기술을 적용하고, 그 결과를 딥러닝이 배제된 머신러닝 기반 캠페인 결과와 비교했다. 딥러닝을 적용한 경우 기존 AI나 머신러닝기술만 적용한 경우에 비해 유지율 7%, 등록률 35%, 구매율 9%, 전반적인 광고지출 대비 수익(ROAS) 10% 등, 모든 측정치에서 더 좋은 효과가 나타났다(차재덕, 2019). 발전과 쇠퇴를 거듭하면서 진화해 온 인공지능은 빅데이터, IoT, 5G와 연계해 다양한 서비스로 구체화되고 있다(김재필, 2016).

2) 인공지능을 활용한 트렌드예측시스템 사례

롯데제과는 인공지능 트렌드예측시스템 '엘시아(LCIA · Lotte Confectionery Intelligence Advisor)'를 2018년에 도입하여 운영하고 있다. 엘시아는 AI를 통해 수천만 건의 소셜 데이터와 POS 판매 데이터, 날씨, 연령, 지역별 소비 패턴 및 각종 내 · 외부 자료 등을 종합적으로 판단해 미래 식품 트렌드를 예측, 이상적인 조합의 신제품을 추천해주는 시스템으로, 사용자는 '엘시아'가 추천한 신제품 조합의 3개월 후 8주간 예상 수요량을 미리 알 수 있다.

엘시아는 트렌드를 분석하기 위해 제품에 DNA 개념을 도입하여 알고리즘에 적용했다. 제품의 속성을 맛, 소재, 식감, 모양, 규격, 포장 등 7-8가지 카테고리로 나누고, 그 아래로 또 수백 개 세부 속성을 나눴다. 또, 과거 성공사례에 대한 제품 DNA를 분석해 시스템의 알고리즘을 완성했다. 딥러닝 기술을 적용하여 시간이 흐를수록 자가 학습을 통해 예측의 정확도를 높일 수 있도록 했다. 엘시아는 제품 DNA 지역, 유통채널, 성별, 연령, 직업, 산업별로 다양한 관점에서 분석할 수 있고, 버즈량 증가 추세와 편차, 경향 등 고도화된 소셜 데이터 분석도 가능하다. 신제품에 대한 소비자 반응도 실시간 파악한다(식품저널뉴스, 2018년 8월 8일).

9장

트렌드정보 수집

내 눈길은 가판대에서 판매되는 다양한 지역 신문들의 표제들을 따라갔다. 그 순간 나는 매일 이 지역 신문들을 모두 읽는다면 현재 이 나라에서 일어나고 있는 변화의 유형을 감지할 수 있다는 사실을 깨달았다. 마침내 미국에서 지금 무슨 일이 벌어지고 있는지 알아낼 방법을 발견한 것이다! 드디어 열쇠를 손에 쥔 깨달음의 순간이었다(존 나이스비트).

1. 트렌드정보의 분류

1) 정성적 정보와 정량적 정보

기존 질서가 붕괴되고 불확실성이 높은 뉴노멀[12] 시대로 접어들며 연령, 성별, 소득으로 소비자 심리와 행동을 예측하는 인구통계학적 방식의 효용성이 줄어들고 있다. 성별과 세대로 뚜렷하게 구분되는 패션시장에서도 스파브랜드인 유니클

12) 뉴노멀은 벤처캐피털리스트인 로저 맥너미가 2003년 처음으로 사용했으며, 올드 노멀(오래된 정상)과 구별하기 위해 뉴 노멀이라 한다. 세계 금융 위기 이전까지 꾸준하게 3퍼센트 이상의 성장을 해왔던 미국 등 선진국의 경제 질서를 일컬어 올드 노멀이라고 한다.
세계 최대 채권운용회사 '핌코(PIMCO)'의 CEO 무하마드 엘 에리언이 자신의 저서 '새로운 부의 탄생'(손민중 역, 2009)에서 2008년 글로벌 금융 위기를 기점으로 선진국뿐만 아니라 그동안 빠르게 성장하던 신흥국들도 성장률이 둔화될 것이라면서 세계경제가 저성장 · 저금리 · 저물가 · 고실업률 · 정부 부채 증가 · 규제 강화 등의 뉴 노멀 시대에 돌입했다고 말했다.

로가 남녀노소, 전 사회계층 모두의 사랑을 받고 있다. 글로벌 트렌드 조사업체 트렌드워칭은 전통적인 인구통계학적 기준으로 설명하기 어려운 오늘날의 소비 시장을 '포스트 데모그래픽(post-demographic)' 시장이라는 용어로 설명한다.

포스트 데모그래픽 시장에서는 상식과 고정관념을 깨는 독특한 취향의 소비자 집단을 더 이상 주변적인 시장으로 여기지 않고 있다. 성인이 돼서도 장난감과 만화에 집착하는 아이 같은 어른인 키덜트 시장 규모는 2015년 7000억원에 달하고 수년 내 1조원에 달할 것으로 전망된다. 소비 시장 성장이 정체된 가운데 드론, 모형 자동차, 그림책을 성인용으로 발전시킨 컬러링북까지 키덜트를 겨냥한 히트 상품이 속속 등장했다. 여성성과 남성성의 전형성도 사라졌다. 2015년 3월 레고는 뉴욕 장난감 페어에서 워킹맘과 아빠 주부가 등장하는 신제품을 선보였다. 턱수염을 기른 아빠는 아기를 태운 유모차를 끌며 아침 준비를 하고 정장을 차려입은 엄마는 출근을 준비한다. 가부장제의 뿌리가 깊은 우리 사회에서도 살림 잘하는 조신한 남편, 돈 잘 벌면서 호통치는 부인이 등장하는 TV 프로그램이 인기다.

'핑크 머니(pink money)'로 불리는 성 소수자 소비자 영향력도 커졌다. 미국의 경우 동성부부 가처분소득이 이성부부의 2배 수준으로 조사됐고 2014년 LGBT(Lesbian·Gay·Bisexual·Transgender) 시장 규모는 1000조원을 넘어섰다. 페이스북은 최근 아르헨티나에서 고객들이 범성애자(pansexual), 무성애자(asexual) 등을 포함한 50개 유형에서 자신의 성별을 선택하도록 해 화제가 되었다.

소득 계층에 따른 시장 구분도 모호해졌다. 글로벌 금융위기 이후 미국, 일본은 물론 한국에서도 쿠폰을 챙겨 쓰고 코스트코에서 장을 보며 합리적인 가격대의 와인을 즐기는 검소한 부자가 늘었다. 한편 고소득층 전유물이었던 미술품 시장에서는 일반 직장인, 주부, 학생들의 관심과 구매가 빠르게 증가하고 있다. 예술품 소비가 대중화되면서 글로벌 경매업체 소더비는 온라인 사업 확장을 위해 이베이와 손을 잡았고, 한국의 온라인 경매 시장은 연 100억원 규모로 2010년 대비 5배 가까이 성장했다. 소비 시장은 점점 더 복잡해지고 예측이 어려워졌지만 한편으로는 기대하지 못한 곳에서 의외의 기회를 찾을 가능성이 더욱 커졌다. 에이수스는 어린이용으로 출시한 저사양 PC가 직장인 세컨드 PC로 선택될지 몰랐고, 닌텐도는 게임기 위(Wii)가 노인과 가족 단위 고객들 사이에서 선풍적인 인기를 끌 것을 예상하지 못했다. 포스트 데모그래픽 시대에는 단순히 연령, 소득에 따라 시장을 구분하기보다 기업, 브랜드의 뚜렷한 이념과 약속을 중심으로 다양한 계층과 세대의 고객을 결집시켜야 한다. 기존의 정형화된 방식으로 고객을 정의한다면 변화에 뒤처진 구태 브랜드로 외면당하고 새로운 성장 기회를 상실할 수밖에 없다(최순화, 2016).

[표 9-1] 트렌드 정보의 분류

	정성적 정보	정량적 정보
2차 데이터 (타기관 생산)	- 신문기사 - 미디어분석 보고서 - 전문기관 예측 자료 - 트렌드 예측기관 보고서	- 통계조사 자료 - 언론기관, 광고기획사, 조사기관의 설문조사 자료
1차 데이터 (연구자 직접 생산)	- 면접조사 자료 - 심층면접 자료 - 표적집단 면접자료 - 관찰자료 - 전문가 대상 인터뷰 자료 - 전문가 질적 델파이 자료 - 타운워칭 자료 - 트렌드 헌터 보고서	- 설문조사 자료 - 전문가 설문조사 자료

출처 : 삼성전자 조은정 박사 틀.

[표 9-1]에 있는 것처럼 트렌드를 예측하기 위한 정보는 크게 정량적 정보와 정성적 정보로 구분될 수 있다. 트렌드를 보다 정확하게 예측하기 위해서는 정량적 정보 이면에 존재하는 정성적 정보가 필요하다. 정성적 정보는 정량적 정보를 분석해 얻은 관계의 맥락과 이유를 설명해 준다는 점에서 매우 중요한 의미를 갖는다.

2) 정형 데이터와 비정형 데이터

형식이 정해진 정형데이터 뿐 아니라 페이스북, 트위터 등 소셜 네트워킹 서비스(SNS, 누리소통망 서비스)의 확산으로 웹 문서, 이메일, 소셜 데이터 등 비정형

데이터가 엄청난 속도로 증가하고 있으며, 전세계 데이터센터에 저장된 데이터의 약 80%를 차지하고 있다.

2. 소셜미디어 데이터

오늘날을 살아가고 있는 사람들의 정체성은 고정적이지 않고 매우 유동적이기 때문에 자신이 살고 있는 곳과 지구 정반대편에 살고 있는 사람들의 취향과 생각, 소비에도 영향을 받을 수 있다. 페이스북이 등장하면서 '케빈 베이컨의 법칙'으로 통하는 6단계 분리 이론[13]도 4단계[14]로 줄어들었고, 디지털의 가장 작은 단위인 픽셀로부터 발현된 온라인 채널이나 디지털 채널만으로 전 세계의 네트워크를 형성한다는 6픽셀 법칙도 등장했다. 6픽셀의 세계에서는 모든 사람들이 연결되어

---

13) 1967년 하버드대학의 심리학자인 Stanley Milgram 교수가 '좁은 세상 실험'을 해 6단계 분리 이론을 검증했다. 그는 일종의 연쇄 편지 형식의 소포를 네브래스카 주의 오마하에 살고 있는 160명에게 무작위로 보냈다. 그 소포에는 보스턴에서 일하는 한 증권 중개인의 이름이 들어 있었는데, 이 소포를 받은 사람들에게 소포를 중개인과 가장 가까운 사람에게 전달할 수 있다고 생각하는 사람에게 보내 달라고 부탁했다. 그 소포를 받은 사람은 자기 생각에 중개인과 더 가까운 위치에 있을 것 같은 사람들에게 계속 소포를 보내면서 이 소포는 미국 전역 여기저기를 돌아다니게 됐다. 마침내 그 중개인에게 도착한 소포 중 절반 정도는 여섯 단계를 거친 것으로 나타났다. 이 개념은 미국의 극작가인 John Guare에 의해 1990년에 'six degrees of separation'이라는 제목의 연극이 됐고, 1993년에는 영화로도 상영됐다. 그래서 이 법칙을 '6단계 분리 법칙'이라고 부르고, 미국의 영화배우 케빈 베이컨 때문에 더욱 유명해졌기 때문에 '케빈 베이컨의 6단계 법칙'이라 부른다(김민주, 2011).

14) 2007년에 Jure Leskovec과 Eric Horovitz가 2억 4,000만 명을 오가는 MSN 인스턴트 메시지의 대화로 구성된 300만개 데이터를 조사했는데 중간 매개인 경로 길이가 평균 6.6으로 나왔다. 트위터를 상대로 조사를 했더니 평균 경로 길이는 좀 더 짧아 4.67로 나왔다. 이처럼 미디어에 따라 매개인 숫자는 약간씩 달라지지만 서로를 연결하는 숫자가 생각 밖으로 적었다.
이러한 분석은 우리나라에서도 이뤄졌다. 연세대 사회학과의 김용학 교수는 정치인들을 대상으로 '네트워크 이론'을 이용한 인적 네트워크 조사를 실시했다. 조사에서는 정당 간의 연결 고리나 연결 통로 역할을 해줄 수 있는 의원들을 '링크' 또는 '브로커리지'라 부르며, 각 네트워크의 중심에 있는 '허브' 의원들이 모두 몇 명의 국회의원들에게, 총 몇 단계 만에 자신의 의사를 전달할 수 있는지를 파악하는 '고리 중심도'를 밝혀냈다. 2004년 9월 당시 조선일보의 '17대 의원 네트워크 2차 분석' 조사에 따르면, 1위는 김근태로 총 164명의 여야 의원에게 평균 3.85단계 만에 자신의 의사를 전할 수 있는 것으로 나타났다. 실제 우리나라는 단일민족에다 혈연, 지연, 학연이 긴밀하게 연결돼 있어 경로가 짧아야 3.6명이라는 조사도 있다(김민주, 2011).

있고, 하나의 의견이 순식간에 모든 사람들의 의견으로 바뀐다. 기술이 스스로를 자유롭게 표현할 수 있고, 지리적인 제약에서 벗어나 세계 어느 곳에 있는 누구든 생각과 가치를 나눌 수 있는 사람을 만나게 해준다(서동춘 역, 마치 조엘 저, 2016).

스마트 모바일이 확산되면서 소셜미디어가 함께 폭발하였기 때문이다. 소셜미디어 분석을 통해 표집에 의한 몇몇 개인의 취향을 넘어 사회구성원 전체의 수용도를 측정할 수 있고, 사회적 선택과정을 있는 그대로 선명하게 추적함으로써 트렌드를 보다 잘 추적할 수 있게 되었다. 소셜미디어는 다음과 같은 특성을 가지고 있다.

1) 소셜미디어는 표본이 아니라 일상을 통째로 보여준다.

글로벌 네트워크 기업 시스코에 따르면 2020년까지 전 세계 500억개 모바일 기기가 연결돼 여기서 생성되는 데이터만 연간 4만 엑사바이트(EB, 1EB는 10억GB)에 달할 것으로 전망된다.

누구나 소셜미디어를 읽고 글을 남긴다. 스마트폰을 이용해 원하는 순간에 실시간으로 온라인 평판을 확인하고, 제품을 살 때 소비자의 70%가 온라인 리뷰를 신뢰하고 있다. 소셜미디어 정보는 정서적인 공감에 바탕을 둔 감상적 정보로 개인의 취향이 보다 직접적으로 반영되고 진실성, 진정성, 이슈 관련성이 높기 때문에 트렌드를 예측하는 데 중요한 가치를 가지고 있다.

소셜미디어는 사람들의 일상을 다각도에서 양적으로 뿐 아니라 질적으로도 충분하게 담아내고 있다. 과거에는 인터넷 신문기사에 댓글을 달거나 관심사를 공유하는 커뮤니티에 글을 올리는 등 특정 이슈를 중심으로 온라인 소통이 이루어졌으나, 현재는 식당, 여행지, 서점, 집 등에서 트위터, 페이스북, 인스타그램, 블로그에 글을 쓰고, 사진을 올린다. 소셜미디어는 특별한 사건을 올리는 공간이 아니라 자신의 일상을 주변에 전하는 자발적이고 일상적인 소통공간으로 진화했다.

2) 소셜미디어는 조작되지 않은 진짜 마음을 보여준다.

소셜미디어의 글은 누가 물어서 작성한 것이 아니고, 객관식 보기에서 답을 골라 대답한 것도 아니라는 점에서 설문조사의 문제라고 할 수 있는 질문자의 프레임을 벗어난 사람들의 진짜 마음을 알 수 있다. 자발적으로 작성된 글들은 사람들의 날 것 그대로의 생각을 반영한다. 자신의 삶과 경험을 자신의 언어로 직접 쓴 글이기 때문에 생생하다. 그 글에는 학교나 사회에서 어떤 친구들을 만났는지, 어떤 점심을 어디에서 먹고 후식으로 무엇을 마셨는지, 어떤 주제로 이야기를 했는지, 어떻게 귀가했고, 무슨 TV 프로그램을 보고 잠들었는지 등과 같은 한 사람의 총체적인 삶이 분절되지 않고 통째로 드러난다.

3) 소셜미디어는 결과를 곧바로 보여준다.

하루가 다르게 변화하고 있는 현대 사회에서 소셜미디어 분석이 가지는 가장 중요한 의미의 하나는 빠른 속도이다. 빅데이터 분석 프로젝트는 길어야 5주, 짧으면 2주 안에 보고서 작성까지 완성된다. 전통적인 설문지 조사로는 불가능한 기간이다.

4) 현재를 통해 미래를 본다.

소셜미디어에 남겨지는 글들은 모두 글 쓴 사람의 주관적인 의도를 담고 있다. 그런데 이러한 개인들의 취향과 관심사, 행동은 시시각각 변화하고 있다. 소셜미디어라는 숲 전체를 조망할 수 있는 눈이 생기면 개인의 주관적 표현들이 모여서 만든 객관화된 형태의 지형이 드러난다. 다시 말하면 주관의 객관화가 가능해진다. 이러한 지형의 변화를 추적하면 소셜미디어의 경향을 알 수 있다. 과거와 현재의 흐름을 파악해 미래의 트렌드를 꽤 높은 확률로 예측할 수 있다.

5) 대중의 합의를 찾을 수 있다.

우리는 소셜미디어의 생산자인 동시에 소비자이다. 내가 무심코 작성한 글은 독자에게 영향을 주고 글을 쓴 나도 다른 사람들의 관심사에 반응한다. 이러한 상호작용은 네트워크 효과에 의하여 증폭된다. 가수 싸이의 뮤직비디오가 6개월 만에 12억회나 유튜브에서 조회된 것도 소셜미디어 상의 네트워크 확산 효과 때문이다. 우리는 익명의 누군가보다는 내가 알고 있고 나와 비슷할 가능성이 높은 사람들에게 더 큰 영향을 받는다. 개별적 선택의 과정을 선명하게 추적하면 제시된 선택지 중에서 어떤 것들이 사회구성원의 합의를 이끌어서 살아남을 가능성이 큰지 알 수 있다. 소셜미디어 빅데이터 분석은 기존 방식보다 훨씬 더 방대한 영역을 훨씬 짧은 시간에 분석할 수 있기 때문에 사회적 합의와 그 변화를 밝혀내는데 적합하다.

미인이라는 단어를 예를 들어 보자. 미인이라는 단어를 검색해 보면 연관된 감성어들이 나열되고 있는데, 예쁘다가 36%, 아름답다가 29%인데 비하여 귀엽다는 7%에 불과하다. 우리나라 사람들은 예쁜 사람은 미인이라고 생각하나 귀여운 사람은 미인이 아니라고 생각한다는 것을 알 수 있다. 그런데 예쁜 연예인에 여자 연예인 뿐 아니라 남자 연예인도 등장한다. 메트로 섹슈얼 시대에 남자들도 가꾸는 시대가 되면서 2005년 이래 남성복 매출점유율이 여성복보다 높았고, 남성 미용시장도 커지고 있다. 남성의 기득권이 약해지고 양성평등 사회가 되면서 여성의 구매력이 강화되고 있다. 중년여성들이 예쁜 한류 남자 스타들의 스폰서를 자처하고 있다. 이처럼 예쁘다는 말을 분석해서 사회상의 변화를 읽을 수 있다. 특정 인물에 대한 평판도 변하고 미의 기준도 해마다 바뀌고 있다.

트위터가 2019년 한 해 동안 전 세계 이용자가 생성한 트윗과 계정을 분석해 '#2019어떤일이'라는 해시태그와 함께 사회 이슈들을 공개했다. 분석 기간은 2019년 1월 1일부터 11월 15일까지이며, 글로벌 트위터 데이터와 국내 다음소프트 데이터를 분석한 결과다.

[표 9-2] 2019년 사회분야 키워드

순위	연관어	순위	연관어
1	검찰개혁	6	정상회담
2	불매운동	7	최저임금
3	자유한국당	8	촛불집회
4	미세먼지	9	김지영
5	패스트트랙	10	페미니즘

사회 분야에서 '가장 많이 언급된 키워드' 1위는 '검찰개혁'으로 나타났다. 조국 전 법무부 장관 사퇴 관련 검찰개혁에 대한 목소리가 높아진 결과로, '검찰개혁' 키워드와 관련해 가장 많이 언급된 인물 키워드로는 '조국' 전 법무부 장관이었다.

사회 분야 키워드 2위에는 일본의 대 한국 수출규제를 계기로 촉발된 일본 제품 '불매운동'이다. 불매운동은 데이터 분석 기간 동안 총 130만 건에 달하는 언급량을 기록했습니다. 트위터에서는 전자제품, 자동차, 식품, 화장품 등 다양한 분야의 일본 기업 및 제품 리스트와 불매운동 포스터가 활발히 공유됐다. 7월에는 2차례 '한 주간 트위터 화제의 키워드'에 오르기도 했다.

2월 하노이 선언 불발로 아쉬움을 남겼던 2차 북미정상회담과 6월 트위터를 통해 성사된 역사적인 판문점 회동에 대한 대화가 활발히 일어나며 '정상회담' 키워드도 6위에 올랐다. 정상회담 키워드의 연관어로는 문재인, 트럼프, 김정은 등 각국의 정상이 이름을 올렸으며 특히 트럼프 대통령과 김 위원장이 군사분계선에서 만나 악수를 나누는 모습이 담긴 백악관 계정의 영상 트윗은 610만 회에 달하는 누적 조회수를 기록했다.

영화 82년생 '김지영'도 사회 키워드 9위에 올랐다. 개봉 직후 일과 육아를 병행하는 '워킹맘'이 가진 사회적 장벽에 대한 관심이 모인 결과로, 트위터에서는 개봉 후 관련 대화가 급증했다. 이와 함께 성별에 따른 차별에 반대하고, 여성의 권리 신장을 촉구하는 '페미니즘'도 10위에 올랐다.

6) 빅데이터 분석

소비트렌드를 보다 정확하게 분석하기 위해서는 빅데이터에서 의미 있는 단어와 표현을 뽑아내 통찰하고 분석하는 능력이 중요하다. 빅데이터 분석은 전산학을 이용해 데이터를 뽑고 통계학 지식을 바탕으로 데이터가 통계적으로 의미 있다고 판단한 후에는 의미 있는 사회현상과 소비현상 등을 찾아내고 다양한 사회과학적 관점에서 해석할 수 있어야 한다.

2015년에 다음소프트는 블로그 7억건, 트위터 80억건 정도를 분석해서 그해의 키워드를 '나홀로 문화'라고 정리했다. 개취(개인의 취향)라고 해서, 자기만의 취향을 추구하는 모습이 보임으로써 소비도 혼자 하고 문화도 혼자 즐기고 사람들이 다 혼자라고 느끼는 사회가 됐다는 것을 알 수 있었다. 이렇게 빅데이터 분석을 통해 트렌드를 읽을 수 있다.

문제는 소셜네트워크서비스(SNS) 이용자들이 '나 혼자 밥을 먹었다' 혹은 '나는 혼자가 좋아'라고 쓰지는 않는다는 점이다. 언뜻 보기엔 '혼자'와 연관성 없어 보이는 자료들을 보고 나홀로 문화를 읽어낼 수 있어야 한다. 이를 위해서는 신조어를 찾아내는 것이 중요하다. 신조어를 찾으려고 평소에 신조어를 많이 사용하고 있는 대학생 아르바이트생을 고용하기도 한다.

트렌드에 가장 민감한 집단은 방송국이므로 빅데이터 분석업체들은 SNS 등에서 시청자의 반응을 분석해 방송국에 전달한다. 예능 프로그램 하나가 끝나면 트위터와 인스타그램 등에 수많은 관련 글들이 게시된다. 이 때 관련 기사 건수와 그 기사들이 리트윗 되는 수, 기사에 달린 댓글의 수까지 모두 분석 대상이다. 다만 댓글의 내용은 분석 대상에서 제외한다. 댓글의 내용에서 유의미한 결과를 얻기가 어렵다고 판단해서다.

'꿀잼', '본방사수' 등의 표현이 많으면 다음 회 시청률도 높다. '노잼(No+재미·재미가 없다)' 같은 단어가 등장하면 다음 시청률은 떨어질 가능성이 크다. 이런 식의 시청자 반응은 다음 회가 방영되기 전까지 이어지기 때문에 분석업체는 방송이 방영된 시점부터 다음 회 방영 전까지의 시청자 반응을 모두 분석한다. 이러한 분석의 핵심은 단어와 표현이다. 예컨대 최근 이슈가 된 여혐과 남혐에 대해 분석하려면 이와 관련된 신조어를 정확하게 많이 설정해야 한다. 트위터에 "나는 여성을 비하하는 남성을 혐오한다"고 쓰는 사람은 없기 때문이다. 한남충, 삼일한 등 다양한 신조어를 잡아내야 성별갈등이라는 새로운 사회현상이 보인다. 한편 한국은 인구가 많지 않아 영어나 중국어 등과는 달리 모수 자체가 적다. 결국 빅데이터를 활성화하려면 공공데이터를 잘 활용하는 수밖에 없다(뉴시스 2015년 12월 31일).

3. 트렌드정보 수집의 원칙

1) 독서법

독서를 통하여 중요한 트렌드 정보를 수집하기 위해서는 단순한 책 읽기에 머물러서는 안 되고 책에 담긴 주장을 배우고 정보를 전달 받을 수 있어야 한다.

2) 정보수집의 단계별 원칙

트렌드정보를 수집할 때 고려해야 하는 사항은 다음과 같다(최윤식, 2014).

① 불완전한 견해에 휩싸이지 않고 좀 더 정확한 사실을 먼저 이해해야 한다.
② 파편적으로 흩어져 있는 정보를 좀 더 통합적으로 인식해야 한다.
③ 현재의 정보를 통해 다가오는 미래의 트렌드에 대한 징후를 반 박자 먼저 발견할 수 있어야 한다.
④ 세상이 어떻게 흘러가는지를 좀 더 거시적, 통합적, 실제적으로 이해해야 한다.
⑤ 좋은 정보를 공짜로 제공해 더 많은 사람들이 생존할 수 있는 최소한의 힘을 갖도록 해서 보다 긍정적인 미래를 꿈꾸고 만들어 갈 수 있어야 한다. 이러한 목적을 달성하기 위해서는 다음과 같은 단계별로 정보수집이

이루어져야 한다(최윤식, 2014).

1단계 : 이미 실행된 사항, 사실과 숫자를 우선 수집

— 1-1 단계 : 기사나 책 등의 원문에서 사실과 숫자만을 추출

세상에 존재하는 정보는 사고기술을 활용하는 이성적 정보와 공감 능력을 활용하는 감성적 정보로 나뉘는데, 이 두 정보의 상호관계를 통해서 세상은 만들어진다. 그러므로 세상을 보다 정확하게 이해하기 위해서는 이 두 정보를 균형 있게 관찰하고 추출해야 한다. 이성적 정보는 수준 높은 사고기술을 활용해야 핵심을 놓치지 않고, 감성적 정보는 다른 사람의 시선으로 상황을 재구성해 보는 공감능력이 있어야 핵심을 꿰뚫어볼 수 있다. 즉 이성적 사실과 숫자, 감성적 사실과 숫자를 균형 있게 추출해야 한다.

— 1-2 단계

사실과 숫자를 기술할 때, 직관적으로 이해하기 쉬운 단어나 일상 언어 또는 축약 등으로 문구를 조금씩 바꾼다.

— 1-3 단계

1-2 단계의 정보를 기초로 그와 비슷한 주제와 관련된 정보를 시스템적으로 서로 결합한다. 파편적인 조각들을 이리저리 맞추어 연결해서 완전히 새로운 정보, 큰 그림을 보여주는 정보를 만든다. 이 단계를 잘하기 위해서는 논리적 사고, 시스템적 사고 등과 같은 사고기술과 인식기술이 필요하다.

— 1-4 단계

1-3 단계에서 작업했던 모든 정보를 종합해서 자신의 견해를 추가해 새로운 문맥(전후관계, 상황 등)을 만든다.

— 1-5 단계

이렇게 만들어진 문맥을 다시 블록처럼 재조합해서 스토리화한다.

2단계 : 스토리를 만든 후 DB를 구축한다.

3단계 : 구축한 DB를 비교하면서 단일 사건이지만 의미를 가지면서 새로운 그림을 만들어 내거나 만들어내는 힘이 있는지를 분석해서 이머징 이슈를 발견한다.

4단계 : 변하는 것과 변하지 않는 것이 무엇인지 분석한다.

5단계 : 변화의 본질이 무엇인지 분석한다.

6단계 : 변하는 것과 변하지 않는 것의 상호 동역학적인 관계를 상상해 본다.

4. 트렌드 정보 수집의 실제

수많은 정보가 난무하는 현실에서 유용한 트렌드 정보를 수집하기 위해서는 다음과 같은 사항을 염두에 두어야 한다(이상인, 1994; 하시용·지용근 역, 윈슬러 페릴 저, 2000).

1) 작은 길을 걷는다.

정보사회를 거리로 비유해보자. 많은 사람들이 다니는 큰길만 거닐어서는 결코 좋은 정보를 손에 넣을 수 없다. 큰길은 누구나 다 알고 있는 주요한 미디어를 가리킨다. KBS, MBC, SBS, 조선일보, 동아일보, 한겨레신문 등이 바로 큰길이다. 특히 주요 미디어의 특집과 같은 누구나 알고 있고 많은 사람이 보는 프로그램과 주요 기사는 트렌드를 예측하기 위한 중요한 정보가 될 수 없다.

길거리에서 정보를 얻는 것도 마찬가지이다. 종로나 광화문 등 무턱대고 큰길을 걷는다고 무언가 새로운 사실을 발견할 수 있는 것은 아니다. 유명한 백화점의 주요 층과 객장을 대상으로 정보를 수집하는 것도 똑같은 한계를 갖는다.

왜냐하면 큰길, 주요 객장, 현재 가장 유행하는 현상은 이미 절반 이상은 트렌드 정보로서의 가치를 상실하고 있기 때문이다. 이런 데서 얻는 정보는 사전 정보가 아니라 사후 정보이다. 따라서 앞으로 일어날 새로운 동향이나 흐름을 예측하는 살아 있는 정보로서의 가치를 별로 갖지 못한다. 물론 사후 분석과 종합을 통하여 특정한 흐름을 분석하기 위한 기초 정보가 될 수는 있다. 그럼에도 불구하고 이처럼 큰 거리에서 얻는 정보는 이미 많은 사람들에게 알려진 정보이며 유행의 정점을 지나 고비를 넘긴 정보라는 사실에 유의해야 한다.

트렌드 정보를 입수하려면 큰길의 뒤편으로 들어가야 한다. 가능하다면 잘 알려지지 않은 미디어를 활용하여 작은 길을 거닐면서 자기만의 정보 탐색로를 개척해야 한다. 매우 빠른 속도로 정보가 흐르는 '정보화 사회'에서는 대부분의 사람들이 큰길을 걸으려는 유혹에 빠진다. 큰길에는 정보도 많고 사람들의 소통도 빈번하기 때문이다. 편안하게 큰길만 걸으면 의미 없는 잡음 신호만을 잔뜩 수집하여 쓸데없이 비대해진 정보에 갇힐 가능성이 매우 크다. 정보화 사회에서 트렌드를 분석하기 위한 의미 있는 정보를 수집하는 것은 정말 어려운 작업이라는 사실을 염두에 두어야 한다.

대단히 역설적이지만 텔레비전 톱뉴스나 신문 1면이나 각 면 톱기사에 등장하는 정보는 이미 정보가 아니다. 이 정보는 모두가 알고 있고, 현재 시점에서 이미 정상적인 현상으로 존재하는 정보에 지나지 않는다. 따라서 이런 정보를 과감하게 버릴 수 있어야 의미 있는 정보를 찾는 작업을 보다 쉽게 찾을 수 있다.

큰 구조와 흐름을 보지 못한 채 전체를 이해하기란 불가능하다. 자신이 관심을 느끼는 분야의 정보만 수집할 경우 그 정보는 소비트렌드를 분석하는데 진정으로 의미 있는 정보가 될 수 없다. 사소한 정보를 커다란 정보와 연관시켜 사고하는 습관을 가짐으로써 정보의 연관성을 직관적으로 느낄 수 있어야 효율적으로 정보를 수집할 수 있다.

대부분의 사람들이 빠뜨리고 그냥 지나치기 쉬운, 티끌과 같지만 충분히 가치 있는 정보를 집중적으로 찾아내는 지혜로운 정보 수집 방법을 개발해야 한다. 의미 있는 정보를 찾을 수 있는 자신만의 작은 길을 가지고 있으면 큰길 정보는 필요하면 언제든지 얻을 수 있다. 그러므로 언제나 많은 정보로 가득 차 있는 큰길 정보에 속지 않는 지혜와 힘을 가지고 있어야 한다.

세계화 시대에서 해외의 움직임에 둔감하면 우리나라의 미래도 옳게 전망할 수 없다. 그만큼 예측 정보 수집의 폭과 넓이가 확대된 것이다. 해외정보를 수집할 때는 우리에게 필요한 정보를 수집해야 한다. 사소한 일상적인 생활이 트렌드를 예측하는데 필요한 수많은 알짜 정보를 지니고 있다. 그러므로 다른 나라를 이해하려면 그 사회와 민족, 나라의 일상생활과 관련된 인류학적 지식을 먼저 얻어야 한다. 이것은 19세기 식민지 쟁탈전이 시작될 때 유럽의 제국주의 열강들이 사전에 선교사나 탐험가를 이용해 원주민에 대한 인류학적 조사에 심혈을 기울였던 사실에서도 잘 알 수 있다.

2) 첨단을 찾는다.

트렌드를 예측하기 위한 정보를 수집하는 작업의 의의는 <첨단 정보>를 확보하는 데 있다. 그런데 정말 의미 있는 첨단정보를 수집하기 전에 무엇이 <첨단>인가를 다시한번 확인해야 한다. 첨단에 대한 인식의 차이에서 트렌드 분석의 명암이 엇갈리기 때문이다. 언제부턴가 첨단이란 표현 자체가 하나의 트렌드를 이루기 시작했다. 첨단 제품, 첨단 기술, 첨단 소재에서 유행의 첨단이라는 말에 이르기까지 <첨단>은 가장 현대적이고 시대를 앞서가는 미래지향적인 것으로 여겨져 왔다. 첨단이란 말도 부족하여 <최첨단>이란 말까지 등장하였다. 사람들은 첨단이란 말에서 무언가 미래의 트렌드와 매우 밀접하게 연관되어 있다는 이미지를 갖게 된다.

첨단적인 시각을 가진 사람은 항상 기성의 틀 밖에서, 기성의 것을 눈여겨보는 동시에 미래를 주시한다. 기성과 첨단이 만나면서 기성과 첨단의 중간 영역이 형성되고 그런 경과를 통하여 첨단은 기성이 되어 버리기 때문이다.

정보 수집영역에서도 첨단에 대한 이러한 인식을 적용할 수 있다. 최근 들어 주요 이슈로 떠오르는 환경 문제를 예로 들어보자. 지구환경 문제에 관한 정보는 당연히 기성의 틀 안쪽에 있다. 그러면 이 경우에 첨단은 현재 한창 주목받고 있는 환경 문제 다음에 사람들의 관심사로 떠오를 그 무엇일 될 것이다. 따라서 트렌드를 포착한다는 것은 미지의 실체를 발견하려는 도전과 같다. 그것은 지구환경 문제라는 기성의 정보 틀 외부에 존재하면서 이미 우리들을 눈여겨보고 있을지도 모른다. 이 경우에는 오히려 우리가 그 징후를 읽지 못하고 있는 셈이다.

첨단을 파악하기 위해서는 먼저 대담하게 기성의 틀을 떨쳐 버려야 한다. 기성의 틀 바깥에서 불명확하게 떠다니고 있는 것 중에서 미래의 트렌드로 자리 잡을 수 있는 것이 무엇인가에만 신경을 집중해야 한다. 그것이 바로 트렌드의 징후가 되기 때문이다. 기성의 틀 안에 있는 사실을 손에 넣고서 첨단 정보와 첨단적 사고방식을 갖고 있다고 말해서는 안 된다. 이미 논의되기 시작한 트렌드 영역의 안쪽에 있는 정보만을 포착하려 해서는 유능한 트렌드 분석가가 될 수 없다.

3) 사라지는 것과 등장하는 것을 눈여겨본다.

정보에는 '사라지는 것(out)'과 '새롭게 등장하는 것(in)'이 있다. 사라지는 것은 현재 한창 붐을 이루고 있는 현상을 말한다. 이에 반하여 '새롭게 등장하는 것'은 현재는 아주 희미하게 보이는 징조이다. 첨단은 미래에 기성이 될 수는 있지만 첨단적인 것이라고 해서 시간이 지나면 자동적으로 기성의 틀 안으로 들어온다고 볼 수 는 없다. 오히려 첨단적인 것 가운에 많은 부분은 기성의 영역으로 들어오지 못하고 그냥 사라져 버리는 경우가 많다. 이러한 예는 과학과 기술 영역에서 많이 찾을 수 있다.

새롭게 등장하는 것은 시간이 경과하면 분명히 다음 시대의 사라지는 것이 되어야 할 운명을 가지고 있다는 점을 진지하게 고려해야 한다. 떨어지는 별과 떠오르는 별, 새롭게 등장하는 신예와 현재 인기 절정을 구가하는 스타 사이의 순환도 예가 될 수 있다. 또한 현재 잘 나가는 상품과 새로 등장할 신상품의 경우도 마찬가지이다. 신세대 주자, 차세대 주자를 말하는 데도 이러한 주역 변화의 뜻이 포함되어 있다.

트렌드를 예측하기 위해서는 이러한 두 가지 경향의 순환과 역전, 강화와 소멸을 항상 눈여겨보아야 한다. 현재 누구나 볼 수 있는 성행하는 현상을 쫓다가는 트렌드 예측에 항상 뒤처지게 된다. 역설적으로 그 현상은 그렇기 때문에 트렌드 정보로서 가치가 없다. 트렌드 분석가는 한창 때를 구가하는 정점에서 어떤 사태를 계기로 그 징후가 꺾이는 시점을 예리하게 포착하는 날카로운 시선을 기를 필요가 있다.

미국의 트렌드 스포터들은 한결같이 새롭게 등장하는 것을 독파하자고 주장한다. 이 점을 주의 깊게 확인할 필요가 있다. 사라지는 것은 현상적으로는 현재 한창 붐을 이루고 있기 때문에 무시하기가 매우 어렵다. 현재 성행중이기 때문에 사람들의 눈은 거기에 집중된다. 그러나 트렌드 분석을 하기 위하여 정보를 전문적으로 분석하는 사람들은 현재 성행중인 것보다는 새롭게 등장하고 있는 '안쪽'에 도전해야 한다. 대부분의 미디어는 흔히 바깥 정보에 불과한 현상을 아주 중요한 안쪽 정보인 것처럼 말한다. 유능한 트렌드 분석가는 신중하게 안쪽을 읽으며, 손수 붙잡은 소재를 중심으로 대담한 가설을 전개하고 다음에 다가올 바깥을 심중에 묻어둘 수 있어야 한다.

4) 순환변화와 구조 변화를 읽는다.

트렌드를 분석하기 위한 정보를 수집하는 사람들은 항상 변화를 주시하면서 관찰해야 한다. 변화는 순환적 변화와 구조적 변화의 두 가지로 구분될 수 있다. 순환적 변화는 주기적으로 반복하는 것이기 때문에 사람들은 그 변화의 진폭에 대한 감을 가지고 있다. 따라서 사람들은 이런 변화에 익숙해 있다고 봐도 좋다. 사람들은 적어도 순환적 변화에 대응할 수 있는 태세가 되어 있기 때문에 이런 변화를 두려워하거나 망연자실하는 일이 없다.

대부분의 순환적 변화는 한계와 진폭을 갖고 있다. 마치 전파가 일정한 주파수와 진폭을 가지고 있듯이 이런 순환적 변화도 그 변화의 사이클과 진폭을 갖는다. 주파수만 맞추면 누구나 이런 순환적 변화의 흐름을 쉽게 탈수 있다. 변화의 순환적 국면을 과거의 경험과 현재의 조건을 계산하여 미리 예측하는 것도 어느 정도 가능하다. 미래예측이나 새로운 것처럼 보이는 경향이 사실은 과거의 특정 흐름의 사이클 중 어디에 속하는가를 판단할 수만 있다면 사람들은 이런 변화에 쉽게 적응할 수 있게 된다.

그러므로 트렌드 분석가가 주목해야 할 변화는 구조적 변화이다. 구조적 변화는 이제까지는 듣지도 보지도 못한 전혀 새로운 경향이나 움직임을 의미한다. 구조적 변화는 과거의 것과 질적인 단절을 의미한다. 인식론적 단절이나 혁명적 변화가 이에 속한다. 이러한 구조적 변화에서는 과거에 경험한 체험을 이 사태에 대응하여 활용할 수 없다. 완전히 새로운 현상에 대처하기 위해서는 인간은 창조적 힘과 상상력이 필요하다.

구조적 변화에는 경험적 척도와 수치가 없다. 동향을 미리 측정할 수 있는 자가 없다. 구조적 변화에 직면할 때 많은 사람들은 불안해하고 두려움에 떨게 된다. 그러므로 눈을 돌려 버리는 경우가 많다. 그러나 우리들이 붙잡으려는 시대 동향의 태반은 구조적 변화와 관계된다. 큰 물결로서의 구조적 변화의 틀 속에서, 복잡한 순환적 변화의 잔물결이 흘러가는 이미지이다. 그것이 현실이다. 이러한 추세에서 눈을 돌리고 도망칠 수는 없다. 그렇다면 당당하게 일어서서 이런 구조적 변화와 대면해야 한다.

트렌드 분석가는 이러한 구조적 변화를 읽을 수 있어야 한다. 구조적인 변화를 읽어야 새로운 흐름에 뒤처지지 않고 현실에 맞는 대응책을 수립할 수 있기 때문이다. 구조적 변화의 큰 격랑을 타면서 순환적 변화의 잔물결을 파악하는 것이 필요하다. 순환과 구조의 두 가지 변화를 조화롭게 판단하는 지혜와 혜안이 필요하다.

어떤 동향의 이동이 순환적 변화인가, 구조적 변화인가를 하나하나 주의해서 살펴보는 습관을 기르는 것이 중요하다. 결론을 얻지 못해도 좋다. 그런 습관을 몸에 붙임으로써 미래를 보는 눈이 마련될 것이다. 또한 순환이 바뀌는 정점을 찾는 것이 중요하다. 한창 때는 곧 반전이 준비되고 있는 시기라는 점을 항상 염두에 두어야 한다. 이런 경우에는 순환의 주기를 파악해 두어야한다. 어떤 주기로 순환하는가를 알고 있고 지금이 전체 순환에서 어떤 국면에 위치하고 있는가를 알고 있으면 다음 국면에 대비하여 적절한 대응책을 마련할 수 있을 것이다.

5) 의미 있는 이상 현상을 포착한다.

정보를 끝까지 확인하는 구체적인 방법으로 이상(異常)현상을 발견하는 것이 중요하다. 이미 분명하게 자리 잡은 정상(正常)적인 현상은 굳이 다시 살펴보지 않아도 되기 때문이다. 정상적인 현상은 누구에게나 잘 보이기 마련이다. 이것을 지렛대로 하여, '내일은, 미래는 이렇게 될 것이다.'라고 예측하는 것은 극단적으로 말해서 아무나 할 수 있는 일이다. 트렌드 분석가는 정상적인 현상이 언제, 어디서, 어떻게 변화할 것인가, 어느 시점에서 사라질 것인가를 끝까지 확인하는 작업을 할 수 있어야 한다. 여기서 말하는 이상(異常)현상이란, 정상적인 현상의 반대편에, 혹은 정상적인 흐름 속에 잠재해 있는 것이다. 그러나 그 비정상적인 것이 정도를 넘어선 것으로 평가될 경우에는 그것을 정보 수집의 소재로서 포착할 필요가 없다.

눈여겨보아야 할 이상 현상이란, 지금은 이상하게 보이지만 일정한 시간이 흐르면 의미를 갖고, 새로운 시대의 정상적인 기반으로 자리 잡을 수 있는 것이다. 곧 새로운 시대의 징후라고 할 수 있다. 우리들은 자칫하면 정상적인 사실의 범람에 눈을 빼앗기기 쉽다. 큰 흐름 속에 숨겨진 의미 있는 이상 현상을 포착하는 방법은 트렌드를 읽기 위한 중요한 수단이다.

6) '왜' 라고 질문한다.

사람들의 행동과 사회의 움직임에는 반드시 원인과 결과가 있다. 이것은 누구나 인정하는 엄연한 사실이다. 문제는, 많은 경우에 우리들은 결과에만 눈을 돌린 채 동기에는 주의를 돌리지 않는 나태한 경향을 갖고 있다는 사실이다. 어떤 행동이나 사회 현상에 대해 '왜' 라고 질문하지 않고서는 결코 그 현상의 원인과 동기를 찾을 수 없다. 사회 현상의 원인과 동기를 모르고서는 그 현상을 충분히 파악했다고 말할 수 없다.

7) 정보를 가공한다.

트렌드를 분석하기 위하여 정보를 수집한 후에는 수집한 정보를 가공하여 미래의 소비트렌드에 대한 자신의 생각을 만들고 평가할 수 있어야 한다. 끊임없이 미래의 소비트렌드에 대하여 자신이 어떠한 생각을 하고 있는지 질문을 하고, 그 이유를 설명하기 위해서는 자신이 수집한 원자료에 해당되는 정보를 가공할 수 있어야 한다. 정보를 가공하는 과정에서 새로운 사실을 발견할 수 있고, 부족한 분야를 확인할 수 있고, 새로운 아이디어를 얻을 수 있기 때문이다.

8) 트렌드 정보의 타이밍을 맞춘다.

트렌드 예측에서는 예측 시점이 매우 중요하다. 예측이 유용하게 활용될 수 있는 적절한 시점을 놓친 예측은 트렌드 정보로서의 의미를 갖지 못한다. 주식투자나 부동산 투기에서 흔히 '막차를 타서 망했다'는 경험담을 늘어놓는 사람을 만날 수 있다. 이런 사례는 예측의 시점을 놓친 시기 상실의 예이다. 트렌드 정보의 타이밍에 따라 그 정보의 가치가 1도 되고 100이 되기도 한다. 그만큼 예측 정보에서는 시의성이 중요하다.

9) 전염병처럼 번지는 정보의 확산을 주시한다.

네트워크 사회에서는 정보를 공유하는 벌떼와 마찬가지로 어떤 생각이나 메모들은 다른 유사한 생각이나 메모들을 밀어내면서 이 사람에게서 저 사람에게로 전염병처럼 번져나간다. 이러한 움직임의 시작을 잘 포착하면 소비트렌드의 징후를 관찰하는데 큰 도움이 될 수 있다.

대단한 모험가라고 할 수 있는 자발적인 전파자들 사이에 상호작용이 돌풍처럼 나타나고, 이러한 확산과 함께 구매의 물결이 일어나고 대담한 모험가의 의견을 존중하는 추종자들이 늘어나기 때문이다. 수요는 선도자와 추종자, 답습하는 자들이 단순히 결합하여 형성되는 것이 아니라, 일반인들로부터 조성되고 시간이 지남에 따라 수요의 물결이 시장의 거시적 조류를 형성한다.

블로그와 미니홈피의 유행되면서 이러한 유형의 정보 확산이 더욱 빠르게 또 쉽게 진행되고 있고, 모바일 인터넷의 등장은 전파자, 선도자, 추종자들이 실시간으로 특정 정보에 관하여 상호작용하는 것을 가능하게 하였고, 확산 속도가 매우 빨라지고 광범위하게 퍼지게 되었다.

10) 난무하는 정보의 잡음 속에서 의미있는 신호를 포착한다.

정보는 가만히 앉아 기다리고 있으면 어디에선가 저절로 굴러들어오는 것이 결코 아니다. 정보화 사회에서 정보가 넘쳐흐르고 있는 것처럼 보일 수 있으나, 대부분의 정보는 맥락이 없고 체계적이지 못한 각종 의미가 없는 신호가 난무하고 있다는 사실을 명심해야 한다.

의미 없는 신호는 잡음이다. 잡음을 잔뜩 모아놓고서 마치 대단히 많은 정보를 수집했다고 자처하는 경우가 많다. 정보 수집 활동이란 자신이 필요한 신호를 입수하여, 그것을 자신에게 필요한 '의미'로 바꾸는 행위이다. 최상의 리시버와 섬세하고 정확한 튜닝이 잡음 없는 최상의 방송을 보장하는 것과 마찬가지로 트렌드 분석가는 리시버인 오감을 개발하고 발신파의 주파수에 사이클을 맞추는 튜닝의 기술을 쌓을 필요가 있다.

11) 탐정의 방법

소비트렌드를 예측하기 위한 정보를 수집하기 해서는 미지의 기호가 갖는 의미가 어느 순간에 갑자기 인지되는 두뇌 내부의 인지 메커니즘이 필요하다. 셜록 홈즈나 형사 콜롬보 등 소설이나 영화에서 종종 사용되는 탐정의 방법이 이와 유사하다.

어느 범죄 수사에 대처하는 탐정이 범죄 현장으로 출동하여 수사에 착수했다고 가정하자. 그는 현장을 빠짐없이 수사하여 사건 현장에서 범죄 규명을 위한 단서, 곧 증거를 발견하기 위하여 온 힘을 쏟는다. 최초의 단서가 될 만한 증거를 현장에서 발견했다고 하자. 이것이 제1증거이다.

기호학적으로 말하면 이 증거는 범죄라는 행위와 관련된 '사실'이라는 형태를 가리키는 '시니피앙(signifiant : 사물의 표상)'으로 먼저 인지될 것이다. 그런데 이 증거인 시니피앙에서 범죄를 구성하는 범인, 피해자, 범죄 동기, 범죄 행위 등 아직 규명되지 않은 미지의 의미를 찾아내야 한다. 범죄 수사는 '사물의 표상'적 의미인 증거에서 미지의 숨겨진 '시니피에(signifiant : 사물의 의미)'를 해석하는 것이다. 숙련된 경험과 뛰어난 수사 능력을 갖춘 탐정이라면 최초의 단서인 제1증거에서 범죄 규명을 위한 '실마리'를 찾아낼 수 있다.

이처럼 확실한 수사규명에는 미치지 못한다 할지라도 최초의 증거를 가지고 아직까지 알려지지 않은 범죄의 의미를 해석하는 것은, 가설을 형성하는 과정과 동일하다. 물론 이러한 불확실한 가설만으로는 범인을 체포할 수 없다. 범죄 수사에서 범인 체포에 이르는 탐정 행위는 넓게 보면 사회적 행위이기 때문에 확실한 증거와 사회적으로 확증될 수 있는 가설 형성에 근거하지 않는 한 범인을 체포할 수 없다.

탐정 역시 이러한 사정을 잘 알고 있다. 불확실한 가설을 확실한 것으로 만들기 위하여 그는 다음 행동으로 옮아간다. 최초의 단서인 증거에서 탐지해 낸 가설적 의미를 확실한 가설로 굳히기 위하여 제2, 제3의 증거를 탐색하는 행동으로 이행한다.

증거 굳히기의 과정은 제2증거, 제3증거의 발견으로 이어진다. 소위 증거를 굳히기 위한 추가적인 증거 탐색 행위는 최초의 단서인 제1증거에서 탐색한 가설적 의미를 '시니피에'로서 공유하는 제2, 제3의 증거를 발견하는 것이다. 이와 같이 증거를 탐색하는 것이 이른바 <증거 굳히기>이다.

이 때 중요한 것은 추가적인 제2, 제3증거가 제1증거와 함께 범죄를 구성하는 동일한 의미를 공유하며, 이들 기호가 '통사적 연쇄'를 형성한다는 점이다. 증거 굳히기 원리는 지극히 추상적이며 지나치게 단순화되어 있다. 그러나 범죄 수사의 기본적인 원리는 잘 나타나 있다고 생각한다. 먼저 범인은 그 범죄를 은폐하기 위해 계획을 세운 후 범행을 저지르기 마련이다. 이처럼 의도적으로 은폐된 범죄를 규명하는 매우 어려운 인지 작업을 수행하는 과정에서 탐정은 증거 이외에는 아무 것도 기댈 것이 없다. 범인이 마음의 동요를 일으켜 자수를 하지 않는 한 아무리 유능한 탐정이라 해도 증거를 단서로 삼아 추리하여 숨겨진 범죄의 의미를 규명하는 인지과학적 원리에 입각하여 자신의 행동을 취하는 것 이외의 다른 방법은 없다.

몇 개의 증거가 범죄라는 숨겨진 의미를 공유한다는 점에서 통사적 연쇄를 이루는 탐정 방법의 원리는 처음에는 독립적이고 무관하게 존재한다고 인지된 의미 있는 기호의 의미가 어느 순간에 통사적인 연쇄를 형성하여 의미 해석된다는 인지과학적 원리와 전적으로 동일한 것이다. 그것은 무한정한 의미 공간에서 복수의 의미 있는 기호로 특정한 의미 공간을 형성하여 의미의 패턴을 인지하는 원리와도 전적으로 동일한 것이다.

10장

트렌드 분석가의 능력과 자세

"미래는 만드는 사람의 몫이다."라는 속담이 있다. 우리가 지금 결정하는 모든 것은 미래의 모습에 어느 정도 영향을 미치며, 그 자체가 올바른 결정이 되도록 이끌어 주는 역할을 한다. 미래는 그저 우리에게 다가오기만을 기다리는 것이 아니다. 우리는 스스로 미래의 일부분을 만들어가야 한다.

끊임없이 변화하고 있는 사회에서 생존하기 위해서는 트렌드를 추적해야 한다. 트렌드 분석 전문가가 되기 위해서는 일상생활에서 트렌드를 추적하고 분석하는 습관이 몸에 배도록 해야 한다. 이를 위해서는 첫째, 열린 마음을 가짐으로써 자신이 이미 가지고 있는 신념들을 일시적으로 중지하려는 노력이 필요하다. 둘째, 변화를 기꺼이 수용하려는 자세가 필요하다. 마지막으로 트렌드 분석을 자신의 삶속에서 계속 연습함으로써 전문가가 될 수 있다는 점을 명심해야 한다. 이 장에서는 소비 트렌드를 읽기 위하여 가져야 할 기본자세에 관하여 설명하고자 한다(서정희, 2005).

1. 트렌드분석가가 갖추어야 할 기본능력과 기본지식

1) 기본능력

전문적인 트렌드 분석가가 되기 위해서는 다음과 같은 능력을 종합적으로 갖추는 것이 필요하다(이상인, 1994). 현재 우리가 살고 있는 시대의 가장 중요한 특징 중 하나는 경계선이 붕괴되었다는 점이다. 즉 분야의 구분이 점점 없어지고 있다. 이렇게 분야의 구분이 없어진 시대에서 소비트렌드를 정확하게 예측하기 위해서는 전통적인 경계선을 넘나들을 수 있어야 하고, 상호 협력적이며 통합적인 방법으로 분석할 줄 아는 능력이 매우 중요하다.

(1) 문화적 상상력

문화는 가치관, 관습, 종교, 언어 등 한 민족과 다른 민족을 구분하는 여러 가지 요인들이 합쳐서 이루어진 무형의 것이다. 문화는 모든 사람들의 일상적인 생각, 신념, 의지, 결정 등이 형성되는 데 중요한 역할을 한다. 그러므로 소비트렌드를 분석하기 위해서는 문화를 적용하고 검토할 줄 아는 능력이 필요하다(김승욱 역, 마이클 마자르 저, 2000).

트렌드 분석가는 Ray(1997)가 명명한 문화적 창조자와 같은 삶을 살아야 한다. 문화적 창조자들의 삶은 다음과 같은 특성을 가지고 있다.

① 문화적 창조자들은 결과물보다는 과정을, 물건보다는 강렬하고 계몽적이고, 활기를 주는 경험을 선호한다.
② 통합적이고 전체론적인 시각을 가지고 있다.
③ 강렬한 영적인 감각 및 도덕적 가치관을 가지고 있다.
④ 지식시대의 힘을 가진 사람들이다. 그들은 TV를 보는 시간은 평균보다 적지만 뉴스와 독서에 열중한다. 그들은 다양한 정보원으로부터 많은 정보를 받아들이고, 그 정보를 합성해서 큰 그림을 그려내는 재능을 가지고 있다.

(2) 철학적 사상

시대의 맥과 흐름을 진단하는 문명비평가의 사상이 필요하다. 시대 흐름의 굵은 줄기의 중심을 떠나지 않으면서 미세한 떨림을 감지할 수 있는 균형 잡힌 태도가 필요하다. 열정을 가지고 배우고자 노력하고 발생하는 모든 흐름을 기꺼이 파악하려는 의지가 있어야 한다. 철학적 사상은 트렌드를 형성하는 가장 기초가 되기 때문이다.

(3) 과학적 이론

현실의 움직임을 구체적으로 분석하는 사회과학적 방법론이 필요하다. 사회과학적 방법 중에서는 양적 방법보다는 다양한 질적 방법을 이용하고 적용할 수 있는 능력이 필요하다. 전문적인 트렌드분석가는 트렌드로 등장하고 있는 것을 읽을 줄 아는 능력이 중요하기 때문이다. 또한 여러 분야에 대한 경계선이 희미해짐에 따라 다양한 분야를 연결하는 선들, 즉 분야의 구분이 없어진 현실을 구성하는 맥락이 중요해기 때문이다.

2) 기본지식

① 문화는 소비트렌드를 바꿀 만큼 힘이 있다. 사회문화적 변화에 민감해라.

사회문화적 변화에 민감해야 소비트렌드를 읽을 줄 아는 감각이 예민해진다. 다양한 사회문화적 현상이 소비자 욕구에 영향을 미치기 때문이다. 현재 뜨고 있는 문화현상이 무엇이며, 이러한 문화현상이 새로운 소비자니즈와 어떻게 연결되고 있는지를 분석할 수 있어야 한다. 예를 들면 농약이나 유전자조작 식품에 대한 우려가 높아지면 육체적 위해를 피하기 위한 욕구가 강해지며, 이에 따라 건강 기능이 강화된 상품이 소비자들의 관심을 끌게 될 것이기 때문이다(김재문, 2004).

② 미래는 단순히 과거의 연장선에서 결정되는 것이 아니다.

유동적인 본성과 복잡성이 특성인 현대 디지털 사회에서 소비트렌드를 예측하기 위해서는 미래가 단순히 과거의 연장선에서 결정된다는 가정을 버려야 한다(신근수 역, 로버트 볼독 저, 2001).

③ 미래의 징후는 현재에 있다.

변화는 겉으로 모습을 드러내기 훨씬 이전부터 우리가 친숙하게 느끼는 현실 속에서 움직이고 있다. 변화는 어느 순간에 갑자기 닥치는 것이 아니라 계속해서 일어나고 있다. 트렌드 예측 전문가는 현실에서 출발하여 과거와 현재, 미래를 이어보고 비교하는 변화의 방향성에 대한 감각이 뛰어나야 트렌드를 정확하게 빨리 읽을 수 있다. 우리가 어떻게 해서 여기까지 왔으며, 우리가 와 있는 곳이 어디인지, 그리고 어디로 가게 되는지를 설명할 수 있어야 한다.

④ 의미 있는 징후를 찾는다.

소비트렌드 분석의 기본 원리는 '의미 있는 기호'를 발견한다는 데 있다. 소비트렌드예측은 '눈에 잘 보이지 않는 의미 있는 징후'인 '의미 있는 기호'를 단서로 그것이 나타내는 미래 소비문화의 커다란 트렌드를 추리하는 것이다. 방대한 기호정보에서 의미 있는 기호를 발견하려면 예리한 직관력이 필요하다. 이와 같은 직관력은 천부적인 소질에도 의존하지만 훈련을 통하여 다양한 경험을 쌓음으로써 단련될 수도 있다. 의미 있는 기호를 발견하여 그것이 소비트렌드에 어떠한 의미를 갖고 있는가를 분석해 보면 여러 가지 다른 답이 나올 수 있다(이상인, 1994).

⑤ 모니터 요원을 정해두고서 지속적으로 인터뷰를 반복해본다.

사람은 처음 만난 사람에게 자신의 속마음을 얘기하기가 어렵다. 또한 한 번 만났을 때 자기가 하고 싶은 얘기를 미리 준비해올 정도로 열정을 가진 사람도 없다. 왜냐하면 고객은 혁신적인 제품을 만드는 것이 자신과 별로 관계가 없다고 생각하기 때문이다. 따라서 고객 인터뷰도 1회성에 그치지 말고 고객과 친밀감을 높여가는 것도 방법이다. 계속 반복적으로 만나다 보면, 1회성 인터뷰에서는 미처 말하지 못했던 것이 생각나기도 하고, 인터뷰에 대한 책임감도 더 생기기 마련이다.

이러한 인터뷰는 5~7회 정도 하는 것이 일반적이다. 주로 구매나 사용 행동에 대한 이유를 심층적으로 파악할 때 많이 활용한다. 예를 들어, 집에 PC가 있는데도 인터넷을 하지 않는 주부를 대상으로, 왜 인터넷을 하지 않는지, 그 장애 요인이 무엇인지를 파악할 경우에 활용할 수 있다.

좀 더 적극적이라면 모니터 요원을 두는 것도 방법이다. 회사 차원에서 거창하게 수십 명을 고용하지는 않더라도 주변 사람들을 모니터 요원으로 활용하면 된다. 친구나 친지를 만날 때마다 그들의 삶의 관심사가 무엇인지, 요즘은 어떤 생활 변화를 보이는지, 가치관의 변화는 어떤 방식으로 나타나는지 등을 물어보면 간단히 직접 체험하지 않아도 사람들이 요즘 어떤 트렌드를 보이는지 파악할 수 있다. 작은 식당이나 구멍가게에서는 단골손님을 활용할 수 있다. 약간의 할인과 사은품만으로 단골손님은 자신의 생활 모습이나 새로운 제품 아이디어를 지속적으로 제공해줄 것이다(조은정, 2002).

⑥ 선도 사용자를 조사해본다.

세상에는 남보다 먼저 특정한 니즈를 느끼고 그 문제를 해결하는 사람이 있다. 이러한 사람들을 선도 사용자라고 한다. 선도 사용자는 오피니언 리더도 아니며 단순히 많이 사용하는 사람(heavy user)도 아니다. 어떤 제품을 사용하다 보니 불편함을 느껴서 스스로 그 문제를 해결하는 사람이다. 예를 들면 여성들이 사용하는 헤어 린스도 머릿결이 좋기를 바랬던 한 여성이 계란, 오일 등을 섞어서 머리에 발라보고 효과를 보았기 때문에 탄생하였다.

소비트렌드를 파악하기 위해서는 소비트렌드의 진원지와 전파경로를 추적하는 것이 중요하다. 소비트렌드의 진원지와 전파경로는 소비트렌드에 따라 다르게 나타나기 때문이다. 소비트렌드는 특정 지역이나 특정 계층에서 조금씩 발생하며 퍼져나간다. 그러므로 그 진원지에 주의를 기울이면 조기에 움직임을 파악할 수 있다. 우리나라의 경우 해외에서의 특정 트렌드가 국내의 일부 소비자층을 거쳐서 확산되는 경우가 많다. 이를 파악하기 위해서는 해외의 사례를 지속적으로 수집하고, 국내외 소비선도집단에 대하여 지속적으로 모니터링을 하고 유사 상품 시장의 동향을 파악해야 한다(김재문, 2004).

선도 사용자를 좀 더 체계적으로 조사하면, 아직 시장에 출시되지 않았지만 숨어 있는 고객 니즈가 무엇인지 찾을 수 있다. 좀 더 쉽게는 목표로 하는 고객층과 자주 접하는 사람을 만나보는 것이다. 예를 들어 어린이용 메뉴나 장난감을 개발하고 싶다면, 늘 많은 어린이를 접하는 보육원이나 유치원 교사를 세밀하게 인터뷰할 수 있다. 또 혼수용 가전제품을 기획하고 싶다면, 결혼 정보 업체의 커플 매니저나 웨딩 플래너를 만나보면 좋을 것이다(조은정, 2002).

⑦ 소비자들이 의견을 개진하는 인터넷 사이트를 분석해본다.

소비자는 인터넷이 등장한 후, 사이버 공간상에서 서로 좋은 제품을 구입할 수 있도록 지원할 수 있게 되었으며 자신들이 구입해 사용한 제품에 대해 그 경험을 공유하기 시작하였다. 기업에서 하는 설문 조사도 아니고 자신의 경험을 다른 소비자에게 제공하려는 마음에서 출발하기 때문에 아무런 제약 없이 중립적이고 솔직하게 얘기해놓는다. 이렇게 소비자들이 자신의 소비 생활 경험을 공유하는 사이트는 아마존에서 책을 판매하면서 고객이 서평을 게재하도록 하는 데서 출발하였는데, 현재 국내는 물론 해외에서 소비자들이 제품을 구매하기 전에 들러보는 사이트가 되었다.

이런 사이트에 올라가 있는 소비자들의 의견을 모아보면 손쉽게 고객의 니즈가 무엇인지 파악할 수 있다. 우리 회사 제품은 물론 다른 경쟁사의 제품에 대해서도 고객들이 정보를 제공하고 있으며, 제품 모델별로도 제공되므로 매우 유용한 정보를 손쉽게 얻을 수 있다. 별도로 수고비를 지불하지 않고서도 아주 상세한 소비자 의견을 입수할 수 있다(조은정, 2002).

⑧ 고객과 생활에 관한 사내, 외의 정보를 적극 활용한다.

소비트렌드를 추적할 때는 창의적인 발상이 무엇보다도 중요하다. 이를 위해서는 생활 속의 사소한 힌트도 다시 생각해보는 노력이 필요하다. 그러나 무엇보다 우리 주변에 널려 있는 많은 체계적인 정보를 곱씹어보는 노력이 필요하다. 직접 조사하지 않아도 유용한 정보들이 대단히 많다.

정보화 사회로 돌입하면서 온갖 설문 조사나 지표 조사도 많아졌고, 특이한 생활 문화를 소개하는 방송 프로그램이나 잡지, 신문도 많아졌다. 신문을 펼치거나 인터넷에 접속하면 여러 가지 설문 조사가 늘 진행되고 결과가 소개된다. 딱 우리 사업과 연계되진 않는다 해도, 앞에서 살펴보았던 여러 가지 이유에서 그런 모든 자료들이 새로운 소비 트렌드를 예측하는데 힌트를 줄 수 있다. 예를 들어, 여성 취업률의 증가, 출산율 변화, 결혼 생활이나 노년 생활에 대한 인식 변화 등은 그대로 흘려서는 안 되는 매우 중요한 정보이다. 이렇게 수치로 나타나는 것 외에 삶의 모습을 진솔하게 보여주는 대중매체의 교양 프로그램에서 제공하는 정보도 대단히 유용하다.

조금 큰 기업이라면 사내의 여러 부서에서 많은 정보를 얻을 수 있다. 어느 회사나 고객을 직접 접하는 부서가 있다. 매장에서 고객에게 직접 물건을 판매하는 영업 조직이나 고객 불만을 들어주고 해결해주는 서비스 조직이 특히 그러하다. 따라서 이런 조직에 있는 직원을 만나보는 것은 고객의 성향을 파악하는 데 대단히 유용하다. 이들은 업무 성격상 고객을 매우 많이 만나기 때문에, 어떤 제품이 고객에게 인기가 있는지, 요즘 고객들은 어떤 성향을 보이는지, 고객이 불편해 하는 점은 무엇인지, 어떤 고객들이 특히 불만을 많이 표출하는지, 새로 구매한 제품을 설치하거나 고장 난 제품을 수리하기 위해 고객의 집에 방문했을 때 고객이 어떤 방식으로 제품을 사용하는지, 또 구매하는 사람은 누군지, 주로 사용하는 사람은 누군지 고객의 취향이 어떠한 방향으로 변화하고 있는지 등에 대해서도 잘 알고 있다(조은정, 2002).

⑨ 상호연관성을 분석한다.

우리사회에서 일어나는 모든 사회 현상은 하나하나가 서로 떨어져 고립적으로 존재하지 않는다. 어떤 현상은 다른 현상의 원인이자 또 다른 현상의 결과이다. 개별적으로 떨어져 있을 때는 우아하게 보이는 현상도 배후에 숨겨져 있는 다른 현상과 함께 연관하여 살펴보면 더럽고 냄새나는 현상일 수 있다. 또한 멀리에서 볼 때는 괜찮게 보이던 거리 풍경도 가까이에서 살펴보면 볼품없고 하찮을 때도 있다.

생활의 상호연관성을 고려하면서 소비트렌드를 추적하려고 할 때 가장 손쉬운 방법, 매스컴의 동향을 살피는 것이다. 드라마나 방송 프로그램은 그 특성상 소비자의 변화를 가장 빠르게 수용하기 때문이다. 반면 오랜 개발 기간이 필요한 전제 제품이나 자동차, 오랜 제조 기간이 필요한 주택 등은 이러한 소비 트렌드 변화가 더디게 나타난다. 따라서 트렌드 반영 속도가 빠른 분야를 분석한 결과를 변화 속도가 느린 업종에 접목할 수 있다. 매스컴 외에 출판 업계나 영화, 식음료 업계도 비교적 트렌드 변화가 빠르다. 베스트셀러에 진입하는 책들의 주제가 무엇인지, 왜 사람들에게 인기를 얻는지 정리해보거나, 젊은이들의 입맛과 스타일을 잘 유도하는 대학가의 식당가나 카페촌을 분석해보면 의외로 좋은 아이디어를 얻을 수 있다(조은정, 2002).

⑩ 변화하는 것과 변화하지 않는 것을 구분한다.

제품과 시장은 변했고, 대게는 더 나은 방향으로 개선되었고, 우리가 사용하는 도구도 변했다. 그러나 엄청나게 쏟아져 나오는 수많은 경영 서적들과는 다르게 실질적인 사업관행이라고 볼 수 있는 매매라는 기본행위와 기업이 생존하기 위한 필수조건인 이윤창출은 크게 변화하지 않았다. 우리의 일상적인 삶도 현대적인 도구로 편해지기는 했지만 그 시절 가능한 모든 수단을 동원해서 생계를 유지하고 자녀들을 정성을 다해 교육하는 삶의 기본은 크게 변하지 않았다.

변화는 대부분 무엇을 하는가가 아니라 어떻게 하는가의 영역에서 나타난다. 떠들썩하고 과장된 세상에서 변하는 것과 변하지 않는 것의 차이를 잘 구별할수록 새로운 시장에 보다 더 효과적으로 대처하고 그 속에서 더 큰 이익을 얻을 수 있다.

변화 그 자체라고 할 수 있는 패션계에서도 결코 변화하지 않는 것들이 많다. 150년 이상이나 자리를 지켜온 리바이스 청바지를 예로 들 수 있다. 남성 패션은 여성과는 달리 거의 변화하지 않고, 넥타이의 너비 정도만이 변하고 있다. 세상의 많은 일들이 여성보다는 남성 패션 쪽에 가깝게 돌아가고 있다. 매년 시장에는 3만개 이상의 새로운 소비재가 출시되고 그중 90%가 흔적도 없이 사라진다. 지금 있는 것만으로도 충분하다는 것이 소비자들의 주된 반응이다. 성공하는 기업들은 거의 종교에 가까울 정도로 핵심 이데올로기를 수호하고 있고 변화는 미미하다.

2005년초 뉴스위크의 편집장 파리드 자카리아는 “이제는 해 아래 모든 것이 새 것이다.” 라고 하였다. 그러나 이 말은 사실이 아니다. 향후 10년간 더 많은 곳에서 더 많이 일어날 변화를 일일이 목록화하는 것은 불가능하다. 그러므로 향후 10년간 변화할 것이라고 생각되는 것들과 계속 지속될 것이라고 보이는 것들을 목록화하는 것이 더 현실적이다(존 나이스비트 저, 안진환, 박슬라 역, 2006).

2. 트렌드 분석가의 자세

1) 복잡성 이론과 열린 사고방식(김승욱 역, 마이클 마자르 저, 2000).

현재 우리가 살고 있는 생활세계는 항상 단선적인 방향으로만 움직이는 것이 아니라 무엇인가가 사라져가고 무엇인가 다른 것이 고통스럽게 태어나고 있는 것처럼 보이는 시대이다. 마치 무엇인가가 부스러지고, 쇠퇴하고, 스스로를 고갈시켜가는 반면 아직은 불분명한 무엇인가 다른 것이 그 잔해로부터 솟아오르고 있는 것 같아서 매우 혼란스럽고 임의적으로 보이는 경우가 많다.

이와 같은 쇠퇴와 재생의 과정에서 가장 중요한 변화는 사회가 이성시대의 기본적인 원칙들로부터 부분적으로 물러서는 현상이다. 그러므로 질서정연하고 단선적이고 자연적인 과정을 강조하는 뉴턴의 과학, 이성적인 소비자가 완벽한 정보를 가지고 있다고 가정하는 고전경제학, 사회과학에 경도된 마르크시즘 같이 완벽을 추구하는 사회과학 이론들과 그 밖에 서구의 합리적 전통에 바탕을 둔 접근방법들은 현대 사회의 소비트렌드를 분석하기에는 적당하지 않은 측면이 점점 더 증가할 것이다.

이러한 생활세계에서 소비트렌드를 읽기 위한 방법 중의 하나가 복잡성이론이다. 복잡성이론은 복잡한 적응 시스템을 조사하고 비대칭적이고 불연속적인 변화의 역할을 추적한다. 복잡성이론은 외관상 이해할 수 없고 무분별해 보이는 시나리오에 형태와 의미를 부여하면서 소비자를 바라보는 관점이다. 복잡성이론은 포스트모더니즘의 세계관에서 출발하였고 포스트모더니즘의 특성을 반영하고 있다. 뉴튼의 물리학과 데카르트의 사고보다는 양자 역학과 실존주의 철학에 상당부분의 근거를 두고 있다. 복잡성이론은 합리적이고 일관적이며 체계적인 관점으로 세계를 분해하기 보다는 분산과 다원적인 현상에 의존한다(하시용과 지용근 역, 윈슬로 페릴 저, 푸른솔, 2000).

복잡성이론은 인간사회가 아주 많은 숫자의 독립적인 행위자들이 아주 다양한 방법으로 서로 상호작용을 한다는 의미에서 복잡한 시스템이라고 설명한다. 그러므로 복잡성이론은 과격할 정도로 민중적이다. 커다란 집단의 집단적 행동을 구성하는 개별행동을 하는 미시적 행위자들의 동기에 초점을 맞추고 있다. 복잡한 시스템은 질서정연하게 줄을 맞추어서 행진하는 병사들처럼 행동하지 않고 벌떼처럼 행동한다. 전체가 엄격한 규칙에 맞추어서 행동하는 것이 아니라 작은 행동들이 모여서 전체를 이룬다.

복잡성은 일단 발생한 뒤에는 그대로 고정되어 버리는 고정적인 우연들과 결합된 기본적인 법칙들의 조합으로 간주될 수도 있다. 고정적인 우연은 먼저 일어난 우연 위에 겹쳐지는 형태로 발생하기 때문에 복잡한 시스템은 더욱 복잡해지는 경향을 보인다.

소비자의 매우 단순한 본능이나 행동 패턴에서 조차 예측할 수 없는 패턴이 나타날 수 있다는 점 때문에 소비트렌드 분석가는 암묵적으로 통용되는 가정을 깨뜨리고 새로운 가능성에 마음을 열어 새로운 행동과 사고를 가능하게 해주는 사람과 계획을 항상 끌어들이려고 노력해야 한다. 또한 복잡한 시스템의 작은 파편이 아니라 그 시스템 전체를 포괄적으로 포착하려고 하는 통합적인 노력이 필요하다.

복잡성이론으로 소비트렌드를 읽기 위해서는 다음과 같은 자세가 필요하다.

① '맞다, 틀리다'와 같이 단순 논리적으로 대답할 수 있는 질문 대신에 다각적인 선택을 요구하는 질문을 한다.
② 원인과 결과에 대한 사회적 통념을 버리고 문제를 실제적이고 다원적인 측면에서 분석해야 한다.
③ 과거의 실적과 통계에 의한 전통적인 전망에 의하여 미래를 예측하는 대신에 유동적인 본성과 복잡성을 그 자체로서 끊임없이 수용하고 포용하는 자세로 응시

해야 한다. 결정적인 증거나 획일적인 해답이 없기 때문에 선험적으로 절대적인 결론을 내리려고 해서는 안된다(하시용과 지용근 역, 윈슬로 페릴 저, 2000).

2) 창의적인 상상력

불확실한 미래의 변화에 대처하기 위한 트렌드를 읽기 위해서는 잠들어 있는 창의적인 상상력을 깨우는 일이 무엇보다 중요하다. 창의적인 상상력을 깨우기 위해서는 다음과 같은 일을 생활 속에서 실천해야 한다(장만익, 2003).

(1) 학습기법

주입식 교육방식은 창의적 상상력을 깨우게 하는데 전혀 도움이 되지 않는다. 주입식 교육방법 대신에 학생들이 스스로 생각하고 느끼도록 하기 위해서 다음과 같은 방법을 사용해 볼 수 있다.

① 하얀 종이위에 무엇인가를 쓰고 싶은 충동을 느끼도록 한다. 교육교재도 제목 중심의 여백으로 만든다. 이렇게 하면 학생들이 해당 교육에서 설명할 내용을 제목 중심으로 먼저 보면서 스스로 이것이 무엇을 의미하는지를 생각하도록 만든다.
② 질문을 통하여 스스로 해결책을 찾도록 함으로써 창의력 수준을 높인다.
③ 인과관계를 바탕으로 하는 필연성과 우연성을 조화롭게 구성한 이야기 형식으로 전달하도록 하되, 학생들을 그 이야기 속의 등장인물로 참여시킨다.

(2) 현실 세계를 살펴본다.

창의적인 상상력을 본격적으로 일깨우기 위해서는 습관적으로 해오던 생각과 행동에서 탈피하고 늘 깨어있는 마음으로 주변에서 일어나는 변화를 살피고 가슴으로 느껴본다. 이렇게 하기 위해서는 다람쥐 쳇바퀴 도는 반복적인 생활에서 벗어나서 적어도 일년에 한번쯤은 세상의 변화를 살펴보고 느낄 수 있는 개인적 시간을 가지도록 노력한다.

(3) 외부환경의 변화를 상상해본다.

① 다음과 같이 시간여행을 통하여 미래의 모습을 그려봄으로써 현실세계에서 벗어나 새로운 미래세계를 간접적으로 체험해 본다.
지금부터 500일 후에는 무슨 일들이 벌어질까?
지금부터 500개월 후에는 무슨 일들이 벌어질까?
지금부터 500년 후에는 무슨 일들이 벌어질까?

② 현재 또는 미래에 중요한 이슈가 되는 요인들이 전혀 다르게 변화된다면 어떻게 될지를 상상해본다.

인간의 면역체계를 망가지게 하는 바이러스가 계속 기승을 부린다고 상상해 보자.

만약 연료 재충전이 필요 없고 빛의 속도로 날 수 있는 엔진을 개발하여 지구와 유사한 대기환경을 가진 행성을 발견했다고 상상해보자.

이러한 상황들이 실제로 발생했다고 가정했을 때 여러분은 어떠한 생각이 떠오르는가? 여러분 자신 혹은 가정, 소속하고 있는 단체, 나아가 국가의 미래는 어떻게 될 것 같은가?

처음에는 무엇을 상상해야 할지 망설여질 수 있다. 그러나 곧바로 여러분의 내면 속에 억제되어 있던 상상력이 발휘되어 생각이 꼬리를 물면서 물속에 잠겨 숨을 참고 있는 사람이 수면 위로 떠오르고 싶어 하는 것처럼 터져 나올 것이다.

이 때 여러분들은 비록 상상이기는 하지만 두려움, 즐거움, 또는 다른 복합적인 감정을 느끼게 된다. 이러한 과정은 자기의 마음을 다스릴 수 있는 준비 시간을 갖게 된다. 다양한 미래를 상상해 봄으로써 미래의 어느 순간 나에게 갑자기 닥쳐올지도 모를 사건에 대하여 마음의 준비를 하면서 두려움을 극복할 수 있는 방법을 모색하게 되고, 즐거움을 배가할 수 있다.

3) 종합적 분석

소비자란 종합적인 생활을 영위한다. 영화도 보고 옷도 사 입고 맛있는 것도 즐기며 집도 구입한다. 따라서 소비트렌드 분석가는 먼저 소비자의 생활 전체를 이해해야 한다. 소비트렌드는 의류, 금융 서비스, 전자 업계를 막론하고 함께 힘을 합쳐 주시하고 추적해야 한다. 기업은 자기 업종의 제품과 서비스만 공급하지만, 소비자는 이 모든 제품과 서비스를 함께 구매하고 사용하고 평가하기 때문이다.

잠깐 눈을 들어 나의 생활과 우리 가족, 친구와 친척, 심지어 거리를 다니는 사람들, TV나 영화 속에 나오는 사람들을 유심히 관찰해보자. 그들이 왜 저런 말을 할까? 왜 저런 음식을 먹을까? 왜 저런 모험을 즐길까를 생각해보자. 나아가 어떤 부류의 사람들이 또 저런 행동을 할까? 그런 부류의 사람들이 어느 정도나 될까? 등을 고민해보자.

예를 들어, 가족 단위의 외식이 늘어나고 있는데 식당에서 먹는 것 외에 집으로 배달하는 외식을 사람들이 많이 한다, 강력 범죄율, 교통사고 사망률 등이 점차 증가한다, 학습지 가정교사가 집으로 방문해서 아이를 가르친다는 등의 현상을 종합해보면 사람들에게 집 밖으로 돌아다니지 않으려는 특성이 나타남을 알 수 있다(조은정, 2002).

소비트렌드를 정확하게 분석하기 위해서는 사회, 정치, 경제 그 밖의 모든 분야의 요소를 고려해서 다차원적으로 분석하고 전향적으로 대응하는 시스템을 구축해야 한다. 이 방법은 수동적이지 않고, 발생한 것만을 보지 않는다. 상황을 수용하기도 하고 현상을 전환하려고도 한다. 트렌드는 반전 가능성이 있기 때문이다. 언뜻 보기에는 관련이 없어 보이는 분야들을 서로 결부시켜 관계가 있는 것으로 만들 수 있어야 한다. 즉 여러 분야의 트렌드를 보고, 상관관계를 확인하여 결과를 예측할 수 있어야 한다.

1960년대 미래학자들은 1990년대에 사람들은 기술이 발전해서 일주일에 22시간 30분 정도만 일을 할 것이라고 예측했다. 그러나 그들은 사람들이 남아 있는 많은 시간만큼 일을 하지 않으면 안 되도록 영향을 미칠 수 있는 가족, 교육, 경제분야의 트렌드를 고려하지 않았기 때문에 이 예측은 실패하였다(우경하 역,

제럴드 셀런트, 톰 밀튼 저, 1994).

4) 일상의 관찰

우리의 일상과 욕망의 변화가 미래의 트렌드를 만들어낼 수 있다. 그러므로 상상하지 말고 일상을 관찰해야 옳은 결론을 도출할 수 있다(송길영, 2015).

(1) 우리의 상식은 상식이 아니다.

우리를 둘러싸고 있는 환경이 변하고 그 변화에 따라 산업도 변하고 우리의 삶도 계속해서 변하고 있다. 기술과 삶이 급변하고 있는 현대사회에서 지난 상식은 어느덧 유효기간을 다하고 있기 때문이다. 많이 알고 경험할수록 도움이 되어야 하나 열심히 쌓아온 경험이 오히려 장애물이 되고 있다. 세상은 지금도 변하고 있다는 점을 인정하고 보고 싶은 대로 과거의 잣대로 현재를 상상하지 말고 관찰해야 트렌드를 발견할 수 있다.

(2) 인간의 욕망을 관찰하라.

욕망이 고이는 지점을 찾아서 사물이 아니라 사람을 관찰해야 한다. 커피를 예로 들어보자. 우리가 마시는 것은 커피가 아니다. 아침엔 각성, 1시에는 위안, 4시에는 해우소라는 감성을 커피에 비유한 것에 불과하다. '가서 커피 한잔 하자'고 할 때의 커피는 얘기 좀 하자는 의미이다. 상대방을 관찰할 때는 그 사람의 단면만 보지 말고 일생 전체를 가늠해보려는 노력이 필요하다. 그러므로 썰을 풀지 말고 관찰하고 검증하고 합의해야 한다. 데이터가 방대해지고 평등하게 공개되는 세상에서 과거에 권위로 합의 없이 밀어붙이던 의사결정이 데이터를 놓고 합의할 수 있게 되었기 때문이다.

(3) 변주 : 과거가 아닌 지금의 상식을 차용하라.

대중의 생각과 행동의 변화에 따라 일탈적이었던 것이 일상 안으로 들어오기도 하고, 일상적이었던 것이 일상에서 볼 수 없는 구태의연한 것이 되기도 한다. 돈이 모이는 쪽이 일탈이기 때문에 돈을 벌기 위해서는 무엇이 일상이고 일탈인지를 알아야 할 뿐 아니라 일상과 일탈이 어떻게 변화되고 있는지를 계속해서 추적하고 관찰해야 한다. 일상과 일탈은 다양한 측면으로 변주되고 있기 때문이다. 예를 들면 결혼한 여자에게 시댁은 일상이고 친구 집은 일탈이다. 상대방의 마음을 움직이기 위해서는 사람들의 생각을 그대로 보고 자신의 생각을 거기에 녹여야 한다. 나의 감성이 아니라 이미 존재하는 상대방의 감성을 가져오면 자신의 직관과 경험에 의존하는 것보다 더 안전하다.

(4) 통찰 : 보고도 모르는 것을 보라.

인간의 내면에는 하나의 자아가 있는 것이 아니라 N개의 자아가 있다. 어떤 남성은 아이 아빠이고, 회사의 직원이고, 누군가의 친구이기도 하다. 사람들의 욕망을 보다 정확하게 관찰하기 위해서는 N개의 자아를 건드려야 한다. N개의 자아는 맥락으로 움직인다. 맥락은 주체와 객체와 환경의 합이다. 맥락을 알 수 있으면 현상을 해석할 수 있고, 의미 있는 해석이 가능하다. 물성은 아무 의미가 없기 때문에 물성을 보지 말고 사람이 물성에 부여하는 의미, 즉 상대방의 마음을 깊게 관찰해야 한다. 또한 데이터를 통해 현상을 이해하는 것만으로는 충분하지 않다. 그 속에 있는 패턴을 찾아 추론할 수 있는 지적 능력인 통찰이 필요하다.

(5) 이해하라 그러면 배려하게 된다.

각종 통계와 사회현상은 경고하든 헐겁든 다 연결되어 있다. 인과관계를 이해하면 배려하게 된다. 소비자를 관찰함으로써 그들의 고민과 희망을 이해할 수 있고, 그들이 원하는 것을 줄 수 있다. 고객인줄 알았는데 호구로 살았다는 각성은 해외 직구로 이어지고 있다. 국내 세계적인 브랜드의 TV도 고장의 위험이 있음에도 불구하고 해외직구로 산다. 직구열풍에 도사린 소비자들의 분노를 읽어야 한다. 데이터를 볼 때도 단순히 그 안에 나타난 패턴을 해석하는 것이 아니라 사람들의 마음을 보고 배려해야 한다. 이렇게 하면 성과가 좋아지고, 내 행위가 타자를 위한 것이라고 생각하게 돼서 삶이 은혜롭게 변하게 된다.

5) 일상생활에서 트렌드 분석하는 습관

일상생활에서 트렌드를 추적하는 습관이 몸에 배기 위해서는 다음과 같은 세 가지 조건이 필요하다(우경하역, 제럴드 셀런트와 톰 밀튼 저, 1994).

(1) 열린 마음을 가져야 한다.

트렌드 분석가는 가능한 객관성을 유지하기 위하여 자신이 가지고 있는 신념을 일시적으로 중지하려는 의지를 가져야 한다. 예를 들면 선거에 관한 기사를 읽을 때는 자신이 선호하는 정당을 잊어버리려고 노력해야 한다. 왜곡된 이념의 시각을 가지고 사건을 바라본다면 트렌드를 제대로 파악하기 어렵기 때문이다.

(2) 변화를 기꺼이 수용해야 한다.

변화를 수용해야 트렌드를 추적할 수 있고, 그 변화 속에서 이득이 되는 것을 발견할 수 있다. 변화를 거부한다면 변화에 휩쓸려 가게 되고 그 결과 변화를 제대로 관찰할 수 없게 된다. 모든 변화를 다 받아들일 필요는 없으나 변화와 관련된 어떤 일을 하기 전에 변하고 있다는 사실을 받아들여야 한다. 모든 것은 변화한다는 사실을 거부해서도 안되고 무시할 수도 없다는 점을 염두에 두어야 한다.

(3) 트렌드분석을 당장 실행한다.

트렌드를 분석하는 일은 악기를 연주하거나 운동을 하는 것과 같다. 악기를 연주하거나 운동을 하는 방법 자체는 복잡하거나 어렵지 않다. 그러나 능란하게 악기를 연주하거나 운동을 잘 하기 위해서는 끊임없는 연습을 해야 한다. 그러나 악기 연주자나 프로 운동선수들이 연습하는 정도의 시간을 허비할 필요는 없다.

단지 하루에 한 시간 정도만 시간을 내서 일상생활에서 거부감을 느끼지 않고 자연스럽게 해야 한다. 신문, 잡지, TV를 그냥 보는 것이 아니라, 트렌드를 읽는 시간으로 활용할 수 있고, 거리를 거닐 때도 트렌드를 읽는 연습을 할 수 있다.

6) 트렌드 추적 시스템 개발

트렌드는 전체적이고 총체적이기 때문에 여러 분야로부터 얻은 자료를 하나로 묶어서 분석해야 한다. 다시 말하면 다차원적으로 트렌드를 분석하고 예측하며 전향적으로 대응할 수 있는 시스템을 만들어야 한다. 미국의 한 연구소에서는 종합적이고 총체적으로 트렌드를 추적하기 위하여 Globalnomic System을 만들었다. 이 시스템은 수동적이지 않고, 또 발생한 것만을 보지 않는다. 이 시스템의 가장 중요한 관점은 언뜻 보기에 관련이 없어 보이는 분야들을 서로 결부시켜서 관계가 있는 것으로 만드는 것이다. 총체적으로 생각한다는 의미는 바로 관계성을 결합하는 것이다. 이를 위하여 광범위한 분야를 포괄하는 187개의 서로 다른 분야를 선정하여 트렌드를 분석한다.

그러므로 트렌드분석가는 자신에게 적합한 시스템을 개발해야 한다. 이를 위해서 가장 먼저 해야 할 일은 트렌드를 분석하고자 하는 분야를 먼저 선정해야 한다. 이미 발표된 트렌드를 하나 골라서 추적을 하다보면 그 트렌드를 확인할 수 있게 된다. 이렇게 트렌드를 확인하는 과정에서 트렌드 분석가가 가지고 있는 성향에 따라 흥미 있는 분야가 계속해서 추가될 수 있다. 그러나 어떤 범주들이 아무런 영향을 주지 않을 것처럼 보인다고 해서 이들 범주들이 예시하는 트렌드들을 무시해서는 안 된다. 처음에는 아무런 영향을 주지 않을 것처럼 보이는 현상 중에서 하나의 트렌드가 시작되는 경우가 많이 있기 때문이다.

예를 들어 A라는 항목 아래 언뜻 보기에는 서로 관련이 없어 보이는 광고, 농업, 에이즈, 항공회사, 자동차, 전화회사 등의 목록이 있다고 하자. 이 목록들은 서로 어떻게 관련되어 있을까?

광고, 농업, 에이즈를 살펴보자. 이들은 처음 보면 서로 관련이 없어 보인다.

그러나 에이즈 때문에 광고의 전략이 바뀌고, 연구자들은 면역체계에 미치는 점을 고려하여 농사에 사용하는 화학물질에 초점을 맞춘다. 항공회사나 자동차, 전화회사도 일과 여행패턴의 변화 때문에 서로 관계가 있다. 자동차와 비행기 여행은 육상과 항공 노선이 복잡해짐에 따라 더 어려워질 것이다. 환경에 대한 관심이 커지면서 고속도로와 비행장의 팽창이 어려워지게 될 것이다. 안전에 대한 관심도 커지면서 새로운 교통수단이 등장 할 것이다.

11장

소비트렌드 분석과정의 예

엄정한 의미의 트렌드는 '인식'과 연결되어 있다. 트렌드 읽기는 시대와 사회의 방향성을 인식하는 것이다. 이를 트렌드 리터러시(literacy : 읽고 쓰는 능력)라 부를 수 있다. 트렌드 리터러시의 본질적인 의미는 독서 능력, 문자 해독 능력이 아니다. 컴퓨터 리터러시라는 말이 단순히 '컴퓨터 사용법 익히기'가 아닌 것과 마찬가지이다. 트렌드 리터러시는 체계적인 사고를 요구한다. 마치 컴퓨터 리터러시가 왜 컴퓨터가 필요하고 그것을 자신의 정보 작업과 어떻게 관련지을 것인가를 묻는 작업인 것과 마찬가지로 트렌드 리터러시는 현실을 미래와 결합시키는 의미 해독 능력을 지니는 것을 뜻한다.

1. 신조어를 활용한 소비트렌드 분석

여기에서는 이준영과 이제성(2016)이 2014년 국립국어원의 신어조사보고서, 트렌드 관련 문헌, 검색포털을 중심으로 조사한 신조어를 활용하여 소비트렌드를 분석한 연구를 예로 제시하였다.

1) 사회와 문화를 반영하는 신조어

스마트기기와 인터넷 매체가 발달하고 매우 빠르게 확산되면서 다양한 사회상을 반영한 신조어가 생성되고 확산되고 있다. 이렇게 만들어진 신조어들은 페이스북, 인스타그램, 트위터 등과 같은 SNS를 통해 급속하게 확산되고 있다. 신조어는 급변하고 있는 사회와 문화의 다양한 면을 반영하면서 소비자들에게 수용되고 확대재생산 되고, 경제와 정치 상황이나 사회적 이슈 등과 함께 소비자의 라이프스타일을 투영한다. 이렇게 전 세계적으로 신조어가 증가하면서 옥스퍼드사전은 해마다 새롭게 등장하고 있는 신조어를 발표하고 있다. 미국의 온라인 사전 사이트인 Dictionary.com은 해마다 신조어를 추가해서 발표하고 있는데 2016년에는 300개를 추가했다. 예를 들면 포켓몬 고 열풍에 따른 Pokemon, 스포츠웨어와 일상복을 아우르는 Athleisure, 엄마 스타일의 청바지 Mom jeans 등이 있다(서울신문, 2016년 7월 23일). 네이버는 해외기관과 오픈 사전 협력 프로젝트를 통하여 누구나 30개국의 언어에 대한 신조어, 유행어 등의 뜻풀이와 예문 정보를 등록하고 공유할 수 있는 플랫폼을 조성하고 있다.

취업포털 알바천국(2015)이 만 19세 이상 30세 미만 청년 989명을 대상으로 진행한 '2015 올해의 이슈' 설문조사 결과, 대한민국 청년들이 꼽은 '2015년 한 해 가장 공감되는 신조어'는 '금수저, 흙수저'로 44%를 차지하였다. 2위는 한국이 지옥에 가까운 전혀 희망 없는 사회라는 의미로 사용되는 '헬조선'으로 29.9%, 3위는 무급 또는 최저시급에도 미치지 못하는 아주 적은 월급을 주며 청년들의 노동력을 착취하는 행태를 의미하는 '열정페이'로 11.4%를 차지하였다. 4위는 사회, 경제적 압박으로 인해 연애, 결혼, 주택 구입 등 많은 것을 포기한 세대를 뜻하는 'N포세대'로 8%, 5위는 기성세대가 청년세대에 하는 조언이나 충고 등을 비꼬는 말인 '노오력'이 3.1%를 차지하였다. 6위는 일에 쫓겨 자유시간이 없는 사람 또는 그런 현상을 뜻하는 '타임푸어'로 2.2%, 7위는 30대 이후의 자녀가 부모와 함께 거주하며 경제적 도움에 기대 살아가는 사람을 의미하는 '빨대족'으로 1.5%를 차지하였다.

기본 의식주를 해결하지 못한다는 사회 문제를 대변하고 있는 '수저론'이나 '헬조선'과 같은 신조어가 상위권을 차지했을 뿐 아니라 70% 가까이 압도적으로 많이 공감함으로써, 해가 바뀔수록 더욱 치열해진 취업문과 먹고사는 문제의 해결이 절실한 청년들의 모습이 확인됐다. 사회상을 반영하는 신조어에 있어서도 청년들이 처해있는 상황에 따라 차이가 나타났다. 대학 졸업 후 취업준비에 열을 올리고 있는 취업준비생은 '헬조선'이 35.1%로 올해의 신조어 1위로 꼽으며 어려운 구직현실을 고스란히 드러냈고, '열정페이'도 17.5%로 대학생이나 수험생에 비하여 응답률이 높았다. 대학생(45.9%)과 2016년 대입 예정인 수험생(48.7%)은 '금수저, 흙수저'를 올 한해 가장 공감 가는 신조어로 선택, 대입이나 취업을 앞두고 개인의 노력 혹은 능력과는 별개로 부모의 경제적 신분에 따라 갈라지는 불평등한 사회구조에 대한 답답함을 간접적으로 드러냈다.

2) 우리나라 신조어의 변화과정

국립국어원은 1994년부터 언론에서 사용하는 신어를 수집해 발표했다. 1995년 당시 눈에 띄는 신어는 주로 당시 초기적인 인터넷과 온라인 통신 관련 용어다. 또한 '가상'과 관련된 단어가 다수 등장하는데 '가상공간'을 비롯 '가상도서관' '가상박물관' 등이 소개됐다. 가상화폐라고 볼 수 있는 '전자돈'도 한국언론에 처음 등장했고, 전자돈과 비슷하게 출판업계가 온라인으로 진출한 형태인 '전자 신문', '전자 잡지', '웹진' 등 신조어도 함께 등장했다.

1995년은 인터넷 관련 새로운 용어도 등장했다. '사이버카페(=사이버넷카페)'와 '인터넷카페'도 새로운 풍속이었다. 인터넷이라는 신문물은 여러 신인류를 만들어 냈다. 당시 언론은 이들은 '인터넷족', '인터넷광', '사이버펑크족', '지피족', '네트워커' 등의 이름을 붙였다. 인터넷 관련 용어는 '사이버 스페이스', '사이버 섹스', '사이버폰'("컴퓨터 통신을 통해 유포되는 포르노라는 뜻" 조선일보 1995. 6.30) 등 사회상을 담을 말을 비롯해 '사이트', '하이퍼링크', '하이퍼어드레스', '홈컴퓨터(=홈피시, Home PC)', '홈페이지' 등 컴퓨터와 인터넷 관련 영어도 새롭게 언론에 등장 시켰다.

1993년 '신세대'가 등장한 이후 또 다른 신인류가 등장한다. 어린 자녀와 메모지에 친필로 사랑을 전하는 '글사랑족', 서울랜드 야간 개장을 맞아 데이트에 나선 젊은 층은 '데이트족', 꾸미기에 나섰던 남성들에게는 '댄디족', '우모족' 등으로 불렸다. "말만 많지만 행동하지 않는 사람들"은 '나토족'으로 불렸다. 당시 인기를 끈 영화 '포레스트 검프'에서 밤에 조깅하는 사람들을 일컫던 말인 '검프족'도 있었다. 당시 함께 쓰인 '야깅족'은 2005년에도 쓰였다는 기록은 남아있지만 검프족은 영화 인기가 사그라들며 함께 사라졌다. 글사랑족 역시 휴대전화, 문자메시지와 이메일 등을 통한 소통이 활성화되면서 자취를 감췄다.

2003년에 가장 널리 사용된 신조어는 45세 정년을 뜻하는 '사오정'(1월~45세 정년)부터 '오육도'(3월~56세까지 일하면 도둑) '육이오'(5월~62세까지 일하면 오적 중 하나) '삼팔선'(10월~38세가 마지노선)을 거쳐 '이태백'(12월~이십대 태반이 백수)까지 1년 내내 한국 사회를 짓누른 고용불안을 반영하는 말이다.

정치 · 사회상을 보여주는 신조어로 가장 먼저 나온 것은 반쪽짜리 대통령을 뜻하는 '반통령'(1월-半統領)이었으며 연초 대통령과 대화에서 보여준 검사들의 태도를 퉁자한 '검사스럽다'(3월)는 말이 그 뒤를 이었다. 신제품이 나올 때마다 성능이 더 좋은 새 제품을 사고 싶은 증세를 나타낸 '업글(업그레이드)병'과 디지털 카메라로 뭐든지 찍고 싶어 하는 이들을 풍자한 '디찍병'은 젊은층을 중심으로 확산하는 디지털 문화가 언어에 투영된 경우다.

자녀를 외국에서 공부시키기 위해 남편과 자녀를 외국에 보내고 홀로 국내에 남아 생활하는 아내를 비유한 '기러기 엄마'나 '로또공화국' '메뚜기 가족' '묻지마 재수' '캠퍼스 모라토리엄족'(campus moratorium族) '트렌드 워처'(trend wat cher) '페트 신드롬'(pet syndrome) '피세대'(P世代) '호모 테인스'(Homo tains) 따위처럼 사회 현상을 반영하는 각종 신드롬(증후군)과 관련된 신조어도 눈에 띈다.

재테크 바람이 강하게 불면서 '금테크'(金tech) '노테크'(老tech), '트리플딥' (triple-dip) '멀티딥'(multi-dip) '스마트 소비'(smart消費) '1퍼센트 마케팅' '임금피크제', '체리 피커'(cherry picker) '커리어 코치'(career coach) '퍼널리스트'(fundmanager+analyst) '펀듀랑스'(fund+ assurance) 따위의 신조어도 생겨났다. 이는 경제적 사고방식이나 활동이 기업가뿐만 아니라 일반인에게도 무척 중요해진 데 따른 것이다.

온라인에 접속만 하면 욕쟁이가 되는 사람을 지칭하는 '욕티즌'과 로또를 즐기는 네티즌이란 뜻의 '로티즌'이 새로 등장했고, 여가활동과 관련, '보디보딩'(body boarding) '태보'(태권도+복싱) '헬기스키'(헬리콥터+스키) 등 신종 스포츠 관련 용어가 자리 잡았다. 의학 분야에서는 '리마증후군' '스톡홀름증후군' '사스'

‘사십견’ ‘삼십견’ ‘슈퍼전파자’ ‘아쿠아치료’ 등의 신조어가 생겨났다. 지난해 상반기는 우리나라뿐만 아니라 전 세계가 사스(SARS) 공포에 휩싸인 데다 현대인이 웰빙(well-being) 생활을 제대로 영위하기 위한 요건의 하나로 건강이 중요하게 인식된 데 따른 것이다.

2005에는 ‘스쿨폴리스’라는 말이 새로 생겨 가장 빈번하게 사용됐다. 학교폭력이 사회문제로 대두되기 시작하면서 대응책으로 시행된 제도다. 사용 빈도면에서 공동 2위는 ‘개똥녀’로 지하철에서 애완견 배설물을 치우지 않은 여성이 인터넷을 통해 알려지면서 비하적으로 사용됐다. 또 사용 빈도 6위에는 ‘떨녀’가 랭크됐다. 국립국어원은 “온몸을 격렬히 떨며 춤추는 동영상이 인터넷에 올려져 유명해진 여대생을 이르는 말”이라며 “온몸을 떨며 추는 춤을 잘 추는 여성을 가리키는 말로 쓰인다”고 설명했다.

인터넷 유머사이트에서 자신의 게시물을 인기 목록에 올리기 위해 누리꾼에게 추천을 요구하며 자신의 사진을 올린 여성은 ‘덮녀’로 불렸다. 술 취한 여성을 ‘골뱅이’라고 부르고 이들과 만취한 여성을 성폭행하는 남성을 ‘골뱅이족’으로 부르는 신조어도 있었다. 빅맨은 “능력이 뛰어나서 집단 내에서 큰 비중을 차지하는 사람”이라는 해석이 붙었고, 사용 빈도 순위는 4위였다. ‘생리공결제’는 사용 빈도 순위로는 5위를 차지했다.

이밖에도 ‘점오배족’(연휴 때 고향 방문을 하지 않고 0.5배 수당을 더 받기 위해 일하는 아르바이트족), ‘에스컬레이터족’(좀 더 나은 학교로 편입을 거듭하는 학생), ‘줌마렐라’(경제적 능력을 갖추고 자신을 위해 시간과 돈을 적극 투자하며 사회활동을 하는 3040세대 기혼여성), ‘공시족’(각종 공무원 시험을 준비하는 사람), ‘디지털 코쿤족’(디지털 기기와 개인 통신망을 이용해 자신만의 공간에서 모든 문제를 해결하며 사는 사람) 등도 등장했다.

2005년 경제분야에서는 ‘강남 아줌마론’, ‘세금 폭탄론’이 등장했고, 청년 실업률을 줄여 주고, 직장을 구할 때까지 졸업을 미루고 학교에 계속 다니는 학생이 많은 대학을 이르는 ‘주차장 대학’, 대학 졸업을 미루는 학생들을 의미하는 ‘대학 둥지족’도 포함되었다. 사회 분야에서도 ‘경쟁특별시’(경쟁이 치열한 서울을 비유), ‘공시족’, ‘공시족병’, ‘공시촌’ 등 공무원 시험과 관련된 단어가 다수 신어로 등록됐다. 임용고시를 준비하며 학교와 학원가를 전전하는 사람은 ‘교직낭인'으로 불렸다. '밥터디', '밥터디족'은 밥을 먹으면서 그날 공부한 내용을 점검하고 정보를 나누는 사람들을 이르는 말로 취업 준비생이나 대학가에서 주로 사용하는 말로 등장한다. 정상적인 사회생활을 거부한 채 밀폐된 공간에서 폐쇄적으로 생활하는 사람은 '구석방 폐인족', 공무원의 급여가 민간 기업의 평균을 웃도는 '관고민저' 라는 용어도 등장했다.

인공지능 전문기업 다음소프트가 2011년 1월 1일~2016년 5월 26일까지 블로그 7억2,025만 3,521건과 트위터 92억 4,959만 7,843건을 분석한 결과 '○○충'이란 단어들이 빠른 속도로 확산되고 있었다. '○○충'은 대부분 대상에 대한 비하와 경멸의 의미로 쓰이며 '벌레'란 의미를 내포하고 있어 사용자 의식에 영향을 주는 언어 사용에 심각한 사회적 문제가 되고 있다.

'○○충'이란 단어는 일베충에서 시작됐다. 극우성향 인터넷 사이트 '일간베스트' 회원을 의미하는 일베충은 2011년 하반기에 처음 등장해 2016년 5월 26일까지 총 85만7,750회 언급됐으며 2016년에만 15만회로 그 수는 점차 증가하고 있다. '한국남자'와 '벌레'가 합쳐진 '한남충'도 같은 기간 24만796회 등장했다. 이 단어는 2015년 8월 처음 등장했지만 2016년에만 벌써 18만951회를 넘겼다. '한남충'은 '김치녀', '된장녀' 등 여성 비하 단어에 대한 여성들의 집단 반발의 의미로 해석된다.

'○○충'은 다양한 일상에 전방위적으로 퍼지고 있다. 6,053회 언급된 '학식충'은 도서관에서 열심히 공부해도 취업이 안 되니 학식만 축낸다는 경멸의 의미로 사상 최악의 청년실업으로 대학을 졸업하고도 사회에 나가지 못하는 대학생으로 쓰이고 있다. 그 외 초중고 학생은 급식을 먹는다는 이유로 '급식충'(8만8천526회), 매사 진지하게 설명하려 든다는 이유로 '설명충'(15만7천257회), 노인을 비하하는 '틀니충'(126회)이란 말도 널리 쓰이고 있다. 한국 사회에 대한 불만과 '극심한 경쟁'이 낳은 사회 병리 현상, 고질적인 우리 사회의 구조적 문제 때문에 이러한 비하, 차별 발언을 아무 죄의식 없이 배설하는 일이 일상 전반에 광범위하게 퍼지고 있다고 볼 수 있다(서울경제 2016년 5월 30일).

2014년 신조어는 특정 행동 양상을 보이는 사람들 무리를 가리키는 어휘가 27% 가량을 차지했다. 새로운 쇼핑 모습을 담은 '모루밍족'(오프라인 매장에서 제품을 확인하고 모바일 쇼핑을 하는 사람), '출퇴근 쇼핑족'(출퇴근 중 스마트폰이나 태블릿

PC 등으로 쇼핑을 하는 사람) 등이 신조어로 등장했다.

사회상을 반영하는 신조어로는 '오포 세대'(생활고 때문에 연애, 결혼, 출산, 인간관계, 주택 구입을 포기한 세대), '앵그리맘'(자녀의 교육 관련한 사회 문제에 분노해 적극적으로 해결에 참여하는 여성) 등이 대표적이다. 이중 '오포 세대'는 현재 'N포 세대'로 확장돼 포괄하는 범위가 늘어나 씁쓸한 사회 단면을 보여준다. 또 복지가 필요하다고 생각하지만 복지비용을 위한 증세에는 반대하는 '눔프족' 단어도 신조어로 등록됐다.

지속된 불경기가 미치는 영향은 다양한 신조어를 생성했다. '임금 절벽'(지속적으로 오르는 물가에 비해 임금은 오르지 않아 경제적으로 어려움을 겪는 현상), '주거 절벽'(급격하게 오른 주거비용 때문에 경제적으로 어려움을 겪는 현상), '일자리 절벽'(구직자가 일자리를 찾기 어려운 현상을 비유적으로 이르는 말) 등을 비롯해 '재벌 절벽', '창업 절벽' 등으로 파생됐다. 이는 고재학의 저서인 '절벽사회'에서 유래한 것으로 보인다.

사회적으로 주목 받는 남녀 특징을 반영한 어휘도 등장했다. '뇌가 섹시한 남자'를 줄여 부르는 '뇌섹남'을 비롯해 '금사빠녀'(금방 사랑에 빠지는 여자), '꼬돌남'(꼬시고 싶은 돌아온 싱글 남자) 등도 등장했다. 스마트폰과 SNS 사용이 늘면서 등장한 신어도 다수 발견됐다. 자신이 먹은 음식 사진을 인스타그램에 올리는 '먹스타그램', 인생에 한번 있을까 말까할 정도로 잘나온 사진을 일컫는 '인생짤', 빛의 속도로 삭제하는 '광삭' 등도 신조어 후보에 올랐다(미디어오늘 2016년 9월 16일).

대학내일 20대연구소(2016)이 발표한 2016년 20대 신조어로는 취업난으로 졸업을 미루는 'No Graduation'의 준말 NG, 특목고에서 전교 100등 안에 들지 못하면 명문대 진학이 어렵다는 의미의 '아웃백', 정규직 채용에 실패해 인턴 생활만 반복하는 취준생이라는 의미의 '호모인턴스' 등이 있다.

취업포털 '사람인'이 성인남녀 948명을 대상으로 '2016년 공감 신조어'에 대해 조사한 결과 '나홀로족'(32.3%)이 1위를 차지했다. 1인 가구가 증가하고 혼자만의 여유를 중시하는 문화가 20~30대 젊은층을 중심으로 확산되면서 혼밥, 혼술, 혼행, 혼영 등 관련 단어들이 쏟아져 나왔다. 2위에는 '순실증'(25%)이 올랐다. 국정농단 사태로 우울감과 무기력감을 느끼는 증상으로 '최순실 사태' 이후

국정농단 파문의 장기화에 따른 국민적 스트레스를 반영한 단어다. 3위는 '일자리 절벽'(12.4%)이다. 유래 없는 취업난 속에서 어려움을 겪는 구직자들이 많은 현실을 나타낸 것이다.

취업 준비를 앞두고 극심한 스트레스와 불안감에 시달리는 '취업난포비아'(7.3%), 모든 사람과의 관계에 '권태기' 같은 심적 고통을 겪는 20대를 뜻하는 '관태기'(6.6%), 퇴직 후에도 일자리를 구해야 하는 중장년층을 지칭하는 '반퇴세대'(5.5%), '소녀'(girl)와 '반하다'(crush)의 합성어로 '여성의 마음을 사로잡는 매력적인 여성'을 뜻하는 '걸크러시'(2.1%) 등도 순위에 올랐다. 결혼 후 전세난이나 육아 양육 등을 이유로 부모님 집으로 다시 들어가는 자녀를 뜻하는 '리터루족'(1.6%), 화와 분노를 술로 다스리는 '홧술족'(1.4%), 일(work)과 삶(life)의 균형(balance)을 뜻하는 '워라밸'(1.4%) 등도 있었다(매일경제 2017년 1월 1일).

3) 분석 방법과 절차

① 1단계

이 단계는 신조어를 수집하고 조사를 하기 위한 문헌조사로 1-3차로 이루어졌다. 1차 조사는 이미 발간된 트렌드 분석서인 <트렌드 코리아>, <라이프 트렌드>, <트렌드 키워드>, <핫트렌드> 시리즈 등과 같은 관련서적을 조사해서 신조어를 수집했다. 2차 조사는 국립국어원에서 2000년부터 발행한 <신어조사>를 참고로 하였다. 3차 조사는 인터넷 포털 다음의 뉴스를 제목과 본문 키워드를 신조어로 검색해서 자료를 수집했다.

② 2단계

수집한 전체 신조어 리스트 중에서 다음 뉴스 검색에서 검색건수를 조사해서 2016년 1월 8일까지 언론매체에서 인용되고 검색건수가 100건 이상인 신조어만을 분석대상으로 사용했다. 최초로 수집된 신조어 중에서 상당수는 일시적으로 유행하는데 그쳤거나 인용빈도가 매우 낮아 사어(死語)화되었기 분석에서 제외하였다. 최종적으로 분석대상이 된 신조어는 400여개이고, 이 중에서 380

개 이상은 최종분석일 3개월 이내까지 매체 등에 등장하였다. 분석대상으로 선정된 신조어의 의미를 조사하여 분석하였고, 이들 신조어의 형성시기와 인용시기를 분석하게 위하여 최초로 매체에 등장하기 시작한 날짜와 가장 최근에 매체에 등장했던 날짜를 조사하여 기록하였다. 조사기간 동안 총 검색건수도 조사하였다.

③ 개방 코딩

질적 연구 프로그램인(N-vivo 9.0)을 활용해서 신조어 자료를 개방 코딩을 하였다. N-vivo는 질적 자료를 분석하기 위한 대표적인 프로그램으로 근거이론(grounded theory)을 기반으로 한 소프트웨어이다. 근거이론에서는 코딩을 개방 코딩, 중추 코딩, 선택 코딩의 3절차를 거쳐서 수행한다. 개방 코딩은 초기 분석단계에서 아무런 제한없이 카테고리를 검토하고 설정하는 과정이다. N-vivo에서 개방 코딩은 자유 노드에 코딩하도록 설정되어 있기 때문에 이 연구에서도 1차적으로 자유 노드에 배치하여 코딩하였다.

중추 코딩은 각각의 카테고리를 중심축에 설정하고 자료들을 수렴시키는 단계이다. 이 연구에서는 개방 코딩한 후에 자료를 반복적으로 검토하고 분석하는 과정을 통하여 핵심 카테고리를 중심으로 다른 카테고리와 자료들을 수렴시켰다. 마지막으로 검토한 모든 범주들을 체계적으로 정리하고 일목요연하게 자료를 코딩하고 분석하는 선택 코딩을 수행했다.

내용분석과 분류과정을 통하여 일차적으로 [표 11-1]에서 제시한 것처럼 총 34개의 하위범주를 도출하였다. 불황과 취업난을 반영하는 신조어와 외모를 강조하는 신조어가 각각 9.3%로 가장 많이 나타났다. 소비자들이 외모를 중시하고 성형 등을 강조하는 사회문화적 흐름이 반영되었다고 볼 수 있다. 세 번째로 많은 순위를 기록한 키워드는 8.4%를 차지한 IT 하이테크와 관련된 것이다. 네 번째는 7.8%를 차지한 남녀간의 사랑이나 연애 등과 관련된 신조어이다. 6.2%를 차지한 신조어는 타인을 비하하고 모욕하는 형태인데, 온라인 악플 문화나 갈등을 부추기는 언어폭력 등이 반영된 것이라고 볼 수 있다. 육아와 교육 현실을 반영한 신조어도 4.4%를 차지했고, 정보통신기술과 관련된 범죄나 사회적 강자가 약자에게 행한 비윤리적 행태 등과 관련된 신조어도 상위에 속했다.

주5일 근무가 일반화되면서 취미와 여가 관련 신조어, 먹방, 쿡방과 같이 스포테인먼트나 쇼퍼테인먼트와 같이 다양한 엔터테인먼트 관련 신조어도 나타났다. 불황이 깊어지면서 재테크와 절약과 관련된 신조어, 가치소비와 가성비가 강조되면서 프리미엄, 명품과 관련된 신조어도 나타났다. 대안적 소비문화가 등장하면서 공동체의식이나 윤리의식을 반영하는 신조어도 나타났다. 방송과 연예인 추종과 관련된 신조어와 1인가구와 급증하면서 솔로 소비자와 에고노미와 관련된 신조어도 여러 개 등장하였다.

신조어는 매우 창의적으로 조어되고 결합되고 있었다. 특히 신조어를 통해서 상호 이질적이고 이종적인 대상들이 서로 결합되고 병합되면서 창의적인 개념이 등장하고 이 새로운 개념이 소비자와 시장 상품과 마케팅에 반영되고 있었다. 서로 모순되고 역설적인 대상들이 상호결합 되면서 새로운 시장과 상품이 등장하는데 중요한 기여를 하고 있었다. 실버소비자 관련 신조어, 오타쿠나 매니아 등이 반영된 하위문화 관련 신조어, 건강이나 웰빙 관련 신조어, 느림이나 행복을 강조하는 신조어, 충동구매를 강조하는 신조어 등도 생성되었다.

[표 11-1] 신조어 키워드 분석

키워드(하위범주)	빈도(%)	신조어 사례
불황과 취업난	42(9.3)	하우스푸어, 취준생, 헬조선, 이구백, 월급고개, 칠포세대, NG족, 취뽀, 이케아세대, 문송 등
외모 중시	42(9.3)	얼짱, 몸짱, 쌩얼, 쁘띠성형, 그루밍족, 말벅지, 얼꽝, 취업성형, 패완얼, 잘생쁨, 어깨깡패
IT 하이테크	38(8.4)	누리꾼, 블러거, 악플러, 롤드컵, 네티즌수사대, 만렙, 디지털키드, 테크파탈, 검지족, 짤방
남녀연애	35(7.8)	케미, 품절남, 차도남, 완소녀, 까도남, 심쿵, 그린라이트, 소셜테이닝, 썸남, 썸녀, 포켓남
타자비하	28(6.2)	먹튀, 악플러, 병맛, 여병추, 찌질이, 듣보잡, 김치녀, 성괴, 기레기, 갑튀족, 종특, 극혐
자녀육아	20(4.4)	앵그리맘, 다둥이가족, 황혼육아, 프렌디, 할마연어족, 육아데이, 알파맘, 스칸디맘, 스칸디대디
비윤리, 범죄	18(4.0)	패륜녀, 피싱, 보이스피싱, 주폭, 갑질, 해피아, 라면상무, 거마대학생, 개똥녀, 빵회장, 노쇼

취미여가	18(4.0)	글램핑, 불금, 오타쿠, 키덜트, 캐포츠, 운도녀, 운도남, 스테이케이션, 코피스, 캠프닉
엔터테인먼트	15(3.3)	먹방, 쿡방, 패션, 글램핑, 짤방, 아나테이너, 소셜테이너, 스포테인먼트, 쇼퍼테인먼트
재테크, 절약	13(2.9)	공유경제, 간장녀, 앱테크, 폰테크, 프리커머스, 저렴이, 쇼루밍, 밤도깨비, 마이너스폰
이종결합	12(2.7)	치맥, 소맥, 아점, 딘치, 스크린셀러
신중년, 다운에이징	11(2.4)	안티에이징, 꽃중년, 그루밍족, 줌마넬라
에고노미	11(2.4)	모태솔로, 자뻑, 싱글턴, 포미족, 초식남
모순역설	11(2.4)	베이글녀, 팩션, 웃픈, 브로맨스, 귀족노조
능력주의	10(2.4)	스펙, 포텐, 엄친아, 미친존재감, 넘사벽
패션트렌드	10(2.4)	공항패션, 하객패션, 놈코어, 시밀러룩
능동적 소비문화	10(2.4)	해외직구, 모디슈머, 크리슈머, 크라우드 소싱
연예인 추종	9(2.0)	싱트로율, 와판녀, 하객패션, 설블리, 역조공
정책 정치	9(2.0)	김치지수, 교육사다리, 영충호, 코드인사
남녀 성역할	9(2.0)	위미노믹스, 능청남, 삼식이, 테크파탈
갈등 불안	9(2.0)	멘붕, 험한류, 관심병, 열폭, 와이파이셔틀
공익 공동체	8(1.8)	로하스, 스몰웨딩, 에코웨딩, 볼런투어
느림, 행복	8(1.8)	참살이, 도시농부, 킨포크, 팜파티
중독	8(1.8)	오덕후, 십덕후, 디지털치매, 디지털단식
섹스 어필	7(1.6)	하의실종, 베이글녀, 꿀벅지, 애플힙, 말벅지
하위소비문화	6(1.3)	키덜트, 그루밍족, B급문화, 팝저씨
직설화법	6(1.3)	돌직구, 디스전, 솔까말, 맞디스곡
건강웰빙	6(1.3)	웰빙, 로하스, 새집증후군, 참살이
고급 프리미엄	6(1.3)	글램핑, 넘사벽, 매스티지, 로가닉
실버 소비자	5(1.1)	꽃할매, 액티브시니어, 유병장수
마케팅상품	3(0.7)	럭키백, 삼겹살데이, 게이미피케이션
가족 해체	3(0.7)	기러기 아빠, 돌싱, 가출팸
소비자 권리, 의무	2(0.4)	호갱, 블랙컨슈머
소비충동	2(0.4)	지름신, 뽐뿌
34 노드	450 references	

출처 : 이준영·이제성(2016).

④ 소비트렌드 주제범주 추출

수집된 자료를 계속해서 분석하고 분류하는 과정을 통하여 1차적으로 범주화된 신조어 키워드를 [표 11-2]와 같이 10개의 대주제로 유목화해서 소비트렌드 주제범주를 도출하였다. 첫 번째 주제는 경제불황 대처로 명명했는데, 경제불황과 취업난, 재테크와 절약, 정책과 정치의 3개 하위차원으로 구성되었다. 두 번째 주제는 사회 갈등 위화감 범주인데, 사람들을 능력으로 줄 세우고, 이런 상황에서 개인들은 불안한 심리를 보이고, 타자를 직설적으로 비하하는 한편 각종 갑질 논란과 같은 사회적으로 비윤리와 범죄를 지칭하는 신조어들이 포함되었다. 세 번째 주제는 남과 여라고 명명했는데, 남녀관계나 연애에 관한 신조어가 주를 이루고 남녀 간의 성역할이나 지위에 대한 역전현상 등을 가리키는 신조어도 여러 개 등장했다.

행복, 공동체라고 명명한 네 번째 주제는 개인의 건강과 행복을 위한 수단과 길을 모색하고 궁극적으로 공익을 지향하며 공동체를 위한 가치를 창출하려는 신조어 들이 포함되어 있다. 다섯 번째 주제인 신소비자군은 1인 가구로 대변되는 솔로 소비자, 실버 소비자, 꽃중년, 키덜트, 팬덤 소비자 등과 같이 새롭게 떠오르는 소비자군과 관련된 신조어들이다. 여섯 번째인 패러독스는 상호 이질적이고 모순적인 대상들 사이에 융복합이 일어나면서 새로운 상품과 소비시장을 창출하는 것을 의미한다. 일곱 번째 주제인 취미와 오락은 소비자의 유희적인 측면을 잘 보여주고 소비자들의 취미와 관심사가 어디를 향해 있는지를 알 수 있게 해준다. 여덟 번째 주제인 신소비 문화에서는 다양한 형태의 능동적 소비문화와 중독적 소비, 소비자의 권리와 의무를 둘러싼 새로운 움직임 등과 관련된 신조어가 포함되었고, 아홉 번째 주제인 외모지상주의에서는 연예인의 외모나 패션을 추종하고, 뷰티, 패션 산업에 대한 관심이 드러났다. 마지막 주제인 IT, 하이테크에서는 IT와 매체를 통한 엔터테인먼트적 요소가 어떻게 발현되는지를 잘 보여주었다.

[표 11-2] 신조어 키워드 주제 분류

하위 범주 키워드(%)			상위 주제 범주
1	불황과 취업난(65.6)	▶▶	경제불황 대처
	재테크, 절약(20.3)		
	정책, 정치(14.1)		
2	타자비하(39.4)	▶▶	사회 갈등 위화감
	비윤리, 범죄(25.4)		
	능력주의(14.1)		
	갈등 불안(12.7)		
	직설화법(8.5)		
3	남녀연애(79.5)	▶▶	남과 여
	남녀 성역할(20.5)		
4	자녀육아(39.2)	▶▶	행복, 공동체
	느림, 행복(15.7)		
	공익 공동체(15.7)		
	건강웰빙(11.8)		
	고급 프리미엄(11.8)		
	가족 해체(5.9)		
5	에고노미(33.3)	▶▶	신소비자군
	신중년, 다운에이징(33.3)		
	하위소비문화(18.2)		
	실버 소비자(15.2)		
6	이종결합(52.2)	▶▶	패러독스
	모순역설(47.8)		
7	취미여가(54.5)	▶▶	취미오락
	엔터테인먼트(45.5)		
8	능동적 소비문화(40.0)	▶▶	신소비문화
	중독(32.0)		
	마케팅상품(12.0)		
	소비충동(8.0)		
	소비자 권리, 의무(8.0)		
9	외모 중시(61.8)	▶▶	외모지상주의
	패션트렌드(14.7)		
	연예인 추종(13.2)		
	섹스 어필(10.3)		
10	IT 하이테크(100)	▶▶	IT 하이테크

출처 : 이준영·이제성(2016).

⑤ 신조어의 촉발요인(Trigger point) 분석

신조어를 수집해서 분석한 결과 모든 신조어가 성공적으로 확산되지는 않았다. 예를 들면 검색건수가 10건 미만인 것들도 100여개나 될 정도로 수많은 신조어들이 생성되었다가 소멸되곤 하였다. 그러므로 사라지지 않고 오랜 시간 살아남아 현재도 사람들에게 회자되는 신조어들이 어떤 원인과 배경 때문이지를 분석할 필요가 있다. 방아쇠효과라는 의미를 가지고 있는 트리거는 특정 트렌드가 널리 확산되는데 기여하는 각종 요인을 의미한다. 트리거를 기점으로 해서 패드, 트렌드, 메가트렌드로 발전 양상이 다르게 나타날 수 있기 때문에 트리거 분석이 가지는 의미는 매우 크다. 트리거를 보다 정확하게 파악하기 위해서는 검색건수 등이 급증하는 시점에 발생한 중요한 사건이나 중요한 이벤트를 분석해야 한다. 즉 신조어의 중요한 트리거는 특정 트렌드에 대한 소비자들의 관심이 촉발되고 집중되는 원리와 동일한 맥락을 가지기 때문에 소비문화와 트렌드를 분석할 때 매우 중요한 과정이다. 신조어의 중요한 촉발요인으로 다음과 같은 것들을 들 수 있다([표 11-3] 참고).

- 정부정책

정부정책은 무엇보다도 중요한 신조어 촉발요인으로 작용하고 있었다. 예를 들어 2012년 9월에 부동산 및 하우스 푸어(집을 가진 가난한 사람) 관련하여 정부정책이 발표되자 이에 대한 검색건수가 급증하였다. 하우스 푸어를 위한 정부의 대안에 대한 소비자의 관심도 크게 증가하였다. 2013년 10월에 새집증후군, 층간소음 방지를 위한 건축규제 등의 정부발표가 있자 해당 신조어의 검색건수가 폭증하였다. 2012년 10월에는 고카페인 관련 표시의무 정책을 발표하면서 고카페인 신조어의 검색건수가 급증하였다. 소득의 대부분을 주택임대에 쓰는 계층을 의미하는 렌트푸어 신조어도 정부가 주택 및 렌트푸어 관련 정책을 발표하면서 검색건수가 최대치를 기록했다.

교육부문에서도 2012년 1월에 학교폭력을 방지하기 위해 학교에 스쿨폴리스를 배치하는 정책을 시행하자마자 관련 신조어 검색이 급증했다. 해외직구는 2014년 4월에 정부가 통관 간소화 등의 규제를 축소화하면서 검색양이 크게 증가하였다. 또한 정부의 규제간소화 시행이후에도 해외직구 열풍이 불면서 신조어 검색이 더 증가하였다. 낙동강과 영산강의 녹조현상을 풍자한 신조어인 녹조라떼는 정책 시행 뿐 아니라 그 이후에도 소비자들의 관심이 이어져 신조어 트렌드를 만들었다. 이처럼 정부정책은 특정 시점에서 공개되고 시행 된 이후까지도 영향력을 미쳐서 신조어의 가장 큰 영향력을 미치는 촉발요인이 되고 있다.

[표 11-3] 신조어 촉발 요인 대표 사례

촉발요인	신조어	내용	일시
정부 정책	스쿨폴리스	학교 폭력 근절위해 현장에 스쿨폴리스 배치	2012.01
	고카페인	고카페인 규제(학교매점 음료판매 제한 추진)	2012.12
	렌트푸어	정부 4·1 부동산 대책에서 렌트푸어 대책 발표	2013.04
	녹조라떼	낙동강, 영산강 등 녹조라떼(녹조현상) 심각	2013.08
방송, 보도	보이스피싱	'그것이 알고 싶다'의 청년 보이스피싱 방송	2015.08
	캥거루족	대졸자 절반이 캥거루족이라는 뉴스 보도	2015.08
	인구론	취업 신조어 관련 기사, 문과 계열 비관 보도	2015.12
	노쇼	노쇼족에 대한 신문과 장송의 비난 보도	2015.12
문화, 예능	치맥	드라마 '별에서 온 그대'로 중국에서 치맥 열풍	2014.03
	꽃할배	예능 꽃보다 할배(꽃할배) 인기	2015.03
	심쿵	걸그룹 AOA 신곡 '심쿵해'로 인기 몰이	2015.06
	오덕후	드라마 응답하라 1988 '오덕후' 정봉 캐릭터 인기	2015.12
사건, 사고	갑질	대한항공 땅콩 리턴, 백화점 모녀 등 갑질 사건	2015.01
	열정페이	이상봉 디자이너 파문, 각종 열정페이 논란	2015.01
	피싱	보이스피싱 관련 사기 등 범죄 증가	2015.08
	셀카	목숨 건 셀카, 위험 셀카 관련 기사 증가	2015.10
주요 이벤트	수트라이커	K리그 수트라이커(수비+스트라이커) 선수 열풍	2013.08
	해외직구	블랙프라이데이 관련 해외직구 관련 기사 증가	2014.11
	럭키백	스타벅스 럭키백 행사 진행, 소비자 관심 증가	2015.01
	삼겹살데이	3월 3일 삼겹살데이 관련 마케팅, 유통 기사	2015.03
계절, 시즌	주폭	여름에 급증하는 주폭 관련 기사 급증	2012.07
	취업성형	하반기 취업 시즌 전 학생들 취업성형 열풍	2013.07
	대프리카	대구 지역 폭염으로 인한 대프리카 신조어 등장	2015.08
	수능성형	수학능력검정시험 후 수능성형 이벤트 진행	2015.11

출처 : 이준영·이제성(2016).

• 방송, 보도

방송매체와 언론 보도로 신조어가 많이 발생하고 있다. 현재 사회상을 잘 표현하는 신조어가 방송이 되거나 보도되면 소비자의 관심을 끌게 되어 중요한 트리거가 된다. 셀카 신조어는 방송에서 2014년 3월에 한국이 셀카를 찍는 빈도가 가장 적다는 조사결과가 보도되면서 검색건수가 크게 증가했다. 일베 관련 신조어는 2013년 5월에 <100분토론>에서 일베가 방송되면서 관심이 증가했다. 2010년 11월에 <MBC 스페셜>에서 타블로 관련 사건이 방송되면서 네티즌 수사대라는 신조어의 검색이 최대치를 기록했다. 방송 시사프로그램에서 보이스피싱과 거마대학생(거여동과 마천동 일대에서 불법다단계 일을 하는 대학생)을 다루면서 소비자들에게 매우 큰 이슈가 되었다.

2015년 8월에 대학졸업생의 51%가 자립할 나이가 되었음에도 불구하고 부모에게 의지하는 젊은이를 의미하는 캥거루족이 기사화되면서 검색빈도가 크게 증가하였다. 취업과 관련된 신조어도 인구론(인문계 졸업생의 90%는 논다), 지여인(지방대, 여자, 인문계), 문송(문과라서 죄송합니다) 등의 신조어를 이용해 취업난과 관련해서 신문과 방송에 보도되면서 소비자들의 관심도 크게 증가했다. 2015년 12월에는 외식 소비자들이 고객이 예약을 하고 예약 최소 연락도 없이 나타나지 않는 소비자를 의미하는 노쇼(No show)가 보도되면서 검색건수가 크게 증가했다.

• 문화, 예능

신조어는 다양한 방송매체에서 사용되고 SNS를 통해서 급속하게 확산되고 있다. 먹방이라는 신조어는 2014년 3월에 이효리가 방송에 나와 소탈하게 음식을 먹는 모습이 전파되면서 검색건수가 크게 증가했다. 꽃할배라는 신조어도 2013년 7월에 꽃보다 할배라는 예능이 등장하면서 집중해서 조명을 받아 급증했다. 기러기 아빠도 드라마 수상한 가정부에서 기러기 아빠를 묘사하면서 주목을 받았고, 팩션은 역사를 바탕으로 허구적으로 이야기를 꾸민 영화인 광해와 드라마 대풍수가 등장하면서 검색건수가 크게 증가했다. <신사의 품격> 드라마가 인기를 누리고 꽃중년, <넝쿨당>이 인기를 끌면서 시월드라는 신조어가 그 당시 최대의 검색건수를 기록했다.

까칠한 도시 남자를 의미하는 까도남은 배우 현빈이 <시크릿가든>에서 인기를 끌면서 검색건수가 크게 증가했고, <별그대>가 인기를 끌면서 캐미, 치맥 등의 신조어 검색빈도가 급증했다. 오덕후(오타쿠, 광팬, 매니아)는 <응답하라 1988>에 등장하는 한 캐릭터의 성격으로 묘사되면서 신조어 트리거가 되었고, <아침형 인간>이라는 책이 베스트셀러가 되면서 아침형도 소비자의 관심을 많이 끌었고, 걸그룹 AOA가 2015년 6월에 신조어 심쿵을 사용해 발표한 신곡 <심쿵해>가 인기를 끌면서 심쿵의 검색건수도 크게 증가했다. 이처럼 문화와 예능에서 다양한 신조어가 만들어지고 있고, 신조어들이 새로운 콘텐츠의 소재가 되면서 확산되는 경우가 증가하고 있다.

• 사건과 사고

신조어는 사회에서 벌어지고 있는 다양한 사건과 사고에 의하여 촉발되는 경우가 많다. 셀카는 셀카를 찍다 추락한 사고, 옥상에서 목숨을 건 셀카 촬영 등이 소비자들에게 입소문을 타면서 2015년 10월에 검색건수가 가장 많았다. 2014년 4월에 세월호 침몰사고와 관련된 각종 이야기와 의견, 동영상 등이 누리꾼을 통해 대대적으로 확대, 재생산되면서 누리꾼 신조어의 검색치가 최고를 기록했다. 관피아도 세월호 사고의 원인을 분석하는 과정에서 최대의 검색건수를 기록했다. 연예인들이 악플러를 고소하는 사건이 등장하면서 2014년 3월에 최대의 검색건수를 기록했다.

재벌들의 권력남용과 사람들의 비윤리적인 행동과 관련된 사건과 사고도 많은 신조어를 만들었다. 땅콩리턴이라고 불렸던 대한항공 사태 때 갑질이 크게 주목을 받았고, 2013년 남양유업 사태가 촉발되면서 갑을관계라는 신조어가 집중적으로 조명을 받았다. 프라임 베이커리 회장이 주차장 직원을 폭행하는 사건이 보도되면서 빵회장, 디자이너 이상봉의 청년 노동력 착취가 논란이 되면서 열정페이가 사회적으로 큰 관심을 받았다. 대구의 한 남성이 노점상의 과일을 깨는 사고로 대구패륜남이 관심을 받았고, 2013년에 철도파업이 발발하면서 귀족노조의 검색건수가 최대치를 기록했다.

• 주요 이벤트

올림픽과 월드컵 등과 같은 주요 이벤트가 신조어의 촉발요인이 되기도 한다. 얼짱이라는 신조어도 2010년 11월 광저우 아시안 게임에서 다양한 얼짱 스포츠스타가 집중적으로 조명을 받으면서 가장 많은 검색치를 기록했다. 2013년 8월 K리그에서 김진규와 아디 같은 수비수가 득점을 하면서 수트라이커라는 신조어가 탄생한 동시에 검색도 최고치를 기록했다. 2015년 11월 야구 한일전에서 오재원 선수의 야구배트 플립행위인 빠던이 이슈가 됐고, 로하스 축제가 열리면서 로하스의 검색건수가 급증했다. 2014년 소치 동계올림픽에서 이상화 선수가 금메달을 타면서 꿀벅지의 검색수가 최대량을 기록했다. 2014년 2월에 다양한 올림픽 챔피언들을 언급하면서 넘사벽의 검색건수가 최대치를 기록했다. 2014년 1월에 애플스토어의 레드 프라이데이 할인행사가 열리면서 지름신으 검색건수가 최고로 많았고, 스타벅스에서 럭키백 행사 이벤트를 하면서 럭키백 신조어에 소비자들이 관심을 보였다. 해마다 3월 3일에는 삼겹살 데이의 검색건수가 크게 증가하고 있다.

• 계절과 시즌

하의 실종은 여름에, 스미싱은 설과 같은 주요 시즌에 검색건수가 크게 증가하고 있다. 주폭도 여름에 휴가지에서 벌어지는 각종 음주 관련 사고와 맞물리면서 주목을 받았다. 성형수술을 받고 연휴를 보내고 출근하려는 직장인들의 니즈가 반영되면서 쁘띠성형은 추석연휴에 관심을 많이 받았다. 수능이 끝나면서 성형외과 광고가 많아지면서 수능성형, 취업시즌에는 취업성형에 대한 관심이 증가했다. 추석전후로 중장년층을 타겟으로 한 각종 성형시술 정보와 홍보가 이루어지면서 효도성형도 검색건수가 증가했다. 연말연시에는 불타는 금요일을 의미하는 불금에 대한 관심이 증가했다. 2015년 여름에 폭염주의보가 대구에 나타나면서 대구와 아프리카를 합친 대프리카나 대구와 이집트를 합친 대집트라는 신조어가 크게 증가했다.

2. 히트상품을 활용한 소비트렌드 분석

여기에서는 이민훈(2008)이 2000년부터 2007년 우리나라 히트상품을 이용하여 소비트렌드를 분석한 연구를 예로 제시하였다.

1) 히트상품의 의의

히트상품은 시장 환경을 반영하는 동시에 소비자들의 주요 관심사를 알려주는 지표가 될 수 있다. 히트상품은 소비자의 미충족니즈를 포착하여 이를 채워주거나 잠재니즈를 이끌어 내어 소비를 촉진한 결과 탄생하기 때문이다. 따라서 다수의 소비자들이 시간과 비용을 기꺼이 지불해 탄생한 히트상품을 통해 소비트렌드를 유추할 수 있다. [표 11-4]에 의하면 해방 이후부터 1990년대 까지 히트상품의 변천과정은 우리나라 소비자들의 욕구와 소비행태의 흐름과 일치하고 있다는 것을 알 수 있다(김준환, 1996; 노재범, 1997).

[표 11-4] 시대별 히트상품의 변천(해방부터 1990년대까지)

	해방 ~ 1960년대	1970년대	1980년대	1990년대
주요 환경변화	산업화 시동	근대화 및 도시화 진전	참단산업 태동	정보혁명 글로벌화 시작
소비트렌드	의식주 해결	의식주 안정 획일화된 니즈	생활의 편리와 풍요 지향	개성화 및 다양화 추구
신상품 및 히트상품	밀가루, 연탄, 나일론, 치약, 라면, 조미료, 소주, 광목	비료, 농약, TV, 냉장고, 전화, 아파트	컬러TV, VCR, 자동차, 전자렌지, 세탁기	에어컨, PC, 무선통신, 인터넷, 신용카드

출처 : 이민훈(2008).

2) 2000-2007년 히트상품

2000년은 하반기 들어 소비시장이 급속히 위축된 가운데 산업 기술적으로 디지털화와 컨버전스가 화두로 등장한 해였다. 벤처열풍 퇴색, 주가 급락, 일부 대기업의 유동성 문제, 노사분규 등이 소비심리 위축의 중요한 요인으로 작용한 반면, 전국적으로 고속인터넷 및 무선통신망이 급속히 확산되는 모습을 보였다.

가장 두드러진 특징은 디지털 흐름을 주도하는 이동통신기기 및 인터넷망 서비스가 히트했다는 것이다. 삼성전자 '애니콜 듀얼폴더'는 40만원이 넘는 고가임에도 불구하고 판매량이 급증하여 시장점유율 1위를 기록했다. 또 접속속도와 안정성이 상대적으로 우수하다고 알려진 한국통신 '메가패스'의 인기가 상승했다. 마케팅 기획력이 돋보이는 틈새, 소프트상품이 상위에 랭크된 것도 눈에 띈다. 세계 최초로 김치냉장고라는 컨셉트를 제시한 '딤채'와 같이 충족시키는 니즈 범위는 작지만 꼭 필요한 틈새를 채워 신시장을 개척한 사례가 있었고, 조연들의 재미있는 역할이 돋보인 '허준', 자칫 딱딱할 수 있는 주제를 소프트한 터치로 접근한 '공동경비구역 JSA'와 같은 영화나 드라마도 대히트를 기록하며 히트상품에 선정되었다(김휴종 등 2000).

2001년엔 상반기까지 침체일로를 걷던 국내 소비심리는 하반기 이후 다소 호조세를 보였다. 2000년 8%였던 경제성장률이 2%대로 급락하고 미국에서 9.11 테러사태가 발생하는 등의 여파로 소비심리 위축세는 여전하였는데, 2001년 하반기로 가면서 점차적으로 월드컵 관련 지출 확대, 반도체 가격 상승, 유가 하락 등의 영향으로 2002년 경제에 대한 긍정적 기대감이 형성되면서 삶에 안도감을 주는 상품에 대한 사회적 관심이 형성되기 시작했다.

출산율 하락, 만혼풍조 등에 대응한 노후대비 상품이 인기를 끌었는데, 보장성 보험에 대한 니즈가 커지면서 종신보험이 히트하였다. 또한 일상생활 속에서 건강관리와 질병예방을 돕는 상품도 관심을 끌었다. 친건강 기능을 첨가하고 유기농업으로 재배한 브랜드쌀이 히트했고, 충치예방의 기능성을 강조한 롯데 '자일리톨 껌'은 97년 첫 출시 당시 실패를 딛고 월매출 100억원을 육박하는 상품으로 급성장했다.

재미와 즐거움을 주는 상품이 지속적으로 히트하는 가운데 시간 및 비용 절약적인 신개념 상품의 출현도 눈에 띄었다. 철저한 사전기획과 차별화 전략으로 2000년 '공동경비구역 JSA'에 이어 영화 '친구'가 관객을 파고드는 데 성공했고, 적립된 포인트를 현금처럼 사용할 수 있는 'OK캐쉬백'과 간편하게 쇼핑을 즐기는 TV홈쇼핑은 합리적 소비를 지향하는 현대인의 소비 니즈에 적중했다(권성용 외 2001).

한일 월드컵이 열렸던 2002년은 소비시장이 급성장하고 세대교체에 따라 민주화가 급진전된 한 해였다. 정부가 신용카드사용을 장려하고 특소세를 인하하는 등 소비촉진에 큰 영향을 미쳤는데, 은행, 여신기관의 가계대출과 판매신용이 확대되면서 개인부채가 급증하는 등 소비과열에 대한 후유증도 뚜렷했다. 인터넷 문화가 확산되고 2030 세대가 여론 주도권을 확보한 것 역시 이 해의 중요한 특징이었다.

2002년 10대 히트상품은 소비시장 성장에 힙 입어 보다 고품질·고기능·고급화된 상품이 히트를 주도한 것이 두드러진다. 무엇보다 사용의 편리성, 감각적인 즐거움을 더해주는 IT상품이 선전했는데 모바일 컨텐츠 시장이 전년 대비 약 7배(2,580억 원) 규모로 성장하면서 컬러 휴대폰이 빅 히트를 기록했다. 또한 고급자재, 편의시설이 집적한 주상복합 아파트와 테이크아웃 형태의 외식사업이 편의성과 고급스러움의 전략으로 소비자들에게 어필하기도 했다.

다양한 이국적 상품들이 확산되어 히트를 차지한 것도 특징적이었다. 중국산 제품의 품질이 향상되고 소비자들의 인식이 긍정적으로 전환되면서 농산품, 의류, 가전 등 '메이드인차이나' 상품이 호조를 보였으며, 해외 유명브랜드를 동경하는 소비자들 사이에서 '짝퉁(변형명품)'이 높은 인기를 얻어 진짜·가짜 상품의 판별을 돕는 전시회까지 열릴 정도였다. 또한 글로벌화, 능력중심사회 진전과 함께 직장인, 청소년을 중심으로 외국어 학습이 필수로 인식되고 조기학습에 대한 관심이 급증하면서 영유아 영어학습이 붐을 이루기도 하였다(최순화 외 2002).

2002년 일시회복 조짐을 보였던 내수경기는 2003년 들어 다시 둔화되었고, 2003년 9월말 가구당 2,921만 원으로 사상최고치를 갱신한 가계부채로 인한 구매력 감소, 신용불량자 증가로 인해 소비위축이 극심하였다. 이처럼 불안정한 고용과 소득, 미래 불확실성이 확대되면서 소비자들은 안전 및 환경문제에 대해 더욱 예민해지는 경향을 보이기도 했다.

소비심리 양극화가 진행되는 가운데 경제적 안정에 대한 일반인의 관심이 극도로 쏠리는 현상은 히트상품에도 반영되었는데, 국산차 판매가 급감한 반면 수입차 판매가 호조를 보이고, 서민층을 주타겟으로 한 실속형 중고가전과 함께 프리미엄급 신가전이 가전업계 주력상품으로 부상하는 등 부익부 빈익빈이 심화되어 히트상품에서도 양극화가 발생하는 현상을 보였다. 또한 '돈'과 '부'에 대한 소비자들의 동경은 인생역전을 모토로 하는 로또가 히트하여 '대박 신드롬'을 조성하고, 부자가 되기 위한 방법을 직설적으로 소개한 재테크 서적이 히트하는 현상으로 나타났다.

이러한 가운데 디지털 기술의 진전 하에서 기업들의 적극적 기술개발과 신사업 개척 노력이 두각을 보였는데, 수출 및 내수를 주도해 온 주력제품들이 지속적으로 고부가화되어 폴더형 휴대폰(2000), 컬러폰(2001)에 이어 디지털포토가 2003년 히트상품 1위에 올랐으며, 지식을 매개로 한 새로운 비즈니스 모델인 지하철 신문, 인터넷 이용자가 참여하는 지식 검색 서비스가 신규로 히트상품에 포함되었다(이정호 2003).

2004년은 경기회복이 지연되는 가운데 소비심리는 갈수록 위축되는 분위기로 일관된 한해였다. 수출확대가 투자와 소비를 진작시키지 못하는 수출과 내수간의 차별화현상이 더욱 심화되었고, 특히 하반기 들어 내수부진, 물가상승, 고용불안이 가중되면서 소비심리가 더욱 악화되었다. 이런 악조건 하에서 2004년에는 오랜 경제적 불안을 의식한 저가 상품, 미래대비형 상품이 히트하는 경향을 보였다. 품질과 무관한 부대비용을 과감히 제거한 저가 화장품이 현금지출을 최소화하고자 하는 소비자심리에 적중하여 시장개척에 성공하였고, 내집 마련의 꿈을 당장 실현하면서도 비용부담을 미래로 이연시키는 주택장기대출 서비스 판매가 급증했다. 그런가 하면 타겟고객의 움직임을 밀착적으로 관찰하여 독특한 서비스를 개발하거나 다양한 유통채널을 개척하여 히트한 경우도 있었는데, 1위에 선정된 인터넷 커뮤니티 사이트 '싸이월드'는 회원 취향에 따라 미니홈피의 배경색, 배경음악, 아바타 등을 선택하게 하여 이들 아이템에서 1일 1억 5천만 원의 판매수익을 확보하였으며, 광동제약의 건강드링크 '비타500'은 약국은 물론 젊은층이 자주 출입하는 슈퍼마켓, 편의점, 열차, 사우나, 골프장 등 다양한 유통채널을 확보하여 구매를 자극하는 데 성공하였다(이민훈 등 2004).

2005년 소비는 연초의 기대만큼 본격적인 회복에 이르지 못하면서 그간 누적

된 소비자들의 경제적 불안감과 스트레스가 상품을 통해 확인되고 있다. 대표적으로, 도심 속에 자연을 복원한 '청계천'이 응답자 특성에 상관없이 폭넓은 지지를 얻어 1위를 기록하였다. 그 외에도 우선 새로운 재미를 찾고 그에 몰입함으로써 일상의 피로를 해소하고자 하는 니즈가 반영된 '청계천', '이종격투기 K-1', '카트라이더'가 이에 해당한다. 불안이 가중될수록 이상향을 희구하는 경향도 나타나고 있다. 어려운 경제상황에서 돌파구를 찾는데 도움이 될 수 있는 경영서적 '블루오션 전략', 평화·온정을 주제로 한 영화 '웰컴 투 동막골'이 대중들의 큰 호응을 얻었다. 이와는 반대로 어려운 상황을 직시하는 냉철한 현실인식이 반영된 '주식형 간접투자상품', '억척녀 주인공 TV드라마'도 히트를 기록하였다. 한편 2005년에도 디지털 라이프 스타일의 일상화가 더욱 진전되었으며, '위성 DMB폰', '내비게이션', '블로그' 등 진화된 디지털기술을 활용한 히트 상품들이 이를 반영하고 있다(이민훈 등 2005).

2006년 리스트의 특징은 문화상품의 강세가 지속되는 가운데 非디지털 상품이 다수 포함되었다는 점과 특정 소비층이나 유통채널을 중심으로 한 '국지적 히트상품'이 관찰된다는 점, 美·日 히트 상품과의 동조화 현상이 보였다는 점이 특징적이다. '삶의 업그레이드'와 '불안 탈출'의 양대 니즈가 점점 구체화되는 가운데 특히, 세계적인 웰빙·웰루킹(well-looking) 트렌드에 따른 소비와 함께 심화되는 국내의 경제·사회적 불안에 대한 돌파구를 마련하기 위한 소비도 나타났다(이정호 외 2006).

또한 군더더기나 거추장스러운 것을 최소화하는 라이프스타일이 확산되면서 얇고 가벼운 핸드폰을 선호하거나 몸매를 드러내는 패션 등에서 슬림화 경향이 뚜렷하게 나타나고 있다. 한편으로는 강하고 자극적인 것보다는 순하고 부드러운 것을, 인공보다 천연소재를 선호하는 웰빙 트렌드도 두드러졌다. (슬림폰, 저도수 소주, 웰빙 茶음료, 스키니 패션, 평판 TV) 또한 부에 대한 조급함과 미래에 대한 불확실성, 뒤처지지 않으려는 군중심리 등이 결합되어 판교 아파트가 인기를 끌었고, 행복한 결혼을 담보하고 싶은 마음에 결혼시장이 '쌍춘년' 특수를 누리기도 했다. 복잡한 국제 정세와 침체된 국내 경제여건 하에서 '할 수 있다'는 자신감과 '우리는 위대했다'는 민족적 자부심을 고취시키는 문화 아이템이

국민적 공감을 획득하였다. 아울러 해외에서 실력을 인정받은 연예인 및 스포츠 스타들의 선전에 대리 만족하는 형태의 문화상품 소비도 뚜렷하게 확인된다(고구려 사극, 이승엽, 비보이, 영화 '왕의 남자, 괴물').

2007년에 이르러 국내 히트상품에는 재산, 건강, 정서 등 3大 니즈를 골고루 관리하려는 소비자의 의지를 뚜렷이 반영되고 있다. 이는 정보력 증대, 경제불안, 대선, 주식열풍, 친환경·자연주의 등 환경 변화에 따른 것으로 해석된다. 특히 자산수익을 극대화하면서도 직접관리에 따른 스트레스를 줄이려는 심리가 커지면서 재테크 방법이 고도화되고 있다. 정부의 부동산 정책의 영향으로 자산관리의 관심이 부동산에서 비교적 안정적이고 고수익이 기대되는 금융상품으로 이동했다. 이를 반영해 '차이나 펀드' 등 간접투자상품이나 하루만 맡겨도 이자를 주는 'CMA'가 큰 인기를 끌었다. 또한 세계적인 웰빙 트렌드에 발맞춰 웰빙의 영역이 전방위적으로 확대되고 있다. 식음료 하나를 마셔도 헬스와 뷰티를 고려하여 '옥수수 수염차'가 히트하는가 하면, 병원에서 주로 사용되던 'BB크림'은 피부건강과 미용에 관심이 많은 일반 여성들에게 인기를 끌었다. 고급문화를 대표하던 '와인'도 건강에 좋다는 인식으로 인해 남녀노소 누구나 가볍게 즐기는 술로 대중화되었다(이민훈 등 2007).

3) 2000-2007년 히트상품에 담긴 소비트렌드

이 기간에 히트상품에서 드러나는 소비자의 주요 관심사는 무엇일까? 요약적으로 오감소비, 리얼타임(real time)소비, 개중(個衆)소비, 스마트소비, 릴렉스소비 등 5대 트렌드로 정리할 수 있겠다. 오감소비란 감성과 뷰티, 체험에 대한 욕구가 다양화되고 심화되면서 나타나는 소비행태이다. 이로 인해 통신기기, 가전제품, 아파트 등 과거 기능성이 중시되던 상품들에서도 브랜드, 디자인, 이미지 등 감성적 요소의 비중이 높아지고 있다. 감각이 중시되면서 사회 전반에서 외모와 소유물에 의해 사람을 평가하는 분위기가 확산되고 이른바 '얼짱', '몸짱' 열풍으로 이어지고 있다(신길수(역), Postrel(저). 2004).

또한 디지털 라이프스타일 확산과 함께 '빨리', '동시에', '바로바로'를 중시하는 실시간 소비패턴이 대두되면서 리얼타임소비 경향도 2000년대 소비의 뚜렷한 특징이다. 상품 라이프사이클이 초단기화되고 있고 최신제품에 열광하는 현상은 비단 젊은층에 국한된 얘기가 아니다. 국내 소비자의 휴대폰 교체주기는 1.5~2년으로 세계에서 가장 짧은 수준이다. 좋은 상품일수록 '스피드는 필수요건'으로 요구되고 있다. 퀵서비스, 즉석식품, 24시간 점포, 즉석복권 등이 유행하고 테이크아웃, TV 홈쇼핑이 히트를 기록하는 것도 이러한 트렌드 때문이다(Conway, Ward, Lewis and Bernhardt 2007).

다음으로 개중소비이다. 개중(個衆)이란 개인과 대중의 합성어로, 남과 차별화하고 싶으면서도 집단에서 소외되지 않으려는 현대인들의 양면적 니즈를 의미한다. 개인 중심의 소비패턴과 집단적인 소비행태가 공존하면서 목적이나 관심사가 유사한 개인들끼리 공감하고 결속하는 경향도 뚜렷해지고 있다. 온라인 상의 가상공동체에 대한 관심이 높아지고, 관심사를 공유하는 사람들끼리 서포터, 마니아 집단을 형성하는 것도 이 소비니즈와 밀접한 관련이 있다(박종대(역), Bosshart(저), 2001; 대홍기획 마케팅컨설팅그룹(역), Settle and Alreck(저), 2003).

스마트 소비 역시 중요한 트렌드로 손꼽힌다. 소비에 따르는 노력과 시간, 비용을 줄이면서도 소비로 인한 혜택은 최대화하려는 경향을 말한다. IMF 경제위기, 시장경쟁 격화, 상품의 범람에 시달리면서 제품에 대한 소비자의 기대가 높아지고 상품을 식별하는 눈도 성숙되었다. 매스미디어의 광고 메시지를 수동적으로 받아들이지 않고 인터넷, 전문가 등에게 조언을 구하는 등 적극적인 정보 검색을 한다. 특히 상품 구매시 사용방법 및 안전기능에 대한 정확하고 친절한 안내, A/S 등을 꼼꼼하게 검토한다. 무조건적인 근검절약이 아니라 자신에게 꼭 필요한 상품이 무엇일까를 고민하고 계획적으로 소비하고자 한다(원유진(역), Settle and Alreck(저), 2003).

건강, 가족, 자연 등 본질적 니즈를 충족하려는 소비성향이 확산되면서 릴랙스 소비가 주요 소비트렌드로 부상하고 있다. 건강증진 식품은 물론 심신의 안정을 추구하는 요가, 명상과 같은 취미생활이 소비시장의 주류 문화로 등장하고 있다. 또한 많은 소비자들이 과거를 회상시켜주고 휴머니즘을 느끼는 생활을 선호한다. 느림과 여유로운 삶을 추구하는 '슬로우 트렌드'는 디지털화, 경기

침체 등으로 인해 상당수 소비자들에게 나타나는 전 세계적 현상이기도 하다. 90년대 후반부터 미국과 영국에서는 '슬로비(Slower But Better Working)'족, '다운시프트(Downshift)'족 등이 등장하여 점차 증가하는 추세에 있다(김영한, 임희정 2004; Iacobucci, 2002).

이들 소비트렌드들은 향후 소비시장을 둘러싼 환경 변화와 맞물려 현재의 성향이 더욱 강화・확장되거나 다른 형태로 전환될 조짐이다. 예를 들어 산업기술의 발전이 뒷받침되면서 오감소비는 단순감각에 몰입하던 것에 머물지 않고 총체적 만족을 추구하고 사용자와 상품 간 교감을 중시하는 방향으로 확장될 수 있다. 릴렉스소비는 단순휴식을 넘어서서 보람과 성과물을 찾는 창조형 소비행태로 전환될 수 있을 것이다(이민훈, 2008).

3. 트렌드 키워드 추출 과정의 예

1) 서울대학교 생활과학대학 소비트렌드분석센터

우리 사회 전반의 삶의 질 향상에 필요한 제반 과제를 수행하고 있는 서울대학교 생활과학연구소는 트렌드의 중요성이 날로 커짐에 따라 2007년 '소비트렌드분석센터'를 설립했다. 트렌드센터는 1997년부터 서울대 소비자학과에서 소비자행태와 소비문화를 연구해온 김난도 교수의 '소비자행태연구실'이 조직한 소비트렌드 연구팀을 흡수하여 만들어졌다.

소비자 행태연구실의 트렌드 예측작업은 본래 학문적인 목적에서 출발했다. 소비자의 심리와 행태를 설명할 수 있는 사회적 기초자료(back data)로서 우선 트렌드 데이터를 축적할 필요가 있었다. 또한 직관이 아니라 논리에 따라 트렌드를 설명하기 위해 가장 시급한 과제가 체계적인 트렌드 데이터 분석방법론을 구축하는 작업이기도 했다.

소비자행태연구실이 데이터를 수집하기 위해 만든 트렌드 헌터 조직이 'Trenders

날'이다. '날'은 날카롭다(edge), 날것이다(raw), 나를(me), 날다(fly), 날라리(free), 날리지(knowledge)의 복합적인 뜻을 담은 이름으로, 늘 치열하게 트렌드를 탐색하고자 하는 트렌드센터의 비전을 표상한다. 'Trenders날'은 15-20명으로 구성되어 있고, 기존의 트렌드 헌터를 최대한 유지하고 탈퇴인원을 보강하여 연차별 기(期) 개념으로 조직되고 있다. 'Trenders날'의 멤버는 서울대학교 대학원 소비자행태연구실의 석박사급 연구원들과 외부에서 충원한 트렌드 헌터로 구성되어 있다.

'Trenders날'이 축적한 데이터를 토대로 소비자행태연구실에서는 매년 소비트렌드 분석작업을 수행했다. 분석과 설명이 가능하다면 예측도 가능해야 한다는 논리에 따라, 다음 해 트렌드 예측을 처음 시도한 것이 2005년이다. 2년간 계속된 이 작업은 비교적 만족할만한 예측력을 보여주었고, 2007년부터는 "올해의 트렌드 예측"을 매년 1월 일간지에 게재하기 시작했다.

2007년 1월 27일자로 보도된 '2007년 10대 트렌드'는 속칭 '황금돼지 해'였던 그 해의 별칭을 딴 <GOLDEN PIGS>라는 10개 키워드로, 2008년 트렌드는 쥐띠해의 희망을 담아 <MICKEY MOUSE>라는 11개 키워드로 한 해의 소비문화 동향을 압축적으로 예측하였다. 이 두 번의 보도는 예상보다 뜨거운 반응을 불러일으켰다. 수많은 블로그에 인용되어 퍼져나갔고, 키워드를 인용해도 좋으냐는 문의가 서울대와 신문사에 끊이지 않았다. 이에 고무된 트렌드센터는 출간도 가능하다는 용기를 얻어 2009년 트렌드 예측부터는 단행본으로 출간하고 있다.

각종 트렌드 데이터, 특히 Trendiary와 Segment Trend Report의 분과별 전망이 보고되면 다음 해의 전반적 전망이 틀을 잡을 수 있게 된다. 이제 더욱 중요한 작업은 수많은 트렌드 정보의 숲속에서 정제된 내년에도 전망을 추출하는 일이다. 이 작업은 미리 정해둔 모듈에 의해 한 단계씩 진행하는데, 그 과정은 다음과 같다.

2) 소비트렌드 키워드 추출과정

서울대학교 소비트렌드분석센터에서는 다음과 같이 6단계 과정을 통하여 소비트렌드 키워드를 추출하고 있다.

[그림 11-1] 트렌드 키워드 추출 과정

단계	과정	내용
1단계	Inventory Building (나열)	관련 시장, 가정, 네트워크 상에서 관찰되는 소비와 라이프 스타일 상의 변화를 탐색해 나열한다.
2단계	Dissolving (분해)	나열된 소비트렌드가 부여하는 의미를 추출한다. 특히 사회적·심리적 원인, 추구하는 소비가치, 결과로서 나타나게 될 현상에 초점을 둔다.
3단계	Re-arranging (재배치)	분해된 소비트렌드의 의미를 기본으로 각 트렌드의 인과·상관관계와 시간적 선후를 고려하여 개념간의 관계지도를 작성해 소비가치를 재배치한다.
4단계	Categorizing (분류)	재배치된 결과물에 토대를 두어 소비트렌드를 10~15개 정도로 분류·유형화한다. 이것이 10대 키워드의 후보가 된다.
5단계	Verifying (검증)	각 소비트렌드 키워드가 관련 산업·소비자·시장에 미칠 영향을 고려하고, 키워드의 타당성을 연역적으로 재검증한다. 검증을 통해 10개 내외의 키워드로 압축한다.
6단계	Labeling (명명)	검증이 완료된 소비트렌드에 적절한 명칭을 부여한다.

(1) Inventory Building(나열) : 관련 시장, 매체, 가정, 네트워크상에서 관찰되는 소비와 라이프스타일 상의 변화를 탐색해 관찰된 키워드를 나열하는 단계다. 각 분과에서 추출한 자기 분과의 키워드, 트렌드헌터들이 보내온 Trendiary의 키워드, 트렌드헌터그룹 '날'의 멤버가 아닌 헌터들의 트렌드 보고서에서 발견된 키워드, 스크랩팀에서 수집한 각종 언론매체에 보도된 키워드를 망라한다. 일부 중복되는 키워드가 있기는 하지만, 초기에 Inventory Building된 키워드는 몇 백개를 훨씬 넘는다.

(2) Dissolving(분해) : 전 단계에서 제시된 소비트렌드 키워드가 함축하는 의미를 추출하는 단계이다. 사회적 · 심리적 원인이나 의미를 중점적으로 조명하는데, 특히 해당 키워드가 의미하는 '소비가치'를 파악하는 것이 가장 핵심적이다. 서로 무관해 보이거나 일견 반대되는 것처럼 보이는 키워드도 어떤 소비가치를 제공하느냐에 따라 같은 키워드로 취급할 수 있게 된다. 키워드를 유형화하여 다음 단계인 Re-arranging 단계로 넘어가기 위해서는 트렌드 키워드의 소비가치를 녹여내는 Dissolving이 필수적이다.

(3) Re-arranging(재배치) : 전 단계에서 추출된 소비가치를 중심으로 각 트렌드의 인과 상관관계와 시간적 선후를 고려하여 개념간의 관계지도를 작성하는 단계이다. 특정한 트렌드가 표상하는 소비가치에는 논리적 · 시간적 · 개념적 선후 또는 상하관계가 존재하는 경우가 대부분이다. Re-arranging은 이러한 관계를 구체적으로 그려내는 작업이다. 이 작업이 있어야 유사한 트렌드 키워드를 묶어낼 수 있으며, 지금은 작아보여도 차후 더 중요한 의미를 갖게 될 트렌드가 존재하는지 여부도 밝혀낼 수 있다.

(4) Categorizing(분류) : 트렌드의 Re-arranging 결과에 토대를 두고 소비트렌드를 압축적으로 분류 · 유형화 하는 단계이다. Categorizing은 트렌드 키워드가 10~15개 정도로 압축될 때까지 계속한다. 트렌드 키워드 중에서 가장 유력한 것을 선별하지 않고 이처럼 유형화를 통해 많은 키워드를 하나로 압축시키게

되면 키워드가 지나치게 두루뭉술하게 된다는 단점은 있다. 대신 압축된 키워드는 사회의 여러 영역을 포괄할 수 있을 뿐만 아니라 더 정확한 예측력과 타당성을 갖게 된다.

(5) Verifying (검증) : Categorizing을 통해 추출된 키워드가 얼마나 타당하고 발생가능성이 높은가에 대해 '역으로' 증거를 찾는 단계다. 실질적인 키워드 추출의 마지막 단계라고 할 수 있다. 지금까지의 작업이 귀납적으로 이루어졌다면, Verifying은 연역적인 작업이라고 할 수 있다. 즉, 주어진 키워드가 설득력이 있을 수밖에 없는 이유를 지금까지 논의되지 않는 사실에 근거해 찾아내고, 더 설득력 있는 키워드가 없는가에 대해서 고민한다. 10개 내외로 압축하는 Verifying 과정에서 살아남으면 올해의 트렌드 키워드로 선정된다.

(6) Labeling (명명) : 검증단계까지 마친 소비트렌드에 적절한 명칭을 부여하는 작업이다. 먼저 전체 키워드로 어떤 단어를 만들 수 있을 것인가에 대해 논의한다. 주로 예측하는 해의 특성을 고려하여 선정한다. 2007년은 속칭 '황금돼지' 해여서 이견 없이 <GOLDEN PIGS>로 선정했고, 2008년 쥐띠 해는 격론 끝에 <MICKEY MOUSE>로 결정했다. 원래 10개 키워드로 기획했으나, 11자로 된 단어가 선정되어 Categorizing과 Verifying을 다시 해야 하는 우여곡절도 겪었다. 2009년의 키워드는 멋진 시의 한 구절을 따서 한글로 짓자는 의견과 관례대로 영어로 하자는 의견이 팽팽히 맞서다가 12간지에 영어 운율을 맞추는 전통(?)을 지키자는 견해가 힘을 얻었다. 언젠가는 아름다운 우리말 키워드를 선보일 수 있게 되기를 기대한다.

2009년은 기축년 소띠 해여서 소와 관련한 키워드로 작명하였는데, 처음에는 PURPLE COWS가 유력했다. purple cow(보랏빛 소)는 세스 고딘이 같은 이름의 책에서 "리마커블(remarkable)한 마케팅만이 살아남는다"는 의미로 사용한 용어이다. 그러나 2008년의 경제위기를 잘 넘기고 많은 분들의 사업이 커다란 캐시카우로 성장하기를 바란다는 의미에서 BIG CASH COW가 더 좋겠다는 의견이 다수였다.

전체 키워드가 결정되고 나면, 각각의 알파벳을 첫 글자로 하여 최종 키워드를 작명한다. 순서에 관계없이 재치 있고 의미심장한 키워드로 작명하도록 노력하지만, 되도록 의미가 크고 중요한 키워드가 앞쪽으로 배치되도록 배려한다. Labeling은 쉬운 작업이 아니다. 같은 현상을 지칭하더라도 그 이름이 얼마나 재미있고 정확하게 본래 의미를 전달하느냐에 따라 설득력의 크기가 달라지므로, 인용 · 패러디 · 운율 · 참신성 · 근거성 등의 조건을 고루 갖춰 적당한 이름을 부여하기 위해 고민해야 한다(김난도 · 권혜진 · 김희정, 2009).

참고문헌

강만모, 김상락, 박상무 (2012). 빅 데이터의 분석과 활용. 정보과학회지, 30(6), 25-32.

구본형(역), Barry Howard Minkin(저)(1997), 미래예측. 해냄.

국립국어원(2014). 2014년 신어 조사 보고서.

권성용 외(2001). 2001년 10대 히트상품. 삼성경제연구소 CEO Information, 328, 1-26.

김준환(1996). 불황기의 Hit상품 전략. 삼성경제연구소 CEO Information, 48, 1-27.

김휴종, 김은환, 정연승, 전효찬(2000). 2000년 10대 히트상품. 삼성경제연구소 CEO Information, 277, 1-25.

노재범(1997). 창시상품전략. 삼성경제연구소 CEO Information, 109, 1-27.

이민훈(2008). 한국의 소비트렌드에 관한 연구: 2000년~2007년 히트상품을 중심으로. 상품학연구 26(2), 133-144.

이민훈, 이정호, 김진혁 외(2004). 2004년 10대 히트상품. 삼성경제연구소 CEO Information, 480, 1-25.

이민훈, 이정호, 김진혁 외(2005). 2005년 10대 히트상품. 삼성경제연구소 CEO Information, 532, 1-32.

이민훈, 최순화, 신형원, 이승현, 홍선영, 하송, 윤혜림(2007). 2007년 10대 히트상품. 삼성경제연구소 CEO Information, 634, 1-22.

이정호(2003). 2003년 10대 히트상품. 삼성경제연구소 CEO Information, 430, 1-26.

이정호 외(2006). 2006년 10대 히트상품. 삼성경제연구소 CEO Information, 583, 1-30.

길영로, 현경택(역). 구사카 기민토(저)(2004). 미래를 읽는 사람 못 읽는 사람. 새로운 제안.

김경훈(2005). 미래를 읽는 9가지 기술, 트렌드 워칭. 한국트렌드연구소.

김경훈, 김정홍, 이우형(2004). 한국인 트렌드. 책바치.

김난도, 권혜진, 김희정(2008). 트렌드 코리아 2009. 미래의 창.

김난도, 이준영, 권혜진, 전미영, 김희정(2009). 트렌드 코리아 2010. 미래의 창.

김난도, 이향은, 이준영, 김정은, 권혜진, 전미영, 김서영(2010). 트렌드 코리아 2011. 미래의 창.

김난도, 권혜진, 이준영, 전미영, 이향은, 김서영(2011). 트렌드 코리아 2012. 미래의 창.

김난도, 전미영, 이향은, 이준영, 김서영(2012). 트렌드 코리아 2013. 미래의 창.

김난도, 전미영, 이향은, 이준영, 김서영, 최지혜(2013). 트렌드 코리아 2014. 미래의 창.

김난도, 이향은, 전미영, 이준영, 김서영, 최지혜(2014). 트렌드 코리아 2015. 미래의 창.

김난도, 전미영, 이향은, 이준영, 김서영, 최지혜(2015). 트렌드 코리아 2016. 미래의 창.

김난도, 전미영, 이향은, 이준영, 김서영, 최지혜(2016). 트렌드 코리아 2017. 미래의 창.

김난도, 전미영, 이향은, 이준영, 김서영, 최지혜, 이수진, 서유현(2017). 트렌드 코리아 2018. 미래의 창.

김난도, 전미영, 이향은, 최지혜, 이준영, 김서영, 이수진, 서유현, 권정현(2018). 트렌드 코리아

2019. 미래의 창.
김난도, 전미영, 최지혜, 이향은, 이준영, 김서영, 이수진, 서유현, 권정현(2019). 트렌드 코리아 2020. 미래의 창.
김다은(2006). 발칙한 신조어와 문화현상. 도서출판 작가.
김동완(2013). 빅데이터의 분야별 활용사례. 경영논총, 34, 39-52.
김미영(2009). 신조어의 생성과 보급에 대한 사회, 심리 언어학적 분석 연구. 충남대학교 석사학위논문.
김민주(2011). 시장의 흐름이 보이는 경제 법칙 101. 위즈덤하우스.
김상락, 강만모, 박상무(2012). 빅 데이터가 여는 미래의 세상. 정보과학회지, 30(6), 18-24.
김상일(2004). 대한민국 소비트렌드. 원앤원북스.
김선주, 안현정(2013). 일상에서 트렌드를 발견하는 방법: 트렌드 와칭. 21세기북스.
김성범, 강성현(2016). 제4차 산업혁명을 주도하는 데이터 사이언스. ie 매거진, 23(3), 9-13.
김성재, 김후자, 이경자, 이선옥(2000). 포커스 그룹 연구방법. 현문사.
김성훈(역), 재닌 로피아노-미즈덤과 조안 데 루카(저)(1999) 언더그라운드 문화분석, 마인드 트렌드 보고서, 세종서적.
김승욱(역), Davis, S.(저)(2002). 미래의 지배. 경영정신.
김승욱(역), Mazzar, M.J.(저)(2000). 트렌드 2005. 경영정신.
김영신, 조은정(역). 페이스 팝콘·리스 마리골드(저)(1999). 클릭 미래속으로. 21세기 북스.
김영한, 임희정(2004). 웰빙마케팅. 다산북스.
김아영(2000). 관찰연구법. 교육과학사.
김재문(2004). 새로운 소비트렌드 작은 사치. LG주간경제 28, 26-32.
김재한·정영국(1994). 델파이기법과 기대효용모델 및 통일한국의 과제. 국제정치논총 34집 1호, 151-170.
김정숙(2012). 빅 데이터 활용과 관련기술 고찰. 한국콘텐츠학회지, 10(1), 9-116.
김진철(2016). 빅데이터 (4) : 데이터 유통. 한국경제, 2016년 6월 10일.
김한영(역), 스티븐 존스(저)(2004). 미래와 진화의 열쇠, 김영사.
김해원, 전채남 (2014). 빅데이터를 활용한 콘텐츠 제작방안에 관한 탐색적 연구. 사이버커뮤니케이션학보, 31(3), 5-51.
김현영, 지현수, 이화순, 지종덕 (2014). 빅 데이터에 따른 지적정보의 효율화 방안 연구. 한국지적정보학회지, 16(1), 29-48.
김현정, 조남옥, 신경식(2015). 항공산업 미래유망분야 선정을 위한 텍스트 마이닝 기반의 트렌드 분석. 지능정보연구, 21(1), 65-82.
김형준(2012). 빅데이터란 무엇이고, 어떻게 해야 할까?. http://www.jaso.co.kr/451.
나기황(2016). 풍향계-퓨전, 문화인가, 역사인가. 동양일보 2016년 10월 19일.
노규형(역), 제럴드 잘트먼(저)(2004). 소비자의 숨은 심리를 읽어라. 21세기 북스.
노태돈(역), 제임스 브래드필드 무디, 비앙카 노그래디(저)(2013). 제6의 물결. 한국경제신문사.
노화준(1976). 정책형성과 미래예측. 한국행정학보 10.
대학내일20대연구소(2016). 2017 20대 트렌드 리포트 : 2017년을 주도할 20대의 다섯 가지 마이크로트렌드. 대학내일.
대홍기획 마케팅컨설팅그룹(역), Settle, Robert B. and Pamela L. Alreck(저) (2003). 소비의 심리학.

세종서적.
미래창조과학부(2016). 지능정보산업 발전 전략.
박동철(역), 미국 국가정보위원회(역)(2013). 글로벌 트렌드 2030. 한울.
박병관, 김석진(2000). 석학과 Think Tank 들이 본 21세기. LG경제연구소.
박병철(2013). 시장의 흐름을 주도하는 트렌드 읽는 법. 원앤원북스.
박수지, 신진옥, 송상현, 정철(2017). 텍스트 마이닝을 통한 관광지 수요예측 : 온라인 검색 엔진을 중심으로. 관광학연구, 41(1), 13-27.
박영숙, 제롬 글렌(2014). 유엔미래보고서 2045. 교보문고.
박영숙, 제롬 글렌(2016). 유엔미래보고서 2050. 교보문고.
박영숙, 제롬 글렌, 테드 고든(2007). 전략적 사고를 위한 미래예측. 교보문고.
박종대(역), Bosshart, David(저)(2001). 소비의 미래: 21세기 시장 트렌드, 생각의 나무.
배규환(1995), 미래사회학, 사회비평사.
배진아(역), 마티아스 호르크스(저)(2014). 메가트렌드 2045. 한국경제신문사.
삼성경제연구소(2003). 불황일 때는 팔릴 물건을 만들어라: 고객 마음을 읽는 마케팅 조사기법. CEO Information.
서동춘(역), 마치 조엘(저)(2016). 미래를 지배하는 식스픽셀. 에이트포인트.
서윤아(2003). 트렌드 포럼. 2003년 4월 23일.
서정희(2005). 소비트렌드 예측의 이론과 방법. 내하출판사.
손민중(역), 모하메드 엘 에리언(저)(2009). 새로운 부의 탄생. 한국경제신문사.
송길영(2012). 여기에 당신의 욕망이 보인다: 빅데이터가 찾아낸 70억 욕망의 지도. 쌤앤파커스.
송길영(2015). 상상하지 말라: 그들이 말하지 않는 진짜 욕망을 보는 법. 북스톤.
신근수(역), 로버트 볼독(저)(2001). 예측의 기술 : 기업환경 시뮬레이션. 시유시.
신길수(역), Postrel, Virginia(저)(2004), 스타일의 전략, 서울: 을유문화사.
신한종합연구소(2002). 타운워칭 : 거리관찰 가이드북.
심영석, 김홍범(2016). 텍스트 마이닝을 이용한 관광지 이미지 구성요인 및 측정에 관한 연구. 관광학연구, 40(7), 221-245.
안광호, 임병훈(2000). 마케팅조사원론 2판. 법문사.
안광호, 황선진, 정찬진(1999). 패션마케팅. 수학사.
안길상(2001). 네트워크사회의 소비트렌드. 산업과 경영 13권 2호, 261-276.
안상욱 (2009). 세계화와 세방화 구현. 인문연구, 57, 291-316.
안상희, 이민화(2016). 제4차 산업혁명이 일자리에 미치는 영향. 한국경영학회 통합학술발표논문집, 2015, 2344-2363.
안진환, 왕수민(역), 마그 펜, 키니 젤리슨(저)(2008). 마이크로트렌드: 세상의 룰을 바꾸는 특별한 1%의 법칙. 해냄출판사.
안진환, 박슬라(역), 존 나이스비트(저)(2006). 마인드 세트. 비즈니스북스.
알바천국(2015). 2015 올해의 이슈.
우경하(역), 제럴드 셀러드, 톰 밀튼(저)(1994). 트렌드 트래킹. 민맥.
원유진(역), Iacobucci Dawn(저). 마케팅 바이블. 세종연구원.

유민호(2012). 데이터를 돈으로 바꿔라. 주간조선, 2144호.
유창조(1997). 소비경험에 관한 연구로서의 자연주의적 연구방법의 체계와 사례. 한국소비자학회 97년도 총회 및 학술대회, 1-15.
윤미림(2012). 빅데이터 비즈니스 활용과 과제. 한국정보산업연합회 Issue Report, 10-13.
윤여중(역). 패트리셔 애버딘(저)(2008). 메가트렌드 2010. 청림출판.
윤홍근(2013). 문화산업에서 빅데이터의 활용방안에 관한 연구. 글로벌문화콘텐츠, 157-179.
이건표(2000). 사용자 중심 디자인으로 10대를 읽는다. 제일커뮤니케이션즈 289호.
이미숙(역), 미국국가정보위원회(저)(2013). 글로벌트렌드 2030.
이민훈(2008). 한국의 소비트렌드에 관한 연구: 2000년-2007년 히트상품을 중심으로. 상품학연구 26(2), 133-144.
이민훈, 최순화, 이정호(2005). 2000-2004 히트상품 분석을 통한 중기 소비시장 전망. 성경제연구소.
이보람(2016). 서지결합분석을 통한 빅데이터 활용 분야 연구. 한국정보관리학회 학술대회 논문집, 19-22.
이보람, 정은경(2016). 학술지 단위 서지결합분석을 통한 빅데이터 연구분야의 학제적 구조에 관한 연구. 정보관리학회지, 33(3), 133-154.
이상규(역), Kelly, Tom(저)(2002). 유쾌한 이노베이션, 세종서적.
이상인(1994). 미래를 읽으면 세계가 보인다. 도서출판 푸른산.
이수진, 전유나(2016). 소셜미디어 빅데이터 분석을 통한 관광 인식 조사: 경기도 지역을 중심으로. GRI 연구논총. 18(1), 83-109.
이영진, 윤지환. (2014). 관광분야에서 SNS 빅데이터의 활용 방법 모색. 관광연구저널, 28, 5-14.
이온화(역), 마티아스 호르크스(저)(2004). 미래, 진화의 코드를 읽어라. 넥서스.
이재성, 홍성찬(2014). 기업의 빅데이터 적용방안 연구. 인터넷정보학회논문지, 15(1), 103-112.
이종각(1995). 교육인류학의 탐색. 도사출판 하우.
이종성(2001). 델파이방법. 교육과학사.
이주영(역), 글로벌 비즈니스 네트워크 회원들(저)(2005). What's Neat? 2015, 청년정신.
이준영, 이제성(2016). 신조어 분석을 통한 소비트렌드의 탐색적 연구. 소비자정책교육연구. 12(4), 268-295.
이진원(역), 헨릭 베일가드(저)(2008). 트렌드를 읽는 기술. 비즈니스북스.
장만익(2003). 미래의 불확실성, 더 이상 두려워말자. 미래포럼.
장미화, 윤영일(2016). 소셜 미디어 빅데이터 분석을 통한 캠핑에 대한 정부 정책과 국민들의 인식변화 연구. 관광연구, 31(1), 91-112.
장필성 (2016). [EU] 2016 다보스포럼: 다가오는 4차 산업혁명에 대한 우리의 전략은? 과학기술정책, 26(2), 12-15.
정상길(2002). 새로운 패션머천다이징. 섬유저널.
제일기획(2003). 대한민국 변화의 태풍 : 젊은 그들을 말한다.
조오제(2004). 광고회사 트렌드 읽기 변했다. 삼성경제연구소 포럼 트렌드연구회 자료실.
조완섭(2014). 빅데이터 활용과 데이터 과학자. 정보과학회지, 32(1), 59-65.
조용환(1999). 질적 연구 : 방법과 사례. 교육과학사.
조은정(2002). 한국이 15명의 시장이라면? - 한국인 소비 트렌드의 해석과 전망. 지식공작소.

조은정(역)(1996). 페이스 팝콘 지음. 팝콘 리포트. 21세기 북스.
채선희(1996). 사회과학 연구방법론의 재정립을 위한 개념적 접근 : 질적 양적 방법을 중심으로. 교육학연구 34(5), 281-297.
최순화(2002). 소비시장의 양면성. 삼성경제연구소.
최순화(2002). 2002년 10대 히트상품. 삼성경제연구소 CEO Information, 379, 1-25.
최순화(2016). 포스트 데모그래픽 시대 인구통계 맹신하지 말라. 매경이코노미 1854호.
최순화, 이동훈, 이민훈(2003). 미래 유망상품 키워드-중기적 관점에서. Issue Paper, 삼성경제연구소.
최희갑, 한창수, 김선빈 외(2005). 2005년 국내 10대 트렌드. 삼성경제연구소 CEO Information, 483, 1-25.
최신인, 최은정(2015). 신문기사의 신조어 재현 양상 연구. 한국국어교육학회 102, 215-243.
최윤식(2014). 미래학자의 통찰법. 김영사.
최협(1985). 계량적 접근과 질적 접근. 사회과학방법론 비판, 청람.
하시용과 지용근 역(2000), 윈슬로 페릴 저, 히트상품 어떻게 탄생하는가? 푸른솔.
하인호(1995). 미래학이란 무엇인가. 고도.
한국능률협회 역, 일본능률협회 저(1988). 시나리오 라이팅법에 의한 경영전략 플래닝 가이드. 한국능률협회.
한국전자통신연구원(2013). 빅데이터 플랫폼 전략. 전자신문사.
한기호(2016). 대중의 욕망을 비추는 또 다른 거울…베스트셀러로 읽는 시대의 키워드. 경향신문 2016년 10월 7일.
허민구(2004). Trends vs. Fad. 주간경제 768호.
홍성열(2001). 사회과학도를 위한 연구방법론. 시그마프레스.
황선창(2010). 美, 지난 10년 동안 히트 상품의 특징. 대한무역투자진흥공사 동향/연구보고서.
황인성(2004). 2004년 국내 10대 트렌드. 삼성경제연구소 CEO Information, 433, 1-25.
Arnould, E.J.(1989). Toward a concept of domesticated markets. Journal of Marketing 43(Fall), 69-75.
Belk, R.W., Sherry, J.F. & Wallendorf, M.(1988). A naturalistic inquiry into buyer and seller behavior at a swap meet. Journal of Consumer Research 14, 449-470.
Belk, R.W., Wallendorf, M., Sherry, J.F.(1989). The scared and the profane in consumer behavior: Theodicy on the Odyssey. Journal of Consumer Research 16, 1-38.
Benzen, W.R.(1997). Seeing Young Children: A Guide to Observing and Recording Behavior 3rd ed. New York: Delmar Publishers.
Conway, T., Ward, M., Lewis, G. and Bernhardt, A.(2007), "Internet Crisis Potential: The Importance of a Strategic Approach to Marketing Communications," Journal of Marketing Communications, 13(3), 213-228.
Fashion Innovation and Marketing. MacMillan Publishing Co., Inc.
Feldman, R., & Dagan, I.(1995, August). Knowledge Discovery in Textual Databases (KDT). In KDD (Vol. 95, pp. 112-117).
Glaser, B. G. & Strauss, A. L.(1967). The Discovery of Ground Theory. Chicago: Aldine.
Greenwood, K.M & Murphy, M.F.(1978).
Hirshman, & Holbrook, M.B.(1982). Hedonic consumption: Emerging concepts, methods and propositions. Journal

of Marketing 46, 92-101.

Holbrook, M.B.(1986). Emotion in the consumption experience: Toward a new model of the human consumer. in The Role of Affect in Consumer Behavior: Emerging Theories and Applications. ed. Peterson, R.A. et. al. Lexington, MA:Heath, 17-52.

Klinkowitz, J.(1988). The Postmodern Habit of Thought. Athens :

Kobielus, J. (2013). Measuring the Business Value of Big Data. IBM Big Data & Analytics Hub.

Laney, D. (2012). The Importance of 'Big Data: A Definition. Gartner.

Meyers, I.S. & Grossen, N.E.(1974). Behavioral Research: Theory, Procedure, and Design. New York: W. H. Freeman and Company.

Marr, B. (2015) "Why only one of the 5 Vs of big data really matters", IBM Big Data & Analytics Hub.

Patton, M.Q.(1987). How to use qualitative methods in evaluation. Newburry Park. Cal. : Sage Publication Inc.

Peterson, J.(1998). Report from the futurist. Fast Company 2-3월, 30.

Ray, H.P.(1997). The emerging culture. American Demographics 19(2), 29-34.

Raymond, M.(2010). Trend Forecaster's Toolbook. Laurence King Publishing.

Rogers, E.M.(2003). Diffusion of Innovations. Free Press.

Sells, S.B.(1969). Ecology and the Science of Psychology. In Willems, E. P. & Raush, H. L. eds. Naturalistic Viewpoints in psychological Research. New York: Holt, Rinehart, and Winston, Inc.

Sommer, B. & Sommer, R.(1991). A Practical Guide to Behavioral Research 3rd. ed. New York: Oxford University Press.

Strauss, H. J. & Zeigler, L. H.(1974). Delphi, Political Philosophy and the Future. Institute of Policy Studies, University of Oregon.

Turner, B. A. (1981). Some practical aspects of qualitative data analysis: One way of organizing the cognitive process associated with generation of grounded theory. Quality and Quality 15, 225-247. day.co.kr

Turoff, M.(1975). The Policy delphi. Linstone, H. A. & Turoff, M. eds. Delphi Method: Techniques and Applications. Mass.: Addison-Wesley. University of Georgia.

Vockell, K.E. & Asher, J.W.(1995). Educational Research 2nd ed. New Jersey: Prentice-Hall Inc.